中国名记者

ZHONGGUO MING JIZHE

第十七卷

柳斌杰 ◎ 主 编

李东东 ◎ 副主编

 人民出版社

国家出版基金项目
NATIONAL PUBLICATION FOUNDATION

责任编辑：雍　谊
封面设计：赵　洁　王春峥
版式设计：严淑芬
责任校对：白　玥

**图书在版编目（CIP）数据**

中国名记者 . 第 17 卷 / 柳斌杰 主编 . —北京：人民出版社，2019.12
（中国名记者系列丛书）
ISBN 978 - 7 - 01 - 021759 - 8

Ⅰ. ①中…　Ⅱ. ①柳…　Ⅲ. ①记者－生平事迹－中国－近现代
　　Ⅳ. ① K825.42

中国版本图书馆 CIP 数据核字（2019）第 293436 号

中国名记者
ZHONGGUO MING JIZHE

（第 17 卷）

柳斌杰　主编　李东东　副主编

人民出版社 出版发行
（100706　北京市东城区隆福寺街 99 号）

北京新华印刷有限公司印刷　新华书店经销

2019 年 12 月第 1 版　2019 年 12 月北京第 1 次印刷
开本：720 毫米 × 1000 毫米 1/16　印张：24.75
字数：388 千字

ISBN 978 - 7 - 01 - 021759 - 8　定价：64.00 元

邮购地址 100706　北京市东城区隆福寺街 99 号
人民东方图书销售中心　电话（010）65250042　65289539

铁肩担道义
文章谱千秋

中国名记者
第十七卷

# 铁肩担道义　文章谱千秋

## ——《中国名记者》序

柳斌杰　李东东

　　自鸦片战争以来，中国近现代历史是一部中国人民抵御外来侵略、争取民族独立的历史，也是劳苦大众反抗剥削压迫、追求自由解放的历史，更是中华儿女前赴后继追求光明和真理、为国家富强和民族复兴而奋斗的历史。在这一百多年可歌可泣、波澜壮阔的历史进程中，一代代优秀的新闻工作者竭诚奉献，倾情投入，发挥了传播真理、唤醒民众、鼓动革命、引领潮流的巨大作用，谱写出辉煌而多彩的篇章。这些优秀的新闻记者既是历史的亲历者、参与者，也是历史的记录者、思想者，他们凭借积极的思考和果敢的行动，在历史演进的轨迹中打上了自己的深刻印记，而他们抒写的文字、拍摄的图片，则生动地记录了中国近现代历史的风云变幻和曲折发展。王韬、梁启超、秋瑾、邵飘萍，陈独秀、蔡和森、邹韬奋、瞿秋白，范长江、邓拓、穆青、范敬宜、郭超人……一个个彪炳史册的人物，不仅在中国新闻史上占有重要地位，也对中国不同时期的革命和建设事业作出了卓越贡献。

　　《中国名记者》系列丛书的主角，就是中国近现代新闻事业中优秀的新闻记者；所要反映的，就是他们为时代发声、为人民立言纪事的光辉历程和突出业绩；他们代表了历史前进的主流。我国近现代意义上的新闻活动从晚清开始，自那时算起，历经戊戌变法、辛亥革命、第一次国内革命战争、第二次国内革命战争、抗日战争、解放战争，直至新中国成立到改革开放初期，我国新闻事业与时俱进，发展壮大。其间，几代中国优秀记者，为民族独立、为民主政治、为文化事业、为社会发展贡献了力量和智慧。进入改革开放时代，在新的形势和新的背景下，又涌现出许多优秀的新闻工作者，他们高举中国特色社会主义伟大旗帜，认真贯彻落实党中央解放思想、改革开放的总要求，贴近实际、贴近生活、贴近群众，创造性地开展新闻工作，把前辈们忠于党、忠于人民的光荣传统发扬光大，成为新时期新阶段我国新闻事业的创造者。《中国名记者》系列丛书就是从千千万万记者中遴选出 400 位各具特色、有代表性的著名记者，介绍他们的生平事迹，选登他们的代表性作品，评析其内容和价值，力图以短小的篇幅、精练的文字，展示这些著名记者的思想、业绩和情操，以激励今人，启迪来者。

收录于本丛书的著名记者都是中国近现代新闻工作者的杰出代表，历史跨度达一百四五十年。从 1874 年创办《循环日报》的中国第一个报刊政论家王韬、西学东渐的先驱严复、近代舆论界第一人梁启超，到五四运动总司令陈独秀、"铁肩辣手"邵飘萍、党的报刊开拓者瞿秋白，到邹韬奋、范长江……他们的身上，集中体现了中国优秀新闻工作者的理想追求、道德品质和社会责任感、历史使命感。他们或为启发民智而呐喊，或为揭露黑暗而拍案，或为寻找光明而高呼，或为坚守正义而发声。他们的生命和追求，"就是完全大公无我的对社会服务的精神组成的"（邹韬奋语），是为民族独立、国家富强、社会进步、民众幸福而奋斗不息的精神。这种精神，这种品格，无疑是今天的新闻工作者应该继承、弘扬的宝贵财富，是年轻一代新闻记者学习的榜样，也是激励整个社会奋发有为、创新进取的重要力量源泉。

我国最早的一批优秀记者、报人，面对民族生存的深重危机，表现出强烈的忧患意识和爱国情怀，他们热议朝政，力倡革新和革命，为救亡图存奔走呼号。革命战争年代，一批红色记者揭露国民党的黑暗统治，热情歌颂中国共产党领导的人民解放事业，体现了对历史发展大势的清醒认识，对社会进步潮流的自觉顺应。新中国成立后，大批优秀的新闻记者紧跟时代步伐，积极反映革命和建设事业的发展变化，针砭阻碍社会发展的不良风气和陈规陋习。改革开放三十多年来，我国经济社会迅猛发展，新闻工作者参与其中，用自己的笔墨、镜头、声音和图像，为伟大的改革开放事业鼓与呼，忠实记录了时代的变迁和文明的演进。可以说，历史的发展，社会的进步，是这些著名记者的共同追求。虽然历史阶段、表现形式各不相同，但我们看到，在这些优秀记者身上，体现的是深沉的历史担当，是对国家富强、人民幸福的满腔赤诚。当代新闻记者，特别是年轻记者要写出真正有分量、能够产生重大影响的新闻作品，首先必须具备这样的历史责任意识，站在顺应历史规律、推动社会进步的高度，投身于时代的火热实践之中，积极推动党和人民新闻事业发展，在人类文明进步的伟大实践中担当重任。

就专业素养而言，近现代著名新闻记者有一个共同的特点，就是都具有崇高的新闻职业操守和追求真理的精神。他们不辞艰辛，深入采访，深度思考，坚持新闻真实性原则，坚持用事实说话，用真相说理，拒绝虚假新闻，反对胡编乱造。"涉浅水者得鱼虾，涉深水者得蛟龙。"范长江、邹韬奋、穆青等老一辈新闻工作者能写出《动荡中之西北大局》《萍踪寄语》《县委书记的榜样——焦裕禄》等至今仍为人们传颂的新闻名作不是偶然的，这些前辈们为了一篇报道往往奔波数百里、上千里，采访上百人，深入下去采写，精心凝练思想，每一篇名作背后都浸透了辛勤的汗水。泡在会上、盯着网上要新闻，那是出不了名记者的。只有认真落实"三贴近"要求，深入到改革开放和现代化建设的伟大实践中，深入到丰富多彩的现实生活中，深入到人民群众中"挖新闻"，切实把前辈们"脚板底下出新闻"的优良作风发扬光大，才能写出人民群众喜闻乐见甚至传之久远的报道。

收入本丛书的著名记者还有一个共同的特点，那就是他们都拥有丰富的知识和宽广的视野，并且把不断学习视为重要的人生信条。新闻记者前辈如胡愈之、爱泼斯坦、穆青、范敬宜等，一生都在不断地学习，真正做到了"活到老，学到老"。他们总是每次采访前先做"功课"，时时学习，处处学习。正是他们渊博的学识、广阔的视野以及优美的文字，使得新闻作品充满了深厚情感，闪烁着智慧的光芒，被读者争相阅读，广为传诵。当代新闻记者要在新形势下作出成绩，也必须不断完善知识结构，拓宽知识领域，提高自身素质。要深入了解国际国内形势的发展变化，培养世界眼光和战略思维，增强全球传播意识。加强现代经济、法律、文化和各种科技知识的学习，深入研究信息化条件下新闻传播规律和传播艺术，善于运用信息、数字、网络等现代科技手段开展新闻工作。尤其是在全媒体时代搞新闻，是以知识、技术、信息为竞争力的，必须要把前辈们持之以恒的学习精神发扬光大，争做新闻高手。

在改革开放的恢弘背景下，新闻出版业在党和国家的亲切关怀下，积极进取，锐意改革，实现了空前的大发展、大繁荣、大跨越。目前，我国已经成为世界上的新闻出版大国，全国共有十多种传播业态在发展，报纸、刊物、图书、广播、电视、电影等主流媒体均在世界前列，新媒体更是全球领先，新闻工作者达40多万人，新闻出版、广电、互联网从业人员超过1000万人，可谓规模巨大。但我们也要看到，我国新闻出版广电业与发达国家相比还有一定的差距，我们虽然已经是新闻出版广电大国，但还不是新闻出版广电强国，我们继续发展的空间还很大，开拓创新的任务还很艰巨。为了实现新闻出版广电业的科学发展，早日把我国建设成为新闻出版广电强国，新时期的新闻记者们还需持续不断地努力奋斗，开拓进取。要继承前辈记者的精神品格，发扬前辈记者的优良传统，高举中国特色社会主义伟大旗帜，以邓小平理论和"三个代表"重要思想为指导，深入贯彻落实科学发展观，认真贯彻落实党中央的决策部署和工作要求，解放思想、实事求是、与时俱进，贴近实际、贴近生活、贴近群众，深入到新闻事发地、灾区、战场、疫区等地实地采访，用一篇篇报道、一张张图片、一组组镜头，生动书写中华民族富起来、强起来的宏伟历程，为国家富强、人民幸福、祖国统一提供精神动力、智力支持和舆论氛围。

2012 年 11 月，党的十八大胜利召开，以习近平同志为总书记的新一届中央领导集体，明确提出要实现中华民族伟大复兴的中国梦，而建设新闻出版广电强国作为中国梦的有机组成部分，已经开启了新的征程。回首往昔，岁月峥嵘；展望未来，前景光明。当此之时，我们编辑出版《中国名记者》系列丛书，展示一百多年来优秀新闻记者的责任与担当，业绩与精神，总结其新闻实践的经验和价值，不仅是对前辈新闻记者的缅怀和纪念，也是为了引导和激励今天的新闻记者踏着前人的足迹，更加奋发有为、锐意进取，努力成为无愧于我们这个伟大时代的优秀新闻人。

# 目录

『最前沿』的新闻战士 **张 结**（1929—2012）

张结（1929—2012） 新华社高级记者。1948年到新华社工作，先后任中原野战军陈谢集团分社、第四兵团分社、志愿军三兵团分社、志愿军总分社及开城记者团记者；1954年起任新华社驻越南、加纳、希腊、菲律宾分社记者、首席记者；后任新华社对外新闻编辑部副主任、代主任，新华社副总编辑。历经淮海战役、抗美援朝战争等重大报道，并担任驻外记者长达十余年。著有《最前沿的战士》《道路集》等。

# "最前沿"的新闻战士

　　1948年5月，年仅19岁的张结自河南大学文史系来到新华社工作。曾随新华社中原野战军陈谢集团分社经历了淮海战役，又任新华社志愿军三兵团分社、志愿军总分社记者，参加了抗美援朝战争的报道。经过战争年代的洗礼以及多年的停战报道工作之后，张结又在越南、加纳、希腊、菲律宾等国家的分社度过了十余年的驻外记者生涯。在长达半个世纪的新闻工作中，他以辛勤的汗水和饱满的热情为我国新闻报道工作书写了精彩的篇章。"羞夸壮岁逐秦鹿，宁付晚年伴蠹鱼。"张结的一生，始终在执行着深入采访、不惧困难的报道原则，始终以一份谨慎勤勉的工作态度奋斗在新闻岗位上，始终如一名勇敢无畏的战士一般记录着那段难忘的峥嵘岁月。

### 淮海雪　梅关月　战地情

　　1929年，张结出生于河南省开封市的一个知识分子家庭，在家庭的熏陶下，自幼便喜爱诗歌等文学创作。然而身处那个战乱频仍、风雨如晦的时代，胸怀文学梦的张结意识到读书写诗的平淡生活也是一种奢求。于是在 1948 年春，就读于河南大学文史系的张结经中共地下党组织介绍来到豫陕鄂解放区，并且正式成为新华社豫陕鄂野战分社记者。

当时的豫陕鄂分社的主要职责是报道陈谢集团的战斗足迹，张结到分社后主要负责编辑各旅来的稿件以及校对、刻印新华社总社发来的"参考消息"，以供纵队首长翻阅。经历了数月艰苦的行军生活后，张结被纵队政治部派往战斗部队锻炼，并亲历了素以战况惨烈、战争样式复杂而著称的淮海战役。

在这次战役中，张结随着所属的十三旅三十八团一路向徐州方向进发，目的是阻击、消灭从河南信阳地区千里赶来援助徐州守敌的黄维兵团。在多次的攻坚作战中，张结坚持白天采访战士们的作战情形，晚上则在战壕内找一个掩体席地而眠。时值隆冬天气，他身上除棉衣外只有一个军大衣御寒，时常一觉醒来时，身上已经覆满一层雪花。虽然条件十分艰苦，张结仍记挂着他的新闻报道工作。有一次他与战友在敌人的碉堡中摸黑搜到了许多办报用的纸张，满心欢喜地抱回了营地，不曾想这些纸张因为是军用地图又全部被收走了，可算是战地生活中令人哭笑不得的一段逸事。

淮海战役后，张结所在的新华社豫陕鄂分社随军队于安徽的东流、至德一带顺利渡江。渡江后张结与同事在江西的乐平县办了几天《新乐平报》，并采写了当地群众热烈欢迎部队入城的通讯。接着第二野战军四兵团解放南昌，张结又着手《南昌新闻》的副刊编辑工作。当时的《南昌新闻》受到了陈赓等军队首长的重视，之后在四兵团分社总结渡江前后的工作时，张结被记大功一次，并于 1949 年 6 月加入中国共产党，完成了多年来的心愿。

南昌解放后，张结在分社的编辑组负责编辑发往总社的稿件，在分社离开南昌前往昆明期间，他还需每天手抄两份总社发来的"参考消息"，以供陈赓司令员和叶剑英总参谋长阅览。到达昆明后，分社的记者们便写了许多关于这一时期壮丽史迹的文章。张结由于在整个淮海战役期间都和三十八团一营的营长张英才在一起，便写下了《张英才和他

张　结　(1929—2012)

003

的钢铁营》一文，并在当地主要报纸上发表。昆明军区政治部在以后整理撰写张英才的英雄事迹时，认为这篇通讯虽然写作较早，但却最充分地反映了张英才在淮海战役期间的真实情况。


## 鸭绿江盈欢快曲　上甘岭染英雄血


　　1952 年在朝鲜中部金化地区进行的上甘岭战役，是中国人民志愿军战史上具有重大影响的一次光辉战例。张结作为志愿军第三兵团记者组的记者，参加了上甘岭战役的部分报道工作。

　　志愿军三兵团分社成立于 1951 年 3 月，由曾任二野四兵团分社社

《范佛里特在金化地区攻势的惨败》原载报样

《最前沿的战士》

长的穆欣、西南总分社记者李翼振、原二野总分社记者石峰、原五兵团
分社记者谢芝麟、原四兵团分社记者和刚刚转到云南分社工作的张结组
成，由穆欣任社长。他们于 1951 年 5 月初与志愿军第三兵团司令员陈
赓相继入朝。当时兵团所属的第十二军、十五军和六十军已先到达朝
鲜，并参加了第五次战役的作战。张结当时主要去十二军采访，著名的
上甘岭战役就在他们进入朝鲜的一年多之后发生了。

　　10 月底，张结刚刚采访了拔除由李承晚军"京畿师"一部驻守的
一个山头的战斗，便随十二军一部赶到上甘岭前线参战，与正在那里的
十五军部队和同事石峰会合。那时激烈的战斗已经进行了近一个月时间
并已取得重大胜利，张结等人从十五军军长秦基伟及军参谋长张蕴钰处
详细了解到敌军的战略意图、战斗的主要过程和敌人遭受的重大挫败
后，迅速采写了稿件《范佛里特在金化地区攻势的惨败》并发往志愿军
总分社，稿件于 11 月 20 日由总社播出，《人民日报》迅即在头版显著
位置刊出。由于当时急需一篇全面介绍战斗情况的稿件，所以这篇稿件
显得尤为重要。①

张　结 (1929—2012)

在这一时期，张结目睹了志愿军在上甘岭战役中英勇作战并给予敌人毁灭性打击的壮观场景。经过多方采访与长期酝酿，他写下了《上甘岭前线的坑道战》《神勇的侦察兵》《朝鲜东海岸人民的礼物》等作品，并于1959年出版诗歌著作《最前沿的战士》，记录了志愿军英勇作战的光辉业绩，以及中朝人民真挚动人的伟大友谊。战争结束后，张结即调到志愿军总分社，和谢芝麟一起赶往英雄城市元山，报道了元山停战时的场景，紧接着又赶赴开城，开始了一系列艰巨的新任务。

## 在停战后的硝烟中继续前行

1951年冬，美方发表声明诬蔑朝中方面虐待战俘。在此情况下，新华社成立了战俘问题报道组并派往开城战俘交换处，以澄清事实并揭露美方对我方被俘人员的胁迫与虐待。

张结于朝鲜停战后便立即赶到开城，随组参加了交换战俘的报道。这是一次同西方世界进行的面对面的宣传战，对时效性要求极高。张结和同事们采访归来时，一般都要就着记者团团长普金办公室门口的写字台"现场办公"，常常连饭也顾不上及时吃。当时遣俘工作在每天上午开始，他们需要先赶到板门店县城观看双方遣送和接收战俘的情景，下午才能根据线索到遣送回来的被俘人员住处作重点采访。[2] 有一次张结在一位志愿军归俘处了解到敌人胁迫他们的几种手段，却不曾意识到可以以此为主题写成报道。后来普金同志敏锐地指出了这个问题，并指导张结迅速写出稿子，且稿子也迅速被总社采用了。这件事使张结深深感到，一名优秀记者不但要勤跑，而且还要善于开动脑筋，增强新闻敏感度，这样才能及时找出对敌斗争的有利材料。

张结在这一时期迅速积累了大量宝贵的国际报道采访经验，于1954年回国后不久又主动请缨到越南采访奠边府战役。由于赶到越南时战争已经结束，于是新一轮艰巨而精彩的停战报道工作又开始了。

甫一开始，张结的采访对象就是被俘的法军奠边府司令德·卡斯特里。那时的卡斯特里被越方安置在北部人迹罕至的深山之中，原因是防止法军进行突袭把人救出。法军找不到的地方，张结和工作人员想找到自然也非易事。他们先是坐汽车，后又骑自行车，几十公里骑下来后脸上和手上都是血痕，有时还需推着车子走过表面崎岖且长满灌木的道路。好不容易来到目的地后，又听说卡斯特里已经被转移走了。大家只好再原路返回赶到新的地点，才如愿以偿完成了采访任务。当被问及战争失败的原因时，卡斯特里起初认为是由于中国的援助，但最后也不得不承认更为根本的原因在于他所进行的"是一场肮脏的战争"③。这些宝贵的采访材料得来实属不易，张结随后又赶到双方交换战俘的现场，记录下了卡斯特里被遣返回去的场景，当晚飞速写下一篇报道，并被总社和《人民日报》采用。

在报道越南停战期间，张结采写了《法军战俘的感谢》《越南极南部人民的礼物》《访问光荣守卫河内的人民军部队》等通讯。他不断总结经验，多方了解工作以做到胸有全局，并始终坚持新华社记者素来深入现场采访的优良传统。在越南参加报道工作期间，有时还需要冒着危险穿越诸如山区密林之类的地方，随行的也仅是一名警卫、一辆吉普车和一支冲锋枪。然而张结认为这些和朝鲜战场比起来，条件已好得多了，所以他始终怀着饱满的工作热情积极完成了南定、海防和河内等越南主要城市的报道工作。那时，总社曾专门来电表扬接收海防和河内的报道，说它们在时效上压倒了法新社等外国通讯社，内容也比较充分，当时法新社的记者对此事也是承认的。

1964年开始，张结又先后在加纳、希腊、塞浦路斯、菲律宾等国开始了驻外记者的生活。驻外生涯非常艰苦，当时又正值亚非多事之秋，有时记者的人身安全也得不到保证。张结将个人安危放在一边，从事了大量艰苦细致的工作，尤其是在希腊工作时，他还经常与使馆同志一起研究形势，撰写报告，为党和国家的决策提供依据。

1982年，张结终于回到总社并走上了领导岗位。先后任对外新闻编辑部副主任、代主任，1986年任新华社副总编辑。他没有因为地位

张 结 (1929—2012)

的改变而清闲下来，而是从更高的层次上考虑怎样才能搞好对外报道。"深入采访是记者的基本功""驻外记者要尽量避免转抄外电和报纸的报道，增加独家新闻的比重""对外宣传要做到'以我为主，有的放矢'"……这些都是张结时常教导年轻人的工作方法，也是他贯彻了一生的职业守则。这位优秀的新闻工作者用他的写作才华和笔耕不辍的勤奋精神，书写了半个多世纪的无悔人生。

**注释：**

① 张结：《上甘岭战役报道的回忆》，《新闻业务》专辑 2010 年第 3 期。

② 新华社新闻研究所：《新华社回忆录（二）》，新华出版社 1991 年版，第 211 页。

③ 新华社新闻研究所：《新华社回忆录（二）》，新华出版社 1991 年版，第 214 页。

作品选编

## 范佛里特在金化地区攻势的惨败

张结　石峰

在朝鲜中线金化以北上甘岭地区，有两个不大的山岭——五三七点七高地北山和五九七点九高地，它是我军拱卫五圣山的前沿阵地。一个多月以来，我军某部在这里连续打退了美李匪军两个多师的疯狂进攻，歼灭敌军达两万多名。

从今年九月开始，敌人在朝鲜二百多公里长的正面战线上，接连遭到我军沉重的打击。特别是在十月六日这一天，我军在西线、中线和东线的许多地区同时发起反击，一举占领敌军的山头阵地二十一处，其中甚至包括美李匪军两个营兵力所据守，筑有强固工事的阵地。美国侵略者为了遮掩它在朝鲜战场上一连串的败绩，集中了美军第七师、李伪军第二师的全部兵力和李伪军第九师的一部分兵力，并集中了美军第八军的全部机动炮兵部队，出动了大量的坦克和飞机，向我军两个连守卫的前沿阵地——五三七点七高地北山和五九七点九高地疯狂进攻。手上沾满朝鲜人民鲜血的刽子手范佛里特事先亲自到前线视察和部署这次疯狂的进攻，然后通过美国通讯社宣称："这是一年来联军向中国主要防线所发动的一次最猛烈的进攻。"

敌军的进攻是在十月十四日开始的。这一天，敌军向金化以北十多里长的一段战线上的我军八处阵地进攻，但结果都不能得手，于是在第二天——十五日就集中兵力向上甘岭附近的两座山岭进攻。在一天中，敌人向上甘岭附近的两座山岭发射了二十五万到三十万发炮弹，并且出动了二百架次以上的飞机，向两座山岭投了五百多个重磅炸弹。这样的火力远远超过了去年敌人在其所谓"秋季攻势"中的火力，也是朝鲜战争以来所没有过的猛烈火力。而且不仅如此，敌人在战斗中，还使用了一切能够使用的手段：在白天，敌人用烟幕放射器和飞机散布的大量烟幕来掩护步兵进行集团冲锋；在夜间，敌人用照明弹和探照灯的强烈光芒来掩护他们的部队进行攻击。但是一个多月来战斗的结果，美国侵略者却吃了一个十分严重的大败仗。

我军指挥员和战斗员们在炮火的配合下，以最大的勇敢和最好的战术技术打败了敌人的进攻。当敌人进行炮击和投炸弹的时候，我军勇士们在坚固的工事里向党向祖国表示了战胜敌人的决心，他们沉着地等待着敌人的到来。当敌人成群地涌向山头的时候，勇士们便用火力和各种巧妙办法消灭敌人；等到敌人接近的时候，他们就奋勇地跳出工事，和敌人进行激烈的肉搏战。山头上的交通沟被敌人的炮火打平了，勇士们就依托着一个个的弹坑作战。勇士们在强大炮火的密切支援下，一个人对付几十个敌人，一个班对付一个连甚至一个营的敌人。敌人一批批地在勇士们的射击下和刺刀的猛刺下倒了下去。

在第一天的激烈战斗中，共产党员孙占元排长的两条腿被打断了，

张 结 (1929—2012)

但他仍然顽强地指挥作战。他在自己的弹药快用完的时候，就忍着疼痛爬到敌人的尸体堆里，抓过敌人丢下的机枪来射击敌人；把机枪子弹打光以后，他又从敌人的尸体上解下手榴弹投向敌群。当敌人踏着他们同伴的尸体拼命地扑来的时候，他紧握着一颗手榴弹，向着正在山头上奋勇杀敌的战友们高呼："同志们狠狠地打呀！消灭敌人呀！胜利是我们的！"当敌人扑到他身边时，他拉响了手榴弹，自己在爆炸声中光荣牺牲了，敌人也在他的身旁倒了下去。正在这时，战士王玉庭和王明瑞冲了过来，他们端着冲锋枪向四周的敌人猛烈扫射，并且把手榴弹和炸药包投向挤成一团的敌人。在面对面的近战中，敌人溃乱了，大部被歼灭在山上。敌人在发动猛烈攻击的第一天就受到当头一棒。这一天我军在两座山岭上杀伤敌军一千九百多名，击毁敌军坦克两辆，并且还缴获敌军坦克一辆、无座力炮四门、火箭筒四个、六零炮三门、轻重机枪十四挺、卡宾枪七十支及其他武器一部。

在十四日以后，两座山岭上几乎天天发生着激烈的争夺战。当时，祖国人民派出的慰问团来到上甘岭前线，将许多慰问品通过炮火封锁线送到了正在英勇作战的勇士们的手里。这对于保卫祖国和世界和平的勇士们该是多大的鼓舞和安慰呀！他们愈打愈顽强，愈打愈巧妙，步兵和炮兵的协同也愈打愈密切，使敌人的死伤逐日增加。

当敌人暂时占领山头的时候，我军勇士们就在坑道里坚持战斗。敌人曾经用过投重磅炸弹、放射火焰喷射器等办法来破坏坑道，可是不但没有一次是成功的，反而自己受到了很大的损失。当敌人抱着炸药，拖着火焰喷射器鬼鬼祟祟地往坑道口摸来的时候，坚守坑道的勇士们就说："打活靶的机会又来了。"有时敌人一个个地上来，勇士们就一个个的射击。在二十二日这一天，就有四十个敌人在坑道口送了命。有时成排成连的敌人突然冲来，想一下子夺取坑道口。可是当他们冲到坑道附近时，坑道里的机关枪开火了，于是成群的敌人都吃到了子弹，惨叫着倒在地上。敌人没有办法了，就急忙从山下背来钢板和木料修筑工事。这时坑道里的勇士们兴奋地说道："现在，该看咱们的啦！"他们利用良好的通信设备告诉我军的炮兵部队说："山上敌人正在筑工事，狠狠地轰吧!"于是几分钟以后,山上便响起了一片炮弹的爆炸声。一个坚守坑道十三昼夜、先后歼敌一千二百多人的英雄连的连长李保成叙述那时的情景说:"在我们的炮火轰击之后,山顶上敌人的工事就都被打得没有了,粗大的木料变成了粉末,东倒西歪的敌尸一层一层地和泥土堆在一起!"

在日日夜夜的激战中,我军先后举行了多次强力的反击。十月十九日夜里,我军的炮弹像风暴一样地打向敌人,英勇的步兵突击队就在强大炮火的掩护下发起攻击。智勇双全的战士易才学,一个人用手雷、手榴弹和六零炮弹连续爆破了敌人三个集团火力点,炸毁了敌人七挺重机枪和五挺轻机枪。在另一个敌人的火力点前,马特洛索夫式的英雄——通讯员黄继光用自己的身体扑向敌人的工事,堵住了正在发射的机关枪的枪眼,让战友们顺利地冲上山头。在这一次反击战中,勇士们歼灭了二千五百多名敌人。

在两座山岭上的战斗中,敌军的损失是极其惨重的。当美七师和伪二师遭到严重伤亡以后,焦虑万分的范佛里特急急忙忙叫刚刚在铁原西北"白马山"上遭到致命打击的伪九师调出一个团来支援在金化以北的进攻,并且这个刽子手不断地把大批新兵补充到大量减员的部队中去。于是美国通讯社在十一月二日的报道中惊呼这次战斗"联军所牺牲的人和所消耗的军火已使联军的司令官们震惊了","这次损失仅次于一九五零年第八军在北朝鲜惨败时的损失。"

现在战斗已经进行了一个多月了,这两个高地还在我军手中,敌军却已经伤亡了两万多名,飞机被击落和击伤了一百一十二架。回想去年秋天范佛里特在金城地区二十多公里地段上发动的重点进攻,曾使用了四个多师的兵力,在付出惨重的代价后,还总算爬进了几公里。但是今天,它用了两个多师的兵力,用了比那时更加猛烈的炮火,并且进攻了这样久,竟打不下我军这两个不大的山岭阵地。美国侵略者在这条战线面前是越发陷于悲哀的境地了。

(原载《人民日报》1952 年 11 月 21 日)

张 结 (1929—2012)

1952 年，著名的上甘岭战役在朝鲜中部的金化地区打响。张结作为志愿军第三兵团记者组的记者，参与了轰轰烈烈的战斗报道工作。在志愿军三兵团所属的十五军军长秦基伟及军参谋长张蕴钰的介绍下，张结与同事石峰迅速地了解了战斗过程的全貌，并采写了本篇稿件。

本文全面描述了志愿军部队在上甘岭战役中英勇战斗、誓死守卫五三七点七高地北山和五九七点九高地的过程。开头以宏观的视角介绍志愿军已经在正面战线上接连取得胜利的战况，并指出范佛里特及李承晚的军团已集中了大量兵力进攻两处高地的严峻事实。中间以对比的方法，以敌军空前猛烈的攻势为铺垫，衬托出我军战士沉着冷静、英勇善战的光辉形象。作者以动人心弦的言语为读者刻画了如孙占元、黄继光等英雄人物的群像，虽只寥寥数语却足以令人热血澎湃、无限敬仰。文末引用美国通讯社的报道，指出此次战斗以"美李军团"的惨败告终，并且付出了巨大损失。此稿由于介绍战斗十分全面、及时，完成后迅即于 1952 年 11 月 20 日由新华社播发，并于次日在《人民日报》头版显著位置刊出。

## 法军战俘的感谢

在河内西北的越池，越南人民军方面和法联邦军方面的战俘交换工作已经进行了好几天了。每当战俘交换的日子，人们可以看到一个动人的景象，那就是法军被俘人员对越南人民军的衷心的感谢。

法军被俘人员的移交地点在泸江江边的一个风景优美的树林里面。每逢交接的日子，法军方面的汽艇便溯红河进入泸江，将移交的战俘运回河内。离这交接地点不远，是法军方面移交越南人民军被俘人员的地方，人们可以隐约地听到那里越南人民军被俘人员激昂地高呼"胡志明主席万岁"的声音。但在法军战俘交接地点这里，却被欢快的气氛所笼罩着。

在绿荫下面，胸前别着和平鸽徽章的各种肤色的战俘在和越南人民军的工作人员依依话别，他们有的紧紧拉着越南工作人员的手，有的借来越南文工队员们的手风琴，围在一起唱着他们所学会的越南歌曲。他们健康和欢快的情绪甚至使在这里的各国记者感到惊异。

许多战俘在离别前把一封封的信交给越南工作人员。一个法籍战俘在信中说："我永远忘不了越南人民在抗战中只穿着破烂的衣服，而我却每年可以领到两件新衣；我永远忘不了我们所领到的比越南人民更多的医药用品，也永远忘不了越南人民在青黄不接的日子里让我们吃到大米。即使在最困难的季节，我们也可以得到完全和看管我们的人民军战士相同的口粮。"

一个名叫穆罕默德·本·阿布戴斯莱姆的战俘微笑着和越南的工作人员坐在一起，关于他，在战俘中间曾经流传着一个动人的故事。那是在不久以前，为了祝福战俘们能够回家过和平生活，越池人民曾经举行了一个慰问会，并且把香蕉、纸烟和其他的礼品送给战俘们。慰问会顺利地进行着，但阿布戴斯莱姆却控制不住自己，他激动地跑到台上讲话。他说："在法国部队里面，我曾经在北宁、太平和别的地区待过，我们所做的是什么样的事情啊！是烧、杀、抢劫和伤害无辜的老百姓。为了这些，我心里对'越盟'军队很害怕，甚至在我所在的法国部队被击溃了，我还躲在草丛和树林里面，好久不敢出来。但在被俘以后，当我看到越南人民军战士拿着自己的口粮给我们吃，看到在困苦中的越南老百姓却那么关怀我们，有好多次我在深夜里哭了！"现在，还是这个原是摩洛哥农民的阿布戴斯莱姆又在向越南工作人员表示，他再也不需要战争，他所需要的只是回家过和平生活。

另一个德籍战俘在述说他对在越池被遣返的感想。在战争期间，他曾经有三个星期住在越池，他亲眼看到法国部队用炮火轰击越池周围的村庄，打死居民和耕牛；他也亲眼看见法军用推土机把一幢幢房子辗平，以制造"无人区"。他说，当他得知他将在越池被遣返，并且在越池看到当地人民对战俘的宽待和关怀时，这个巧合使他极为感动。

张　结 (1929—2012)

法军方面的汽艇驶近了。这时，和越南工作人员娓娓话别的战俘们显得更加激动了。忙着整理行装的也纷纷扑上来和越南工作人员握手致谢。他们的行囊里有着他们所领到的衣服、蚊帐、茶缸以及其他用品。战俘进入船舱后还伸出头来，向越南的友人挥手告别。汽艇离岸已经好远，但从江心还传来战俘高呼"胡主席万岁"的声音和歌声。

和法军战俘的情形相反，遣返归来的越南人民军被俘人员大都面黄肌瘦、羸弱不堪，其中有的人甚至在刚一登岸便饿得躺在地上了。一个战俘告诉记者说，在遣返的前一天晚上，他们便被关在船舱里，没有一点东西吃，也没有水喝。他们普遍对法军方面的态度表示不满。

（原载《人民日报》1954 年 8 月 28 日）

评析：

本文写于 1954 年 8 月，时值作者在越南报道停战工作期间。从朝鲜回国后，张结又开始了关于越南奠边府战役停战的报道。在这段时间里，张结克服重重困难采访到了战败被俘的法军奠边府司令卡斯特里，也在越南当地采写了多篇关于停战与交换战俘工作的稿件，本文即其中一篇。

文章通过对法军战俘的描写，主要表现了越南人民军对战俘的优待，以及法军战俘对越南人民军的感激之情。作者在文章的前半部分通过细致的观察与采访，以平铺直叙的方式描写出越南人民军在停战后善待战俘的优秀品格，从而折射出社会主义国家对和平自由的向往和守护；在文章的后半部分通过阿布戴斯莱姆等多名战俘的陈述，提到法军在越南时烧杀抢劫的暴行及被俘后受到的优待，使人民军的宽容友爱与法军的所作所为形成鲜明对比，也表达出被遣返的战俘们自责与追求新生活的决心。尤其此前张结刚刚参加过朝鲜停战后交换战俘的报道工作，曾采访过受到敌军胁迫与虐待的志愿军战俘，在越南期间的所见所闻自是令他生出无限感慨。

# 通讯：马尼拉湾漫步

沿着马尼拉市的滨海大街，人们可以饱览著名的马尼拉湾的景色。一边，是栉比鳞次的高大的建筑，掩映在一排排棕榈和椰树中间；另一边，是浩渺的海水。尤其是傍晚，晚霞把沿岸的建筑和树丛以及停泊在海上的货轮染上一层淡红色，更增添了南国的诗情画意。

## 历史的见证

马尼拉湾面积为 1920 平方公里，海岸线长 193 公里。它位于菲律宾群岛中最大的岛屿吕宋岛的南端，具有重要的战略地位。菲律宾的首都马尼拉市，就坐落在海湾的东南部。

早在 1570 年，西班牙殖民者入侵菲律宾，就曾选择马尼拉湾作为登陆地点。当时，菲律宾人民曾经浴血奋战，抗击入侵者。1898 年，美国和西班牙为争夺殖民地而进行的海战，也是在马尼拉湾进行。1941 年日本军队在偷袭珍珠港后入侵菲律宾时，虽然改由中、北吕宋之间的凌牙茵海湾登陆，再由陆路进攻马尼拉，但在马尼拉湾北侧的巴丹半岛仍进行了激烈的战斗。可以说，今天这美丽、生气勃勃的马尼拉湾，也是殖民主义者纷争和掠夺的历史见证。

长期遭受殖民压迫的人民，更懂得独立和自由的可贵，更加怀念为争取民族独立而斗争的先烈。在马尼拉市的海湾边，为纪念菲律宾的民族英雄黎刹尔，已经建起一个规模宏大的公园。黎刹尔生于 1861 年，早期学医，以后转而从事反对西班牙殖民统治的斗争。1896 年，他被残暴的殖民统治者杀害，死时才 35 岁。在黎刹尔公园，建有这位菲律宾爱国志士的塑像，人们不断来到这里，放置花束和花环。距离这里不远的马尼拉湾巴石河入口处，曾是西班牙统治者长期囚禁黎刹尔的城堡，现在已开辟为展览馆。这里保留有黎刹尔生前的衣着、用具，描绘

张 结 (1929—2012)

烈士就义前情景的油画以及黎刹尔的手迹等。特别是烈士的"诀别词"，更引起人们的注意。他在面对马尼拉湾的铁窗内，满怀激情地写道：

> 我死之时正当我看到苍穹的破晓，冲出阵阵幽暗的重围，预示着天光；
>
> 假如尚需我的鲜血去增添黎明的绚彩，
>
> 拿去它吧，为着你宝贵的需要，
>
> 让它的丹红染上那令人奋醒的光芒。

今天，几乎每一个来菲律宾的游客都要到黎刹尔公园参观、凭吊。

## 马尼拉港今日

紧濒黎刹尔公园的右侧，便是马尼拉港。它是马尼拉湾巨大变化的另一个缩影。

早在西班牙入侵以前很久，马尼拉湾已是东方各国同菲律宾进行贸易的一个重要地区。满载着来自中国的丝绸、瓷器等物品的船只不断来到这里，使它成为"海上丝绸之路"的一个重要纽带。西班牙占领菲律宾后，把马尼拉作为对外开放的港口，但在三个多世纪的殖民统治期间，港口的规模仍然很小。1946 年菲律宾独立时，马尼拉港口被淤泥堵塞，沉船累累。当年，全年只有二百多艘船只在这里停泊，装卸货物量只有几十万吨。

今天，马尼拉港已经成为面积共达 180 公顷的现代化港口。1977 年全港共接待了两千多艘来自世界各地的远洋货轮和三千多艘国内航线的船只，装卸货物共九百万吨。一位港口的官员告诉记者说，去年马尼拉港的收入比 1977 年增长了百分之三十二，是近年来增长率最高的一年。

马尼拉港共分南港、北港以及正在兴建中的国际集装箱港三部分。南港以接待来自各个国家的远洋货轮为主，拥有全长共四千多米的五个码头，可以容纳二十六艘船只装卸货物。随着国际航运业的发展，南港已大部分改为集装箱货运。人们可以看到，安装在这里的大型高架移动起重机，活动范围达八十米，可以把长达十二米、高近三米、重三十吨的集装箱轻易地吊运装卸，每小时可装十八次。北港以装卸菲律宾国内航线的船只为主，也部分地开始了集装箱装卸业务。在兴建中的国际集装箱港，一部分码头已经修好，两个巨大的起重机也已安装并于去年年底开始使用。这个港口全部建成时，码头长度将达九百二十米，可以装卸吃水四十五英尺的集装箱船只。

据港口的官员说，马尼拉港在菲律宾国民经济中起了巨大的作用，全国百分之八十的进口和百分之十五的出口都在这里进行。虽然近年来港口有很大发展，但由于机械化程度的提高，全港工作人员比 1970 年反而减少了。1977 年 2 月，一座电子计算机系统在马尼拉港正式使用，全港的进货、仓库管理等都可通过电子计算机进行。这位官员说，过去对仓库面积的使用情况往往不容易精确地计算出来，现在通过电子计算机在几秒钟内就可以完全掌握一个仓库的情况了。

## 海岸新貌

张 结 (1929—2012)

从马尼拉港南行，是和繁忙的港口完全不同的景象：一排排高大的建筑已经沿着海岸建造起来，黎刹尔公园和海边终年一片青翠，花木辉映，是人们休息、娱乐的好地方。

马尼拉市虽然已有四百多年的历史，但几经战乱和破坏，过去的规模并不大。近几年来，沿马尼拉湾海岸新建起不少十几层以上可以容纳上千旅客的大旅馆、超级市场和其他设施。长达数公里的滨海大街，几年前还有很多空旷的地带，现在已高楼林立、车水马龙了。

为了扩大建筑面积，人们还不断填海造地。除了国际集装箱港口的部分地区是填海造出的以外，（20 世纪）70 年代初期还在马尼拉港以南的地区造出五十公顷的土地，使这一段海岸向西推移了一公里。在这片土地上，建起了国际会议中心、文化中心、民间艺术剧院、国际贸易展览中心和旅馆等。其中的国际会议中心可以容纳几个大型国际会议同时召开，是一个规模宏伟的现代化建筑。在文化中心，建起了有二千五百个座位的大剧院。今年一月份中国和其他五国的合唱团参加的国际歌唱节，就是在这里举行的。在各个建筑之间，已经建起宽广的公路，两旁种植了棕榈，铺起了如茵的草坪。每到节日，彩色灯光把喷泉映照得五光十色，很难想象在几年以前这里还是一片海水。

目前，马尼拉正在执行规模更宏大的填海第二期工程，计划造出一千六百公顷土地。负责这项工程的菲律宾官员说，现在已经造出六百五十公顷土地，在国际会议中心以南的地段，海岸线又普遍向西移了二公里。这位官员自豪地说，几年后你再来这里，所见到的将是一个新的城市了。

（新华社马尼拉1979年2月17日电，摘自新华社多媒体数据库）

评析：

本文创作于1979年2月，当时张结在新华社马尼拉分社担任驻外记者工作。全文分别从马尼拉湾的历史、今日的马尼拉港和海岸新貌三个方面描写，从不同维度向读者介绍了马尼拉这一历史悠久、经济快速发展、港口变化迅猛的海湾城市。

在讲述马尼拉历史的段落中，作者提到，早在1570年西班牙殖民者即以马尼拉湾作为登陆点入侵菲律宾，后来美国与日本的军队也分别在这里发动过战争。在无情的战火来袭时，菲律宾人民曾经奋起反抗、浴血奋战，与侵略者进行了不屈不挠的斗争。作者在文中热情地讴歌了菲律宾人民，指出"长期遭受殖民压迫的人民，更懂得独立和自由的可贵，更加怀念为争取民族独立而斗争的先烈"。本段后半部分讲述了以民族英雄黎刹尔命名的公园的来历，然后作者巧妙地笔锋一转，将描述的空间移至第二部分，介绍了公园右侧的马尼拉港今貌。马尼拉港是"海上丝绸之路"的一个重要纽带，经过数百年发展，已经成为高效运转、占地面积庞大的现代化港口，且是菲律宾国家经济的重要支柱。全文篇幅不长，用合理的角度与简洁生动的文字，为读者呈现出了一幅今日马尼拉的美丽画卷。

（编撰：雒悦）

深耕民族报道 **黄昌禄**（1930—2014）

　　**黄昌禄**（1930—2014）　新华社高级记者，多年来以民族报道著称。从事新闻工作40年，近30年在西南和西北的少数民族地区采访，写了上千篇反映少数民族社会变革和精神风貌的新闻、通讯、特写、调查报告、散文、评论等。著有《穷乡变成了富乡》《苦聪人有了太阳》《黄昌禄民族报道选》等。

# 深耕民族报道

黄昌禄是新华社著名记者，以民族报道闻名于新闻界。在 40 年的记者生涯中，他采访过傣、彝、哈尼、白、景颇、纳西、傈僳、瓦、拉祜、布朗、德昂、基诺、独龙、藏、蒙古、土、回、撒拉、哈萨克等 20 多个少数民族。

黄昌禄先后在新华社云南、青海、陕西、四川分社工作。从 1952 年到 1981 年，在云南、青海工作了 30 年。在云南，他先后担任过驻红河哈尼族彝族自治州和西双版纳傣族自治州的长驻记者，并多次深入德宏、怒江、迪庆、大理、楚雄等少数民族自治州采访。在青海，他跑遍了 6 个少数民族自治州和所有的自治县。1982 年至 1985 年，黄昌禄任新华社四川分社副社长，1986 年至 1988 年任新华社陕西分社社长，1989 年至 1991 年任新华社四川分社社长，1991 年 3 月退休。2014 年 8 月 27 日因病在成都去世，享年 84 岁。

新华社《新闻业务》周刊在 2011 年新华社建社 80 周年纪念特刊中，推出 8 位记者代表 80 年光辉历程，黄昌禄与穆青、华山、彭迪等人并列其中。新华社新闻研究所与新华出版社曾于 1993 年出版过一套中国记者丛书，为作为民族报道代表人物的黄昌禄出版了《黄昌禄民族报道选》。

## 长期深入艰苦的民族地区采访

黄昌禄，四川省内江市人，1930 年 2 月出生，1948 年在四川大学中文系学习，1951 年参加新闻工作，先在新华社西南总分社任记者，1952 年至 1970 年任新华社云南分社记者，1971 年至 1981 年任新华社青海分社记者、采编主任。

在近三十年的少数民族报道工作中，黄昌禄不断深入基层、深入群众，执着于民族报道的采写，擅长精雕细刻、简洁明快的写法，产生了一批反映少数民族翻身解放、走向新生的新闻佳作，如《苦聪人有了太阳》《孔雀开屏》《千里传艺》《路》《大理三月街》《配种站和"财神阁"》《世仇部落结姻亲》《阿佤山区办学记》《沧海桑田话孟朗》《欢乐的红河》《攸乐山上》《国境线上访布朗人》《夜宿瓦窑》《依蓝波》《这里没有冬天》等，同郭超人的百万农奴系列报道相映成辉。

黄昌禄 (1930—2014)

为写这些作品，黄昌禄当年付出的艰辛、困苦和危险是今人难以想象的。1957 年冬天，黄昌禄得悉布朗族同胞下山成功地种植出稻谷，决定去采访。负责布朗山防务的团长说，境外国民党军队准备入境袭击，全团已经进入临战状态。黄昌禄说，这条新闻很重要，不能错过。团长只好派两名战士护送他去布朗山。黄昌禄在山里走了整整一天，才到达布朗山区政府。这里气氛很紧张，山头周围都挖好了战壕。布朗山区的干部给黄昌禄详细介绍了布朗同胞下山开田种稻的情况，本来也可以写成一篇新闻了，可黄昌禄认为应该深入现场去，亲眼看看丰收后的情景，亲耳聆听布朗兄弟对新生活的感受。工委和边防连的同志都觉得去现场实在太危险。黄昌禄说："请群众来谈也不能代替记者深入现场，如果我不到现场采访，就是做记者的失职。"[1] 区工委书记施宜西只好带了两个武装民兵陪同黄昌禄去。15 户布朗族同胞见黄昌禄到来，争相向他倾诉，一直谈到深夜 12 点还未结束。这时，两位边防连战士来报，境外的国民党军今夜就要进来袭击。一行 6 人踏上返回区上的崎岖山道，做好了在途中遭遇敌人的战斗准备。可是敌人当夜并未来袭。第二天，黄昌禄又拖着酸痛的双腿，下山继续采访。遗憾的是，这次千辛万苦冒险采写的通讯《国境线上访布朗人》，竟被一位粗心大意的编辑遗忘了，直到1958年7月3日才被刊登在《人民日报》上。

在民族地区工作，这样的辛苦与危险是无法避免的，就像战地记者罗伯特·卡帕的名言所示，"你拍得不够好，是因为你离前线不够近"。黄昌禄刚到云南时，全省有一半的县不通公路。1958年他到怒江傈僳族自治州采访，先坐两天汽车到达大理白族自治州的剑川县，然后骑马七天，翻过海拔近五千米的碧罗雪山，才到达怒江傈僳族自治州的首府知子罗。1959年雨季他采写《苦聪人有了太阳》，从昆明乘坐三天的火车、汽车到了红河哈尼族彝族自治州的金平县，然后在人烟稀少的哀牢山中走了三天，才到达苦聪人的定居点。他冒着几乎整日不断的滂沱大雨，在哀牢山脉深处的原始森林周围跋涉了一个多月，双腿布满了蚂蟥叮咬留下的伤痕，无数次冒险涉过齐胸的急流，寻觅到一个个苦聪人居住点，才获得这个濒于绝灭的少数民族从黑暗中见到太阳的第一手材料。

## 为民族报道的采写积累了丰富的经验

新中国成立以来，少数民族地区的发展进步是巨大的，也是渐进的。民族报道的原则与经验也有一个逐步探索、慢慢积累的过程。在这个过程中，黄昌禄为民族报道的采写积累了丰富的经验。

在云南和青海，黄昌禄对主要少数民族的历史、政治、经济、文化、风俗习惯等，都作了系统的调查，不断补充新材料。主要通过以下几种方法：一是整理采访笔记，每次采访结束，都把采访笔记分类装订成册，以备查用；二是收集剪报，从各种渠道收集少数民族的资料，报刊上有关少数民族的报道、文章、文学作品，都剪下保存；三是购买书籍，每到一地，有空就去逛书店，特别是旧书店，凡是有关少数民族的书籍，都购买阅读并保存。

这些工作耗费不少时间和精力，但一旦报道需要，这些资料便发挥了独特的作用。1958年4月，人民日报编辑部组织新华社云南分社（当时兼《人民日报》记者站）给报纸编撰一个专栏，报道云南7个最落后的民族跨过几个社会发展阶段，直接向社会主义过渡的巨变，要求10天左右把专栏发到编辑部。这些民族全都居住在遥远的边境地区，如果现去采访，恐怕一两个月也难以完成。但是黄昌禄利用积累的资料，并到有关部门补充了一点最新情况，不到10天时间，即完成了包括2条新闻、7篇介绍7个原始民族的文章、3篇花絮和几幅图片的专栏。

此外，他还坚持写采访日记，把在少数民族地区采访时的所见所闻、所思所感及时记录下来。1961年8月，黄昌禄从昆明乘长途汽车

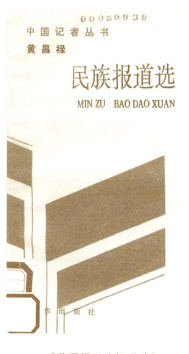

《黄昌禄民族报道选》

去德宏傣族景颇族自治州采访。第三天晚上住在小山村瓦窑，村头有一家名为"国营瓦窑食堂"的饭馆兼旅店。有几位自称经常跑这一路的旅客，七嘴八舌地夸赞瓦窑食堂如何如何好。黄昌禄仔细观察就餐的环境和清洁卫生状况，并留心服务员的一言一行，看她们如何对待顾客。在就餐过程中，黄昌禄一边吃饭一边注意观听周围旅客的反应和谈论，记住每一个细节和每一句对话。黄昌禄连夜把从汽车上到食堂里的见闻详尽地写成了当天的采访日记。后来他把采访日记变成了一篇通讯《夜宿瓦窑》。

## 与少数民族群众同甘苦共忧乐

长期深入艰苦的民族地区冒险采访是不容易的，黄昌禄有这个定力。他把家安在边疆，把少数民族群众当兄弟，把民族报道当成毕生奉献的事业，扎根下来。

黄昌禄 1956 年在北京结婚，爱人在冶金工业部有色金属局工作。新华社多次要求调黄昌禄爱人到云南工作，均被对方单位拒绝。黄昌禄也不愿到北京工作，他就给有色金属局局长写信，最终把爱人调到了云南。

为什么黄昌禄不愿留在北京，而要千方百计把家安在边疆？因为他坚信，新闻报道最丰富的源泉在基层，在人民群众中。云南是中国民族最多的省区，世居少数民族就有二十多个。"这些兄弟民族在旧社会备受歧视和压迫，新中国成立后，在党的民族平等、团结、进步、共同繁荣发展的政策指引下，分别从原始公社末期、奴隶制社会、封建农奴制社会等不同发展阶段，跨越几个世纪，共同走上社会主义道路。这种历史性的巨变，加上各民族绚丽多彩的文化、独特的历史和风土人情，以及边疆地区的壮美河山，都是新闻报道取之不尽的源泉。为了发掘这座新闻宝库，值得为之付出毕生的精力。"[2]

为了便于更好地深入群众，黄昌禄努力学习当地主要少数民族的语言。1954年黄昌禄去红河哈尼族彝族自治州驻点，请了一位通晓汉语的哈尼族干部当老师学哈尼语。1955年黄昌禄到西双版纳傣族自治州驻点后，系统地学习傣文和傣语。当黄昌禄初步掌握了日常生活用语后，下去采访便直接住到傣族村寨里。傣族兄弟完全把黄昌禄当作自己人了，争相邀请黄昌禄住进他们的竹楼里，帮他制作了傣族服装，还给黄昌禄取了个傣族名字艾松。

后来有人问黄昌禄，现在也有记者到少数民族地区采访，但有的人走了，人家也就忘了。为什么几十年过去了，人们还记得你、问起你、怀念你？他说，"根本的区别恐怕在于，我们当年同少数民族群众和干部的关系，不是单纯的我要材料你给我材料写稿的那种关系。而是把他们当朋友，当兄弟，和他们生活在一起，同甘苦，共忧乐。这份深深的民族情，是难以忘记的。"③

由此，就能理解黄昌禄的作品为什么文字如此细腻，感情如此饱满，笔调如此明亮，思考如此深厚。黄昌禄的贡献不仅在于忠实记录了少数民族的历史性巨变，更在于对民族问题富有洞见的思考。他的作品真实反映了中国少数民族对社会主义建设的探索和在党的领导下少数民族同胞追求美好生活的过程。在他的笔下，民族平等、民族区域自治、发展建设等党的民族政策和社会主义价值观得到了鲜明展示。由于他的努力，云南、青海等地少数民族的状况得到主流媒体、全国人民和党中央的更多关注，这些少数民族增加了获得国家资助和发展的机会。对少数民族来说，这是实现当家作主不可缺少的一个环节。

黄昌禄（1930—2014）

**注释：**

①②③ 黄昌禄：《民族情》，新华社《新闻业务》2011年第43期。

作品选编

## 苦聪人有了太阳

祖祖辈辈藏老林，
世世代代不见天。
树叶作衣裳，
兽肉野草当食粮，
芭蕉叶是苦聪人的屋顶，
麂子的脚印是苦聪人的大路……
共产党领我们离开了山箐，
走出了老林，
苦聪人有了房屋，有了火，有了太阳！

——苦聪人的歌

### 几年前，苦聪兄弟还停留在钻木取火、构木为巢、赤身裸体的时代

翻阅我国的历史，你一定会看到太古时期燧人氏钻木取火、有巢氏构木为巢的传说。可是，几年前在云南哀牢山的密林深处，我们的苦聪兄弟，却还停留在钻木取火、构木为巢的时代里。

我们从昆明出发，越过了云南高原上的万重青山，南渡红河，到了我国西南边境的金平县。又从金平继续西南行，在人烟稀少的哀牢山中走了三天，才来到苦聪兄弟的家乡。

这里已是我们最边远的国土，紧紧靠着越南民主共和国。抬头一望，那云雾漫漫的哀牢山顶，是一片黑茫茫的无边无际的原始森林，半山上坐落着一个又一个苦聪人的新村。当我爬上一条崎岖的山道，去访问苦聪大寨时，两边山坡上出现叠叠层层的梯田，田里的秧苗绿葱葱的。一群头戴银饰、身穿青色衣裤的苦聪男女，低头在秧丛中除草，他们都是农业社的社员。绿色的、黄色的、红色的山地，像一张张彩色棋盘挂在山岩上，走近一看，原来是种的谷子、玉米、红薯和棉花。地边菠萝散发的香味，把我们一直送进寨子。

寨子修在一个苍翠的山包上，金色的屋顶在初秋的阳光下闪闪发光。大群的猪鸡在房前屋后追逐、嬉闹，有些妇女在院子里纺线织布，老人们坐在屋檐下编竹器。寨子边上是所小学校，二十多个苦聪少年静静地坐在教室里听老师讲课，他们是苦聪人的第一代学生。

生活在内地的读者，也许你们会认为这是一幅极其平常的农村图画吧！但只要稍微了解一下苦聪兄弟的过去，你定会感到这幅图画的内容是多么新！又是多么美！

几年前，当我们还没有找到这帮苦聪兄弟的时候，他们就漂泊在哀牢山上这座原始大森林里，主要靠采集野果野菜和猎取野兽过活。在森林里种植的唯一农作物是玉米。每年春天，他们随便砍倒一片树木，晒两个月以后，放火烧光，用一根削尖的木棒或用树枝做成的木锄，在地上掘个窟窿，丢下种籽。种籽入土，人就日夜守候在地边，与森林中的各种鸟兽作斗争，直到秋收。收获最多的人家，只够吃三个月，碰到雨水多的年成，砍倒的树晒不干、烧不着，玉米种不上，整年都靠野果和兽肉充饥。

那时，苦聪兄弟不敢出林到市场交易，从小赤身裸体，长大后为了遮羞，就用树叶围在腰间或把兽皮披在身上。只有少数胆大的人才敢背着松鼠、鹿茸和编的竹器去向附近的哈尼人或傣家换件旧衣裳。他们光着身子，羞于走进人家的村寨，只好把松鼠或竹器放在村边路口，自己躲在路旁的草丛中，见有人走过便高声喊道："好心人！把我的东西拿去，给我件旧衣裳穿吧！"一直等人家去远了，才敢走出来取换得的东西。由于耕地不固定，人随地迁，居无定处。多数人是砍些竹子和树

黄昌禄（1930—2014）

枝围成栅栏，再用几张芭蕉叶或竹叶盖在顶上就成了房屋，有的就睡在石岩下和大树洞里。芭蕉叶和树洞，都抵挡不住高山密林内的风霜雨雪，苦聪兄弟只好终年烧起篝火，夜里靠它取暖御寒，吓跑野兽；白天靠它烧煮食物；种地时靠它烧掉树木。

火，在苦聪人的生活中成了最重要的东西。但森林中没有火柴，要取火，得找一个晴天，把晒干了的芭蕉根放在地上，再用两根竹竿来回摩擦，要连续不停地摩擦半天，竹竿磨热了，迸出点火花，掉在芭蕉根上，才着起火。因此，当苦聪人搬家的时候，一定不能忘记把火种带走，他们出外狩猎和采集时，也必须留个人在家看守火种。有时，夜里刮起大风，把芭蕉叶的屋顶吹跑了，雨水落下来。全家人就用自己的身子去遮住火，不让雨水把它淋熄，哪怕身上烧起了泡，也不能离开。

这种阴惨惨的日子不知从什么时候开始的，也不知经过了多少的年代。亲爱的朋友们，当你在银幕或舞台上看见"白毛女"在山洞里过着野人般的生活时，你能不为我们这位被剥夺了人类起码生活条件的同胞洒下一把同情之泪吗？可是我们的苦聪兄弟，哪一个不是白毛女！在苦聪大寨，我访问了七十岁的老太婆玛塞梅，她在原始森林里生过四个小孩，小孩出世后没有布包，只好用芭蕉叶烤热了包。没有吃的，生孩子第二天就用树皮把孩子背在背上，到处去挖野山药吃，站不住，只好跪着挖。光吃野菜没有奶，孩子饿得哭，她也急得哭，四个孩子都活活饿死了。这位老人家在大森林里过了六十多年，还不知道米饭和盐巴是什么滋味！

"我们要出林！"

"我们要太阳！"

苦聪人祖祖辈辈这样盼望着。从十来岁开始学射弩箭，一直盼到没有力气拉开弩弓的时候。他们也作过不少出林的尝试，这些尝试一次又一次地失败了。远的不说它，就在十多年前，有四户苦聪兄弟搬到森林的边缘，砍出了一条通往林外的道路。这件事传到了驻在半山的国民党中队长董小堂的耳朵里，在一个漆黑的夜晚，这豺狼带了三十多个爪牙，悄悄地摸到四户苦聪人住的地方，把他们的弩箭和火药枪等全部家财洗劫一空，有个逃避不及的苦聪人被当场打死了。从此，苦聪兄弟就往森林深处搬，搬到那没有道路的地方去。

不过，他们出林的希望并没有熄灭。这希望，像他们古老的风习一样，父传子，子传孙，一代代地传了下来。

## 党和人民政府先后花了五年时间，<br>在原始大森林里找到了二千多苦聪人

这一天终于盼到了。

1953 年春天，云南边疆的哈尼人，傣人和瑶家把共产党来帮助少数民族过好日子的喜讯辗转传到了这座最偏僻的原始森林里，苦聪兄弟在狂欢之余，却又怀疑起来："共产党的心肠为什么会这样好？""是不是又来骗我们苦聪了？"惨痛的历史经验告诉他们：不要轻易走出林去。

我们的党和人民政府虽然从邻近的其他兄弟民族中听到有关苦聪人的点滴情况，但这民族究竟有多少人？生活得怎样？为什么不出林来？却不知道。于是派了一批干部前往原始森林去访问他们。纵横几百里的原始森林有如茫茫大海，到哪里去寻觅那些漂泊不定的苦聪兄弟呢？

访问者们只好先在原始森林边缘的哈尼族和傣族寨子住下，等到附近赶街的日子，便带着礼物到街子上等着。有时偶尔等到一两个出来赶街的苦聪人，便向他们宣传党和毛主席的民族政策，问他们有什么困难，送给他们需要的衣服和盐巴等物品。但苦聪兄弟们，却呆呆地望着这些陌生人，不敢接受送给他们的东西，怕以后要追还，经过再三解释，才收了下来。

这样，陆续找到了六百多个苦聪人。1954 年年初，原红河哈尼族自治区人民政府成立时，特别到森林中邀请了苦聪人的代表参加。

辽阔的原始森林中，传递消息是十分困难的，除了自己一个家族的成员外，苦聪人也不知道其他同胞住在哪里。这六百多苦聪人遇到的事情，并没有被居住在密林深处的大多数人知道。因此，在 1956 年，

黄昌禄（1930—2014）

029

驻守边疆的中国人民解放军根据当地党委的指示，又派出民族工作组，深入原始森林的心脏去做第二次寻访。

解放军的同志们背起行李，带着干粮，在不见天日的大森林里走了几天，连一个人影也没有，他们看到的只有猴子、老熊和马鹿……

他们又一次出发寻找苦聪兄弟们。进林的第四天，忽然看见一个头发披到肩上、脸孔黑黝黝的人，身上挂了几条烂布筋筋，站在离他们四五十米远的地方采野果，他们欢喜得大叫起来：老乡，老乡！哪晓得这人听见喊声，掉头拼命就跑。他们边追边喊："老乡，不要怕！"这人像发了疯一样，前面有一座丈多高的岩子，他一纵身跳了下去，他们怕追出事来，只好返回住地。

解放军同志们再一次进林，朝着那个人跑的地方找去。又走了一天，忽然前面出现了一块亮堂堂的天空，飘着缕缕炊烟，他们急忙往冒烟处走去。快要走到时，拨开草丛，发现一座芭蕉叶盖的房子，屋里还烧着一堆火，但一个人也没有，看样子是刚才听见狗咬才跑走的。

他们又失望地回到驻地。左思右想，最后搬到森林边的金竹寨住下，这里有几家瑶人。他们白天同瑶族同胞一起去劳动，晚上向大家讲民族政策。半个月后，同大家混熟了，一个叫邓三妹的瑶族姑娘告诉解放军同志，她的大姐就嫁给苦聪人白大热。他们问她为什么不早说，她说："原先不知道你们到底心肠好不好，怕你们去伤害苦聪。"

邓三妹领着解放军同志第四次进林。真凑巧，她带他们到了去过的那间屋子。过了小半天，才见邓三妹领着她的姐夫进来，原来就是前次碰到的那个苦聪人，这人神色紧张，周身发抖。当解放军同志说明了来意，并把带来的盐巴、衣服和黄烟送给他时，白大热忽然哭起来，说："好心人来了我还跑，真对不起你们呵！"解放军同志告辞的时候，白大热苦苦留住大家多住一夜："我们的女人还没有见着你们这些好人呢！"第二天，白大热家的妇女回来了，都躲在屋外，从墙缝往里瞧，不敢进来。原来她们都没有衣裳和裤子穿。

经过边防军这次深入查访，森林中的大部分苦聪人都找到了。

1957年春天，金平县的党和人民政府又抽调了十八个干部组成苦聪人访问团，由副县长刘天德率领，第三次访问苦聪兄弟。他们携带了三万元的救济物资，分三路进入原始森林。经过整整半年时间，访问团团员的足迹遍布了这座广阔的原始森林，把游猎在林内的二千一百七十七个苦聪人全部找到了。

你读了这段故事，有些什么感想呢？为了找寻一个被旧时代遗弃了的人口很少很少的兄弟民族，我们的党和人民政府先后花了五年时间，付出了多么大的代价！我们其他民族的同志们一批接一批地来到深山密林，历尽了多少艰苦！这里我不禁想起了世界上其他一些少数民族的命运。你们一定知道在北美洲的原始森林里，两百年前本来住着一种红皮肤的印第安人，美、法、荷的殖民主义者为了掠夺这块土地，残酷地屠杀他们。后来美国政府又派了一支人马去找寻他们，但这些人并不是去做好事，而是对印第安人进行穷追猛杀。最后，这个地区的印第安人几乎被消灭了。我们的苦聪兄弟，因为生活在社会主义的祖国，他们不但避免了印第安人的悲剧，而且正在以社会发展史上找不到的速度，追赶着先进的兄弟民族。

黄昌禄 (1930—2014)

## 苦聪人在工作队领导和兄弟民族关怀下，出林开田种地，发展生产

苦聪兄弟们走出了原始森林。但在他们面前，还摆着一连串的困难，开田种地，没有农具、耕牛和籽种；不懂耕田种地的办法；他们从小习惯了高山密林内的寒冷气候，都怕搬到燥热的半山会得"矮山病"（疟疾）。这些困难，要是单靠苦聪人自己的力量，是不可能解决的。

中共金平县委为此专门制定了一个帮助苦聪人出林定居、发展生产，逐步摆脱落后贫困向社会主义过渡的规划，并组织了苦聪民族工作队前往领导这项艰巨的工作。国家先后拨了九万多元专款给苦聪人购买农具、耕牛、籽种、口粮、衣服和其他生活用品，三百七十六家苦聪人，平均每家得到国家赠送的东西价值在两百元以上。周围的各兄弟民族听说苦聪兄弟要出林了，也向他们伸出了友谊之手。住在半山的哈尼

族、瑶族和河谷的傣族，送给苦聪人五百多亩水田，有些村寨把自己最好的水稻和棉花籽种赠给苦聪兄弟。

一群群的苦聪人在工作队的领导下出林开田种地了。我访问牛塘寨时，工作队的傣族干部黄正忠对我讲了他去年春天领着三十一家苦聪人出林种田的故事。那些苦聪兄弟在森林里从来没有见过牛，初次看到这样大的家伙，以为是什么猛兽，一个人也不敢挨近它，牛叫一声把大家都吓跑了。于是，黄正忠牵着牛，领苦聪人到了田里，自己先犁田，叫苦聪人在旁边看。过了三天，苦聪人看见这种大兽性情非常温驯，就不再害怕了，也来学着犁田。开初要四个人赶一头牛，犁到田边，不会叫牛转弯，田埂都被犁垮了。经过了三番五次的试验，不但男人大都学会了犁田，还有四个妇女成了犁田能手。田犁完了，工作队的哈尼族女队员朱成英，又在田里教会了苦聪人撒秧和栽秧。

当苦聪人看见自己第一次栽下的秧苗，已经变成了一串串金色的稻穗时，对于出林定居的顾虑完全打破了，决定把家搬到土地肥美、水草丰沛的半山来。哈尼人、傣人和瑶家听到这个消息，热情地欢迎他们的新邻居。他们到山上伐来木料，割回茅草，在苦聪人选定的地点，帮苦聪兄弟盖起了新房。茨通坝的十二户苦聪人从原始森林搬到苦聪大寨来的那天，全乡各兄弟民族派了代表来祝贺，向苦聪兄弟赠送了一面象征着团结和友谊的锦旗，汉族干部燃放起鞭炮，哈尼姑娘吹奏着"把乌"（一种乐器），傣族的小伙子跳起了象脚鼓舞。苦聪兄弟在一片欢乐声中搬进了新居，他们用手摸摸那厚厚的土墙，望望那结实的屋顶，眼里不禁流出了感激的泪珠。

## 现在，苦聪大寨已成立了农业生产合作社，家家户户吃上了大米饭

现在，苦聪大寨已成立了一个农业生产合作社和一个互助组，社主任苗初沙是一个瘦黑的中年人，他从小生长在原始森林里，连县城也没有去过。两年前的秋天，他被苦聪人选为代表，到北京去参加了国庆

大典，又到东北和上海等地去参观，祖国社会主义建设的宏丽图画深深迷住了这个受尽苦难的苦聪人，回到家乡后，苗初沙逢人便讲社会主义的好处。"我们也要社会主义！"苦聪人都这样说。苗初沙又告诉大家："农民只有互助合作，才走得到社会主义。"于是，有二十六家苦聪人在工作队干部的领导下，办起了一个合作社。在合作社的带动下，去年全寨收的粮食比1957年增加了一倍以上，家家户户都吃上了大米饭。今年，他们正在为夺取更大的丰收而努力。我到苦聪大寨的那天晚上，月色皎洁，碧绿的哀牢山又裹上了一层银妆，我漫步寨边，看见社员们正在月光下积肥，有说有笑，情绪十分热烈。在人群中找着了社主任苗初沙，他说他很怀念北京，很想念毛主席，然后向我提出了一个奇怪的问题："毛主席也住过大老林吗？"我说没有。他摇摇头，不相信地说："他怎么会对我们苦聪人这样好呢？"我告诉他，毛主席制定了民族政策，要帮助我国所有的民族过渡到社会主义和共产主义，大家都按照这个政策办事。他才满意地笑了。

　　这时，我又想起了苦聪人唱的那支歌："……苦聪人有了房屋，有了火，有了太阳！"

　　是的，苦聪人已经同那不见天日的野人般的生活永别了，现在他们有了太阳！一个是天上的太阳，它温暖了苦聪兄弟的身体。还有一个是人间的太阳，这太阳就是毛主席的民族政策，它照耀到我们祖国这块最边远的土地，照耀着我们多民族大家庭里最小的兄弟之一的苦聪人，永远地、永远地温暖着他们的心。

（原载《人民日报》1959年9月20日；选自《黄昌禄民族报道选》，新华出版社1993年版）

评析：

　　这是黄昌禄最著名的报道。他从昆明坐了3天火车、汽车到了红河哈尼族彝族自治州的金平县，然后在人烟稀少的哀牢山中走了3天，才到达

黄昌禄（1930—2014）

苦聪人的定居点。他冒着整日不断的大雨，在原始森林周围跋涉了一个多月，寻觅一个个苦聪人居住点，获得这个濒于灭绝的少数民族从黑暗中见到太阳的第一手材料。这篇报道奠定了作者在民族报道领域的地位。

这篇通讯以"苦聪人的歌"作为全文的开头主旨，热情讴歌了中国共产党的民族政策。作者饱含深情地叙述了苦聪人在旧社会生活在原始森林中的困苦，详细描述了党和政府以及边防军花了5年时间寻找苦聪人，并把他们接出森林组织生产、发展生产的情况。全文按照时间顺序来写，以"几年前""花了五年时间""现在"等几个时间词作为结构的标志，鲜明地体现了苦聪人从贫苦落后到温饱、温暖的转变过程。

# 这里没有冬天

## 天然的大花园

11月初，我离开北京的时候，公园里已经花谢草黄，屋内生起了火炉，室外寒风扑面。经过约八千里路的旅行，我来到云南省最南端的西双版纳傣族自治州，这里却是绿叶满枝，鲜花盛开，森林中传出鸟儿的歌声，田野里散溢着稻香。中午以后，傣族妇女都赤足裸臂，澜沧江中每天都有游泳的人。候鸟南飞，现在我才懂得它们是多么聪明。

西双版纳傣族自治州位于北回归线以南，同缅甸的曼德勒、印度的加尔各答在同一纬度上，赤道吹来的季风使这里气候终年温暖，全年无春夏秋冬之分，只有干季和雨季之别。柳树和菩提树、绿叶红冠的凤凰树以及种类繁多的热带和亚热带植物，把西双版纳装饰成一座天然的大花园。

我参观了设在自治州首府允景洪附近的热带作物试验场。浓密的竹林中开垦出一百五十亩园圃，种植着本地的热带植物，也有从国外引进的名贵品种。我首先来到菠萝园，在淡青色的叶丛中还可以看到几个紫红色的果实。场长石明辉告诉我，菠萝刚收获不久，收了一个重五斤二两的无刺菠萝，已经送往全省农业展览会。我们走进了大片的香蕉林，累累的香蕉发出阵阵清香。一种泰国品种的香蕉去年栽下，今年已经结了果实，最大的有三十多公分长，像山羊的角一样。在另一个园圃里，去年种植的咖啡已经开始结豆，从印度尼西亚运来的油料植物油棕刚发出嫩芽。园圃中还种植着重要的工业原料剑麻和紫梗、可以提炼香精的香茅、能做船舰的柚木，以及其他热带水果和经济作物。试验场里培植了不同品种的橡胶树。橡胶树是有三万种以上用途的经济作物，在有霜雪和寒流的地方就不能生长。西双版纳澜沧江两岸的景洪、勐罕等峡谷盆地，海拔很低，终年无霜雪，从来没有过寒流侵袭。在傣族的文字中，还没有"雪"这个词汇。12月上旬，已经是西双版纳一年中最冷的季节了，但是在允景洪，中午室外温度仍然是二十摄氏度，夜间最冷也不过八摄氏度；试验场的橡胶树每天长出一公分。在景洪坝，已经建立了两个专门栽种热带作物的垦殖场，还有更多的垦殖场正在筹建中。不久的将来，这里会成为我国发展热带经济作物的基地之一。

## 丰收的季节

我国内地的秋收早已经结束了，但是在西双版纳，目前却是紧张的收获季节。今年，自治州傣族人民聚居的平坝地区，采用和平协商方式完成了土地改革。获得了土地的农民纷纷组织起来，发展生产，并且试办了二十三个农业生产合作社。长期被封建领主制度束缚的生产力被解放出来了，赢得了丰收。我走到完成土地改革最早的景洪坝，这是在澜沧江西岸峰峦夹抱之中的一个坝子。绿树翠竹环绕坝的周围，中间是一片金黄，田里禾秆上垂着沉甸甸的稻穗，一群群系着花裙的傣族妇女和头戴毡帽的男人们，正在稻海中挥着镰刀；有些地方，稻子已经割下了。有一个姑娘唱出清脆的歌声，一个小伙子接着就和了上来，歌声彼

黄昌禄（1930—2014）

035

落此起，长久地荡漾在充满春天气息的田野里。

我们访问了坝子边缘曼柯松寨的一个农业社。几十座竹楼掩映在棕榈、榕树和菩提树中。寨旁一座用竹篱笆围起的院子内，有两间干净的草舍，这是合作社的猪厩和鸡舍，里面养着十三头猪和七八十只鸡。在社员自留的果园里栽着香蕉、菠萝、甘蔗和柚子，菜园里有开着黄花的油菜和鲜嫩的白菜、茄子。竹楼阳台上、庭院里，布满红色的鸡冠花、浓香扑鼻的刺球花以及其他花卉。一条清溪流过寨子，溪水淙淙，一只肥鸭在溪中用翅膀拍着水嬉戏。白天寨里空空的，社员都到田间收割去了。驻社的工作干部向我介绍说，曼柯松寨在今年3月结束土地改革后，便推选了代表到思茅县去参观农业社。农业社的富裕景象，吸引着这些渴望发展生产的边地农民。寨里的四十四户农民成立了一个以"永栽"（汉语——同心）为名的农业社。虽然大家对管理集体生产还缺乏经验，肥沃土地的巨大潜力还没有充分发挥，但是由于组织起来进行了比往年细致的耕作，还是得到丰收。估计全社农副业生产总值可比去年增加二成一左右。

傍晚，清脆的铃声响起，驮运谷子的黄牛把最后一批稻谷驮回村寨，妇女们把分得的稻谷装进竹楼上的谷仓。我走上社员艾坦依的竹楼，一家七口人正围在火塘旁边吃晚饭，一面吃着从街上买回来的鱼和米线（即米粉条），一面谈笑。艾坦依是一个勤苦老实的庄稼人。土地改革前，他家每年收入二千二百斤稻谷，只够5个月口粮，其余半年多的生活全靠帮工、租种一些地来维持。土地改革后，他家有了比原来多一倍的田，入社后全家劳动格外努力。现在试分结果，可以收入七千多斤稻谷。艾坦依贫穷了26年，现在竹楼新换了屋顶，弟弟上了小学。艾坦依同我谈起这些情况时是这么激动。当然，这只不过是西双版纳傣族人民在新的生活道路上跨的第一步罢了。


## 最欢喜的日子

傣历12月15日（公历10月18日），是傣族人民一年一度的"开门节"。开门节后，西双版纳一年中最美好最欢乐的季节就来到了。漫长的雨季已经过去，空气是那么清新。早晨，澜沧江两岸弥漫着薄雾，仿佛一袭轻纱披在大地上；中午，轻纱慢推开，绿色的山峰、蓝蓝的天、棉絮似的云都露出来了。太阳的光辉驱散了薄雾，洒在傣族姑娘的彩色头巾上。傍晚的天空，形状颜色变幻万端。这时，夕阳的余晖把瘦瘦的椰子树叶镀上金边，竹楼上升起了炊烟。傣族本来是一个活泼乐观的民族，在这样醉人的季节，又逢丰收，叫他们怎么不欢乐呢？用傣族谚语说："这时老奶奶唱不出歌，也要吹两声口哨。"

在景洪坝，我度过了几个难忘的夜晚。当一弯新月爬上菩提树梢的时候，寨里响起象脚鼓的声音，一群青年踏着鼓声起舞。鼓声低昂，舞姿矫健。在竹楼旁、庭院中，燃起了堆堆篝火，结束了一天劳动的傣族姑娘换了一身漂亮的衣裙，坐在篝火旁低头纺纱，纺车发出嗡嗡的声音。痴情的小伙子听到这熟悉的声音，便披着大红毯子前去与心上人相会。他们或用婉转的歌声，或用动人的言词，倾吐自己的爱慕，打动对方的心。夜色深沉，情话喁喁。恋爱成熟的情侣，便选定日子结婚了。在曼迈龙寨，开门节后已经举行过三次婚礼。第一对结婚的是"打完亮"（东方红）农业社的主任艾对和女生产队长依娇。他俩都是土地改革和合作化运动中的积极分子，在工作和劳动中，两人熟悉起来，有了爱情。傣历 1 月 15 日（11 月 7 日）晚上，这对有情人终成眷属。听说社里还有六七对男女青年准备在收割完毕、盖起新房以后，便举行婚礼。

"赞哈"（傣族歌手）在这个季节最为忙碌，每逢人家结婚、贺新居或庆丰收的宴会上，都要邀请"赞哈"来演唱。有一个晚上，我在曼非龙寨"广焕"农业社主任艾地珍的家里，参加了一次音乐会。寨里的三个女歌手都来了，年岁最大的歌手依溜今年已经五十三岁，最年轻的依滔才十四岁。她们在一管竹笛的伴奏下，用折扇半遮面孔，各唱了一两支歌子。她们唱过去受的压迫，唱新的生活，唱公路上奔跑的汽车，唱贸易公司运来工业品，唱农业社的丰收。笛声是那么悠扬，歌声是那么清朗，虽然我不能直接听懂歌词的内容，但我的感情完全溶合在她们的歌声中了。

（原载新华社昆明 1957 年 1 月 25 日电；选自《黄昌禄民族报道选》，新华出版社 1993 年版）

## 评析：

在 20 世纪 50 年代，到边远少数民族地区采访是艰苦的，作者克服各种困难深入西双版纳自治州，访问热带作物试验场、农业合作社，用脚丈量新闻，用眼睛和耳朵记录新闻，用心体察少数民族生活状况。

作者擅长使用对比的手法来表明价值观和政治立场。比如，访问农业社，"虽然大家对管理集体生产还缺乏经验，肥沃土地的巨大潜力还没有充分发挥，但是由于组织起来进行了比往年细致的耕作，还是得到丰收。估计全社农副业生产可比去年增加二成一左右。"作者通过这种对比体现变化，透露出试办农业社解放生产力的政策是正确的。

作者文笔优美，文章犹如一幅画卷展现在读者面前。整篇文章从头至尾都充满了艺术气息，可读性非常强。作者描写自然地理环境、民族民俗人文等的时候文笔细腻，文字简洁而意涵深长。

# 欢乐的红河

云南省内红河南岸，是一块富饶美丽的地区。哀牢山从北而南遍布全区，在峰峦层叠的山坡上，排列着千万丘梯田。虽然冬天早已来临，但山峦间仍是绿树青草，在河谷地带，茂密的香蕉、菠萝和高大的槟榔树中间，散布着一个个村寨；高山顶上，终日不散的云雾，缭绕着绵延不绝的森林。

生活在这块土地上的哈尼、彝、瑶、苗、傣等十多个兄弟民族是勤劳的。他们在高山深谷之间，开垦出几十万亩肥田沃土，把山上的溪流和泉水汇入一条条水沟里，把山区变成了"山有多高，水有多长，山高水长，鱼米之乡"。

最近，我访问了红河哈尼族自治区的元阳县大宗巧寨，这是一个普通的哈尼族村寨。过去国民党反动政府在这里要派上几十种苛捐杂税，加以土匪不断抢劫骚扰，使寨子里的二百多户人家，有的流浪到外乡，有的在山林中吃野菜树叶生活。现在，哈尼族人民在人民政府的帮助下已重建了自己的家园。秋收才结束，家家门前晒着稻谷和棉花，妇女们在初冬的阳光下纺线、缝制新衣，男子们正忙着添盖新房。早上，孩子们赶着成群的鸡鸭往寨子外边放。傍晚，在一堆堆的篝火旁边，悠扬的竹笛和四弦琴声伴着一群小伙子和姑娘们在尽情地歌唱。

在红河县的麦子田寨，我会见了一个叫马乃白的彝族姑娘，她今年才二十岁，但不幸在解放前患了眼病。解放后县里成立了卫生院，给她免费治疗。去年年初，一个医疗队又来到了她们的寨子，继续给她医治，瞎了三年的眼睛终于又重见光明了。她现在不但是生产能手，而且还上了识字班，学会了绣花。当我称赞她写的字和美丽的刺绣时，我看见她的年老的妈妈和她自己的脸上，都泛起了幸福的微笑。

当我翻越过红河南岸的重重山岭，走过每一个村寨，访问每一个民族的时候，我都看见一片欢乐的情景。人们用歌声来吐诉过去的哀怨，用歌声来表达今日的欢欣。在自治区成立一周年前夕，我听到一群来参加庆祝的傣族姑娘唱了这样一支动人的歌："我们的衣服一片新，我们的田坝一片金，我们的天空一片蓝，我们的心里一片乐。毛主席的太阳照着红河南岸，兄弟民族笑盈盈！"

我在红河区的时候，不管在日暖风和的日子，或在月明星稀的夜晚，都听见过村寨里传出这种欢乐的歌声。那歌声，就像流不尽的红河水，永远震荡在边疆的山谷之间。

（原载新华社昆明 1955 年 1 月 11 日电；选自《黄昌禄民族报道选》，新华出版社 1993 年版）

黄昌禄（1930—2014）

**评析：**

作者善用白描手法，文章叙事如入画境，通篇透露着光明的底色。

全篇六段文字由背景、访问和感受三块组成，开头两段交代地理人文背景，中间两段把访问一个典型村寨和一个典型人物作为主体内容，最后两段以歌声描述欢乐的感受作结。

作者巧用三组鲜明对比，不动声色地宣传了党的民族政策。首先，用背景材料进行对比，以大宗巧寨在国民党政府统治下的生活困苦，衬托人民政府帮助他们重建家园后的幸福欢乐。其次，用典型人物进行对比，以天子田寨的姑娘解放后免费治疗眼病，"瞎了三年的眼睛终于又重见光明了。她现在不但是生产能手，而且还上了识字班，学会了绣花"，赋予"旧社会让人变成鬼，新社会让鬼变成人"的寓意。最后，用歌声进行对比，"人们用歌声来吐诉过去的哀怨，用歌声来表达今日的欢欣。"这一句看似不经意，实质上非常重要，跟前面两组对比形成呼应。

（编撰：马昌豹）

农村改革报道先锋 张广友（1930—2008）

张广友（1930—2008） 对新中国农村改革与发展报道多有建树的优秀新闻工作者。从农业经济系的普通学子成长为经验丰富的报道农村新闻的记者，再到调职中央研究单位、任职《农民日报》总编辑，毕生致力于对新中国农村发展问题的探讨。在推行联产承包责任制的进程中，他用深入基层、力透纸背的报道和评论为改革奔走呼号，有力地推动了农村经济体制改革。在退出一线工作后，依旧笔耕不辍，撰写多部专著以记录新中国"抹不掉的记忆"，为农村改革发展和新闻宣传事业奉献了一生。

# 农村改革报道先锋

张广友，辽宁铁岭人，《农民日报》原总编辑，曾任新华社高级记者，亦是实践经验丰富的农村经济学者、"三农"问题研究专家。曾亲历"三年困难时期"、"文化大革命"乱局、中原洪水、唐山地震等关诸国家民族命运的历史性大事，是这些重大事件的见证者和记录者；而在其后的改革和发展进程中，他始终如一地站在改革的前沿，积极为新的生产力奔走呼号，是新中国农村经济体制改革的参与者和推动者。敬业和勤奋的品质，让这位长期深入采访调研、善于学习积累的记者积累了深厚的知识学养；而强烈的历史使命感，又令张广友在可能的政治风险面前实事求是，成为一名坚持真理的"新闻战士"。

## 从森林里走出的新闻工作者

张广友 1930 年出生于辽宁省铁岭县一个普通的农民家庭。1938 年至 1949 年先后就读于家乡小学、铁岭一中、开原高中。尽管写作天赋过人，但由于在土改中被认定为"剥削家庭出身"，校方取消了张广友的食宿供给制，家境贫寒的他被迫辍学。

1950 年，张广友考入东北林学院森林勘察训练班，成为一名森林勘察队队员。东北原始森林的雪域风光赐予了他源源不断的写作灵感，1952 年至 1953 年间，张广友陆续在《旅行杂志》《东北日报》《中国青年报》等知名报刊上发表多篇作品，如《在长白山的森林里》《大兴安岭林区踏查记》《在小兴安岭的森林里》《新中国第一个女子森林调查组》等。1953 年，他已小有名气，被调离勘察队，进入林业局机关。

1955 年，时任中央林业部设计局技术员的张广友响应国家政策参加高考，并出乎意料地被中国人民大学农业经济专业录取。大学期间，张广友多次在新华社和《东北日报》《中国青年报》《农村工作通讯》等报刊上发表文章。凭借丰富的写作经验，1959 年毕业分配时被新华社看中，正式成为一名新闻工作者。

此后，张广友先后担任过记者、编辑，分社负责人，机动记者，随军记者，《农民日报》总编辑，完成了从林业部门到新闻单位的职业跨越。

## "富记者"的遗产：实践出真知　艰险出新闻

农村改革问题专家吴象评论说，张广友是诸多时代事件的"亲历者、见证者、知情者、记录者和一定程度的参与者"[①]。在长达四十多年的新闻工作中，张广友深入实际，不畏艰险，积累了丰富的调查报道经验。

职业生涯伊始，他就从最熟悉的农林领域出发，积极参与新闻实践。从采访林业部门做起，远赴条件艰苦的贫困山区，在湖南山区完成的通讯报道《林粮间作加速山区经济发展》等，成为入职初期的代表作。

"三年困难时期"，张广友被下放到民生潦倒的重灾区——山东省

张广友（1930—2008）

惠民县。在完成担负的行政工作的同时，为了真实反映灾区问题，他对灾情原因进行了深入的调查分析，并冒着巨大的政治风险完成了《李家店村三个生产队包产到户的情况调查》，认为"共产主义是天堂，吃不上饭天堂再好也上不去"，"包产到户是社员的普遍要求"②。这篇如今被公认为"农村改革经典之作"的报告，在当时的政治环境下未能刊发，甚至成为"左"倾势力打压张广友的把柄。然而，这篇文章却也成为张广友日后坚定不移地支持"包产到户"的根由。

两年下放结束后，1960 年张广友回到新华社国内农村部。虽然他的主要工作任务在机关，但只要一有机会，他就深入农村采访调研，他始终认为，真正有价值的新闻出自一线，"只有对实际有一定了解，才能提出切中要害的问题"③。

1966 年后，张广友被调到内参部，后又调到机动记者组，采访范围也更加灵活。1975 年报道淮河大水灾，1976 年采访唐山大地震，1978 年作为随军记者来到对越自卫反击战前线……强烈的事业心和责任感将张广友推向艰险的采访现场，他冒着巨大的生命危险坚守岗位，在第一时间完成了大量调查和报道。

"文化大革命"期间，张广友远离是非场，专心从事内参报道。其间，他通过现场采访与蹲点调研，向上级如实反映了一些重点单位的情况，如"文化大革命"初期在清华大学蹲点调研，1967 年采访武汉"7·20"事件，1968 年在北京"六厂二校"蹲点调研，1969 年报道山西武斗和"7·23"布告，1976 年奉命去铁道部机关蹲点调查"反击右倾翻案风"等。这些报道的特点一是快，二是准确，三是客观，为中央领导决策提供了重要的事实依据。在激烈的政治风浪中，张广友始终坚守良知，不说假话，表现出一名记者强烈的正义感和历史使命感。

张广友逝世后，其生前好友、新华社资深记者陈大斌撰文评价他为名副其实的"富记者"④，以称赞其敬业的工作精神、丰富的社会阅历和深厚的知识学养。他的勤奋、求实精神、历史责任感，都是一名"富记者"留给我们的宝贵遗产。

# 农村改革"卫道士"：为新的生产力奔走呼号

在四十多年的记者生涯中，张广友最突出的成就，便是为新中国农村改革报道所作出的贡献。

1976年，十年浩劫后的中国农村，民生凋敝，万户萧疏。为了扭转这种局面，安徽省省委书记万里率先在省内发起农村生产改革，推行联产承包责任制。1977年9月，张广友被新华社派为常驻安徽记者，在万里的直接领导下进行调研报道。农业经济专业出身、在长期农村采访工作中熟悉了农民诉求的张广友，成为这场改革的积极推动者。

一方面，他和同事们以文字为工具，积极为农村改革政策宣传造势。为了宣传新的农村政策《关于当年农村经济政策几个问题的规定》（又称《六条》），张广友等人先后完成《安徽大步赶上来了》《生产队有了自主权农业必增产——安徽省定远县改变农业生产落后状况的调查》等稿件，陆续刊载在《人民日报》一版头条。为了证明包产到户对农业增产的促进作用，他和陆子修紧接着又完成了《灾年夺高产、一年大变样——魏郢生产队"包产到组"、"以产定功"的调查》等多篇报道，详细阐述该如何调动广大农民的生产积极性。

另一方面，张广友等人也以文字为武器，冒着巨大的政治风险，对阻挡改革的势力给予有力回击。1977年，中央发布文件强调要继续学习大寨。针对部分报纸对安徽改革违背社会主义的批评，张广友和同事们针锋相对，完成了《落实党的政策非批假左真右不可——安徽省滁县地区落实农村经济政策的一条重要经验》《安徽省县委书记们学习三中全会公报总结历史经验教训——狠狠批"左"农业才能迅速发展》等报道，为联产承包责任制肃清思想阻碍。1980年，张广友和吴象在《人民日报》上发表长文《联系产量责任制好处很多》，对农委刊物《农村工作通讯》对安徽的批评，作出了有理有节的回击。面对在安徽省南三

《联产承包责任制的由来与发展》

区地委书记会议上省委主要领导的尖锐批评，张广友不但没有退缩，而且顶着政治压力奋笔疾书，用事实说话，完成 8 篇系列报道——《安徽省江淮地区农村见闻》，积极为包产到户正名。

在安徽农村改革初期这两年多的时间里，张广友共撰写了 100 多篇报道，对贯彻党的农村经济政策起了积极的推动作用，被盛赞为"为新生产力呼号的新闻战士"⑤。1982 年，河南人民出版社从其参与写作的报道中选取 48 篇，辑录为《联产承包责任制的由来与发展》一书，成为这段农村改革历史的缩影。

## 为新闻和农村发展事业奉献一生

1982 年，张广友调任《农民日报》总编辑，在新的岗位上继续为农民事业贡献力量。在全面指挥报纸编辑业务的同时，张广友还完成重要评论，围绕农村工作会议和"中央一号文件"精神，组织撰写了许多重要报道和评论文章。短短几年时间里，领导该报发展成为拥有全国性影响的大报。

1992 年退休后，张广友仍然关心国家大事，关注农村改革。他整理多年的采访笔记，回顾三十多年从业历程，撰写了《改革风云中的万里》《抹不掉的记忆——共和国重大事件纪实》等十多部著述和许多重要文章，成为对那段历史的珍贵参考。

2008 年，张广友病逝于北京。

回顾张广友为新闻事业和农村改革发展孜孜奉献的职业生涯，其最瞩目的成就便是为新中国农村改革宣传报道所作出的贡献。几十年如一日敬业工作，让这位优秀的新闻记者不仅收获了新闻界的赞誉，更被公认为实践经验丰富的农村经济学者、"三农"问题研究专家。

**注释：**

① 张广友：《抹不掉的记忆——共和国重大事件纪实》，新华出版社 2008 年版，第 3 页。

② 张广友：《抹不掉的记忆——共和国重大事件纪实》，新华出版社 2008 年版，第 82—86 页。

③ 张广友：《抹不掉的记忆——共和国重大事件纪实》，新华出版社 2008 年版，第 253 页。

④ 陈大斌：《一位"富记者"的遗产——怀念张广友并介绍其遗著〈抹不掉的记忆〉》，《中国记者》2009 年第 5 期。

⑤ 倪平：《为新的生产力奔走呼号——记优秀新闻工作者张广友》，《新闻记者》1984 年第 12 期。

张广友（1930—2008）

## 李家店村三个生产队包产到户的情况调查
## 为啥包产到户？

　　李家店是惠民县小郭庄公社的最困难单位。全村 65 户，225 口人，耕地 780 亩，分三个生产队。这个村从 1958 年以来，由于大刮五风，生产力受到严重摧残。从 1959 到 1961 年三年的时间，死亡人口达 75 人，其中仅去年即死亡 25 人。现在全村 780 亩耕地中，碱化地 180 亩，洼涝地 210 亩，占总耕地面积一半还多，耕畜由 1958 年的 32 头减少到 5 头。其中能干活的只有 3 头。全村共有男劳力 45 人，其中长期病号 15 人。去春以来，经过党的一系列政策，形势有了很大好转，但由于生产遭到严重破坏，群众生产劲头始终没有充分调动起来。几年以来，年年依靠国家供应，去秋国家供应 5000 斤，今年春季又供应 4600 斤，社员对生产不积极，队长说："喊破了嗓子砸碎了钟，也是不出工。"大片地荒了，集体瓜炕坏了，牛饿死了，社员无动于心，干部也不着急；可是社员的自留地和开荒地，肥多、水足，苗壮。大队干部李振东（负责该村的）说："李家店村包产到户的原因有三：一是灾情严重；二是干部力量薄弱；三是群众觉悟不高，实在没有办法，在今年夏收后，把全村所有耕地全部包产到户。"

### 包产到户的做法

　　李家店村包产到户是：统一规定作物，按地片定户，按作物定产，按劳力划等，在包工到户的基础上包产到户。包产以内的产量，由队统一分配。分配的办法是四六开，40% 按工分，60% 按人口。每户所包的产量以内部分，扣除按工分应分配和按人口应分配部分以后，多余时往外找，不足时往里找。超产部分全部归户，减产也由农户自己负担。

在包产到户时坚持自愿，愿包就包，不愿包就不包。全村 65 户，有 60 户包产，其余 5 户中，有三户是五保户，一户是重病号，一户是孩子太多无劳力。这 5 户经过社员讨论，由队上统一安排，每人除由队上分配的按人口分配部分外，分别予以补助工分，参加队上统一分配。

包产之前秋季征购任务已经在大包干时定死，全村征购任务是 11400 斤（包括 4000 斤棉粮统算任务），因此包起来也好包。根据土质地力条件不同，包的户情况也不同，每亩谷子 60—140 斤，高粱 30—120 斤，大豆 40—80 斤，夏玉米 60—140 斤，杂粮 30—70 斤，夏地瓜（瓜干）180—220 斤，春地瓜（瓜干）280—320 斤，棉花 70—150 斤。全村三个生产队共包产 68000 斤，只秋季一季平均高产 117 斤，扣种子、饲料、机动粮 18000 斤，社员可分部分为 5 万斤，平均每人 220 斤口粮，每人二分自留地、二分萝卜地均未计算在包产以内。

据队干部的座谈，从现在作物生长情况来看，全村总产可达 9 万斤，10 万斤有希望。据一小队 18 户调查，其中有 15 户可超产，两户没有什么产可超，但也不会减产，一户要减产。

## 群众对包产到户的反映

从李家店的情况来看，包产到户既不是地主的要求，也不是富农的要求，更不是富裕中农的要求，而是广大贫下中农的要求。有人说："千条万条不如这一条。""共产主义是天堂，吃不上饭天堂再好也上不去。""活命是第一，上天堂是后事，吃不上饭这辈子也上不去天堂。"包产到户成了该村社员的普遍要求，即使是那些劳动力弱和无劳力户也都赞成。全村共有七户劳力少人口多的户，为了了解他们对包产到户的意见，我们召开了这七户社员的座谈会，他们不仅全都表示愿意包到户，而且还怕往回收。社员王玉梅一个妇女领着两个孩子，她说："不包产时候我每天除了推磨、担水、拾柴、做饭等家务劳动而外，剩点时间也没办法参加队上劳动，有时去晚了别人有意见，队长还要批评。现在我什么时候有时间什么时候干。活干得多，心情也愉快了。"社员李长寿说："我虽然劳力少，可是到了农忙时男女老少齐上阵，农活也没误过。"

全村五户未包产的户，也都同意包产到户，社员王青云说："包产到户不荒地，多打粮，我们吃饭也有把握。"二流子懒汉跑小买卖的也都赞成。过去经常做小买卖不参加队上劳动的社员李永贵说："现在做生意不如种地合算。"有的二流子懒汉说："干活累点可以吃饱饭。"全村 65 户人家，对包产到户人人同意、户户赞成，队干部也都同意。他们说包产到户有十大好处：

一、社员的劳动积极性调动了，干活的人多了，干活的质量好了。包产到户以后社员起早贪黑顶星星戴月亮，男女老少齐上阵，当年单干时那种劲头又起来了，原来跑买卖的、二流子懒汉也都干活了，那些本来可以参加劳动或多少可以参加劳动的轻病号也都参加劳动了。

二、从吃国家供应到变余粮队。大队书记吴绍仁说：原来计划这个村今秋由国家供应一万斤，现在不但不吃供应而且还可以保证卖给国家11400 斤。

三、地不荒了，种得及时，侍弄得也及时了。社员们反映今年地里有四大特点：（1）没草，（2）没空，（3）粮杂（补苗补的），（4）有肥。

四、干部参加劳动了，干群矛盾解决了。过去全村共有 11 名大小队干部，他们不参加或很少参加劳动，成天东奔西跑，干部一肚子委屈，社员满腹牢骚。现在干部一样参加劳动，矛盾解决了。社员也不怕干部多吃多占了。

五、干部担子轻了，社员麻烦少了。队长不用每天"三遍招呼"了，记工员不用天天晚上记工了，社员也不用天天评工分天天记工分了。

六、社员干活心情舒畅了。过去社员有时出工晚去早回的、劳动质量不好的，经常受到干部的指责。现在愿意什么时候干就什么时候干，劳动效率提高了，农活质量也提高了。

七、生产有人关心了。过去队上的地，牲口吃、孩子糟蹋、社员偷，很少有人管，现在包产到户，块块地都有人负责，偷的现象没有了。

八、地里有肥了，碱地拿苗了。

九、自留地、集体地一样看待了。

十、困难没了。过去一到干农活时，缺东少西，没种子、缺农具，现在什么也不用管，地也种上了。

## 按劳力包产到户是不是单干？

经过大小队干部的座谈，他们对这一问题的回答不是单干！他们说：按劳力包产到户，既不同于按人口包产到户，也不同于按人头分田到户，认为这种按劳力包产到户是一种全奖全罚的责任制。归纳他们的看法不外有如下三方面：

1. 生产资料，特别是作为农业生产的主要生产资料——土地的所有权仍为集体所有。一不允许出租；二不允许买卖。

2. 从分配方面来看，绝大部分收入即包产以内的产品，仍是由队统一分配，而且是四六开，不是谁生产就是谁的。

3. 在生产中还是有组织、有领导的生产，人与人之间的关系，不是互不相关的个体生产，而是集体中的一部分。彼此之间没有剥削者，也没有被剥削者。

## 基层干部对包产到户的态度

非脱产干部对包产到户都是积极拥护，也都敢大胆表明自己的意见。至于脱产干部，主要是县、公社以上干部，虽然看到包产到户有很多好处，但总是有些顾虑，他们有三怕：一怕不交公粮；二怕困难户没人管；三怕发展资本主义。因此，用行政命令手段强加制止。根据李家店队干部和社员座谈，他们都说宁愿自己少吃也要保证国家这头，否则，怕收回包产田，或者因失信用下次不让包产；对于困难户或劳力弱

张广友 （1930—2008）

的户都在工分分配上给予照顾，看来是没有什么可怕的了。至于发展资本主义，他们说，按劳力包产到户不是单干，也发展不了资本主义，特别是在这样的重灾队，当前根本问题是解决吃饭问题，是活命问题。

也有些干部，特别是主要负责干部，他们亲眼目睹包产到户的好处，内心中拥护，但是怕犯错误。因此他们的态度是敬而远之，睁一只眼，闭一只眼。公社书记怕一经允许，别的队也搞开了，制止不住，"天下大乱"，不敢表明自己的态度；队干部感到心里没底，事情不牢。他们说：公社书记来了，未明可否；区委书记来了没有表示同意，也没提出反对；县委来人既没摇头反对，也没有点头称是；工作组的同志说：十二条没有，六十条没有，翻遍了党的各项指示也找不出来包产到户这一条，只能谈谈个人看法。

## 队干部和社员的要求

李家店的包产到户，是在灾情严重迫不得已情况下提出的，当时讲的是包一季作物。经过实践证明，虽然包产到户也有些问题，如牲畜、农具的使用、定产的高低等，但是这些都不是不可克服的问题。相反它的优点很多，作用很大，因此队干部和社员一致要求再继续包下去，甚至规定出一定的年限，这样一方面使社员更放心，同时也更有利于改碱和增施肥料，加速生产的恢复和发展。

## 后记

结束对李家店包产到户的调查时，联想到一些问题。实行生产队核算，对于大部分地区是适合的，因此受到广大社员和干部的欢迎。但是，也有些地方不同，前些日子听说华李公社郭翰林大队（生产好，水平高），社员和队干部都不同意生产队核算，直到现在仍然是大队核算。把郭翰林、李家店和广大以生产队为核算单位的村联系在一起来看，表明了一个问题：由于我国面积广大，各地的经济和自然条件不同，生产力水平不同，思想觉悟高低不同，这就是农村生产力水平不是一刀切的。核算单位大小，反映生产力水平的高低，因此对个别地区的个别现象不能强求一律。

1962 年 7 月写于惠民

（选自《抹不掉的记忆——共和国重大事件纪实》，<br>新华出版社 2008 年版）

## 评析：

"不唯上，不唯书，要唯实。"在张广友看来，这是一个新闻工作者必须遵循的基本原则，而实事求是的个人风格，也成为其作品最鲜明的烙印。

本文的写作即体现了张广友坚持唯实的报道特色。1962 年，被下放到饥荒重灾区山东惠民县的张广友，对灾情进行了深入采访调研，并将小郭庄公社李家店大队应对灾情的成功经验整理成文，完成了这篇调查报告，预备作为内参稿件发表。尽管本文真实地传达了广大人民群众的心声，然而在当时狠批"单干风"的背景下，这篇稿件却未能刊载，还招致了巨大的争议，甚至成为张广友每逢运动必须检讨的"历史污点"。

作为一篇调查报告，本文的语言凸显出平实质朴的风格，既没有空洞的政治口号，也没有华美的辞藻，而是对实际情况给予了最忠实客观的介绍。作者想要传递的正是这样一种朴素的价值观：言过其实、愚弄人民的新闻不是真正的为无产阶级服务的新闻，只有真实呈现问题，才能经得起历史考验。

本文的采访调研过程也让张广友认识到了农民的真正诉求，这为日后他在农村改革报道中的积极作为埋下了伏笔。十一届三中全会以后，本文被认为是一篇难能可贵的好文章，被编入中国社会科学院农村经济研究所编辑的《包产到户选》一书中，成为研究中国农村改革的重要史料。

张广友（1930—2008）

# 狠狠批"左"农业才能迅速发展

## ——安徽省县委书记们学习三中全会公报总结历史经验教训

**（新华社合肥一月十五日电** 新华社记者 张广友 黄正根 报道）在中共安徽省委召开的省委工作会议上，来自全省的县委书记们学习党的十一届三中全会公报精神时，谈到的一个共同问题是：许多年来，我们党的农村工作和农业生产建设，吃亏就吃在一个"左"字上。这个"左"字严重地打击了基层干部，剥夺了农民。大家认为，要实现党的农村工作着重点的转移，迅速把农业生产搞上去，就必须认真地总结历史经验教训，旗帜鲜明地大批假左真右，狠狠地继续批判这个"左"字。

## 社会主义优越性要具体体现出来

大家说，党的十一届三中全会决定把全党工作的着重点转移到社会主义现代化建设上来，这是关系到党和国家前途与命运的大事。有的同志说，社会主义制度的优越性不是一句空话，生产和科学水平老是落在人家后面，这种优越性怎么体现！许多同志结合本地农村的情况指出，党的工作着重点不转移，生产上不去，农民生活不改善，社会主义制度的优越性怎么能体现，无产阶级专政怎么能巩固。六安县委书记郑明甫说：生产来个大发展，人民生活要尽快改善，这是摆在我们面前的一项迫切的政治任务。六安县去年全县农村每人平均收入只有六十五元，不少地方每个工只分三四角钱，少数差的甚至只分八分钱。照这样下去，我们如何能得到群众的支持和拥护。凤阳县委书记陈庭元说，我们凤阳搞社会主义三十年啦，农村还有不少人吃不饱穿不暖，这不能不是个严重的政治问题。我们早就应该集中精力搞生产建设了。

作品原载报样

## 安定团结是搞好转移的前提

张广友（1930—2008）

怎样搞好党的农村工作着重点的转移呢？大家认为，首先必须有一个安定团结的政治局面，以便让广大干部和群众一心一意去搞好生产。青阳县委书记胡社友说，现在真是人心思定，人心思治，人心思上，十一届三中全会公报发表后，下边同志一听说今后不再搞运动就来了劲头。他以自身的体会说，二十年来我在基层，名义上主要是搞农业，实际上七八成的时间是在搞政治运动，斗别人，自己也挨斗。这样搞下去，谁还会有心思去抓生产。贵池县委副书记徐成友说，一九五四年至一九五七年我国农村人心安定，蓬勃向上，现在还忘记不了。但是这二十年来，大运动套小运动，一个接一个，七斗八斗，人心斗散了，班子斗瘫了，队伍斗乱了，生产怎么会大上！总结二十年的经验教训，不能再乱了，全党不赞成乱，党员、群众不赞成乱。这两年党中央领导得好，这个搞法好，这个形势好，照着发展下去，我看我国的农业是大有希望的！

滁县县委书记冯骏说，运动一个接着一个，有些运动是必要的，有些是不必要的。有些运动虽然需要，但由于林彪、"四人帮"的干扰破坏或我们工作上的问题，没有达到预期目的。运动中常常混淆了两类不同性质的矛盾，扩大了打击面，伤了很多好干部、好群众。从安徽看，早在农业合作化时期反对右倾思想开始，农村一系列政策大部分都是极左的，特别是林彪、"四人帮"极左得更出奇。所以，安徽的干部最怕反右倾，一次次反右倾，把一批批的干部反下去了。安徽的社员最怕反瞒产，一反瞒产社员就吃不饱饭。干部只要一听到农村要反右倾，就心惊胆战，鸦雀无声。巢县县委书记李济德说，我从小就干儿童团，小八路。新中国成立后，也一心一意想干好革命。可是二十年来，我们干了许多蠢事，做了许多错事。比如，反对领导瞎指挥，但自己又在那里搞瞎指挥；反对别人浮夸，但自己也在搞浮夸；反对不民主，而我们自己对下边也不讲民主。多少年来我们感到县委书记和基层干部实在难当啊！今天对啦，明天又错了，不知怎么干法好。现在老是说我们心有余悸、身有余毒，可是我们为什么有余悸、余毒呢？高级领导干部是否了解我们县委书记的思想？我们一直想不通，为什么一有问题就是下边的责任呢？为什么一搞路线斗争就到基层呢？一次次运动，整得我们犹如惊弓之鸟。我们心里怎能没有余悸呢？一些基层干部常说"大干部嘴大（这样说有理，那样说也有理），小干部肩膀大（能担重担子，有了问题责任是基层干部的）"。不论"文化大革命"前和后几次出现的大问题，哪一次不是上级布置的，下边有谁能不干呢？可是出了问题下边又得检讨挨整。我们心里怎么能想得通呢？今后，再不能像过去那样整基层干部了，一整一大片，搞得"洪洞县里无好人"怎么行呢！

## 要从政策上转，不要剥夺农民

很多同志在发言中指出，农村要实现工作着重点的转移，首先要从政策上"转"，彻底肃清假左真右的流毒，把几亿农民的积极性调动起来。党的十一届三中全会公报正是为此目的，提出了当前发展农业的一系列政策措施和经济措施。广大社员听了公报个个眉开眼笑，高兴得不得了。而这些年来，特别是林彪、"四人帮"横行时，践踏党的政策，剥夺农民、打击农民的问题，长期没有得到解决，甚至越来越严重。发展生产，加速农业现代化，主要是靠亿万社员群众的积极性，他们的积极性起不来，一切都是空话。安徽省去年遭受百年不遇的大旱，人心安定，灾害损失减轻到最低程度，就是因为抓了党的政策的落实，调动了千百万群众的积极性。

阜南县委书记陆庭植说，要实现工作着重点的转移，一是要团结；二是落实政策，按经济规律办事。这些年来，在假左真右的影响下，有些地方在政治上把集体化已经二十多年的人民公社社员，当作"时刻产生资本主义的小生产者"来对待，在生产上凭"长官意志办事"，剥夺了生产队的自主权，在经济上就更厉害，把按劳分配、等价交换等，当作资本主义来批判，产生了许许多多对待农民的极左做法：如"堵资本主义的路""割资本主义的尾巴"，于是摸鸡笼子、斩鸡头、挖生姜、拔烟苗……竟然成了"革命行动"。这样，弄得社员一点自由也没有，怨声载道。以我县生姜为例，过去每年生产四五千万斤，对社员是一笔不小的收入，市场上每斤只要一角左右。一割"资本主义尾巴"，生姜生产濒于绝种，价格上升到每斤一元钱。粉碎"四人帮"以后，落实党的政策，生姜生产得到了恢复和发展。去年全县生姜已经达到三千多万斤。不少同志说，过去我们不去研究如何去发展生产力，却一个劲在生产关系上大做文章，盲目地追求"大"和"公"，根本不考虑生产力发展水平，随意改变核算单位，搞什么"穷过渡"。在这种"公"字的幌子下，这也不要钱，那也不要钱，大搞"一平二调"，一次又一次地刮共产风，剥夺农民，群众对这种做法很不满意，称它为"带把政策""红眼政策"，而有些人却用"革命"这个词掩盖起来。比如"富则修"。"四人帮"横行时淮北盛行一个口号，叫作"窝窝头就咸菜，一心一意学大寨；窝窝头白菜汤，一心一意赶郭庄"。似乎社会主义就应该永远穷，劳动人民生活就应该永远停留在吃窝窝头喝白菜汤的最低生活水平上。这种政策和思想，怎么能适应四个现代化的要求。大家说，必须进一步贯彻落实党的农村经济政策，让农民休养生息，让集体经济和社员生活富裕起来，我国的农业才会兴旺发达。

## 加快农业发展速度，必须继续大批这个"左"字

大家说，为什么多年来安徽农村不断出现打击干部，剥夺农民的现象呢？就是因为许多极左的东西没有得到彻底揭露和批判。多少年来一个劲儿反右，弄得一些人认为"左"比"右"好，遇事宁"左"勿右，严重地破坏了党的实事求是的作风。萧县县委书记李少英说：一九五七年反右派中就伤害了一些说老实话的干部；一九五八年，搞大跃进，搞浮夸，假话盛行；一九五九年、一九六〇年，反右倾，拔白旗，明明减产，硬吹粮食吃不完，谁说真话谁倒霉，结果出了"五风"，使人民生命财产受到巨大损失。"文化大革命"中，更是一个劲地反右倾，反复辟，反回潮，大搞吹牛浮夸。"四人帮"在安徽的那个黑干将，就是靠吹牛浮夸青云直上的。一九七六年，萧县粮食总产量明明是六亿二千万斤，却硬是报成八亿二千万斤，虚报了二亿斤，结果受了表扬。他所在的那个大队，靠"开小灶""吃偏饭"起家，至今还欠国家贷款一百四十多万元，平均每人一千二百多元，却被树为全省学大寨的红旗。

不少同志说，这些年来，天天叫喊："大批资本主义""堵资本主义的路"，实际连什么是资本主义，什么是社会主义，还没搞清楚，批来批去，批自留地，批社员家庭副业，批集市贸易，甚至把社队企业也当作资本主义给批了。来安县委书记王业美说：农业不批极左就分不清路线是非，党的实事求是作风就得不到发扬，还是说老实话的人吃亏，吹牛皮，说假话的人升官。有的同志说，不批极左，分不清路线是非，也就没法解决心有余悸的问题，就搞不好工作重点的转移，就不可能迅速地把农业生产搞上去。

（原载《人民日报》1979 年 1 月 20 日）

改革之路任重道远，挡在面前的最大难题便是历史遗留下的"左"倾思想阻碍。1977 年前后，由于中央发布文件强调要继续学习大寨经验，部分报纸开始批评安徽的农村改革"既违纪，又违法"。为了清除此类"左"倾思想影响，为改革的深化和发展铺平道路，张广友和同事们完成一系列是非分明的报道，为家庭联产承包责任制大造舆论，本文就是其中之一。

本文脱胎于中共安徽省委召开的省委工作会议，集纳了与会县委书记们对农村生产建设工作的反思与建议。作者循序渐进地归纳出各位基层干部的主要观点，并得出结论——"吃亏就在一个'左'字上""狠狠批'左'农业才能迅速发展"。犀利大胆的切入角度，直截了当的论证过程，痛快淋漓的批判与质疑，形成了本文鲜明的写作特色，而这也正是对张广友唯实、敢言的个人风格的最佳写照。

从语言角度来看，本文也延续了张广友一贯的平朴风格。全文并没有对基层干部的话语做过多加工，通俗的语言反而更加突出了全文的真实性，增强了文章的说服力。

本文原本只是内部报道，后经《人民日报》等各大报纸刊发，引发了群众的强烈反响，对安徽农村改革而言是一个巨大的肯定和支持。十年之后，这篇报道被评为农村十年改革好新闻一等奖。

（编撰：闫然　赵云泽）

张广友（1930—2008）

孜孜以求的河北日报总编辑 **叶榛**（1930—2017）

叶榛（1930—2017）高级编辑，河北日报总编辑。写了多篇有影响的报道，也编发了许多获全国新闻奖的优秀作品。他有丰富的办报经验，在多年新闻实践中练就了敏锐的观察力和是非辨别力，能够把握大局，冷静观察，深入分析形势的趋向，及时组织大型报道，配发评论、按语，引领正确舆论；组织创建名专栏"杨柳青"，使其延续20年。重视人才培养，以压重担、出主意等使记者、编辑出彩，上台阶；支持新闻学教育发展，建立实习基地。

# 孜孜以求的河北日报总编辑

叶 榛

(1930—2017)

叶榛与报纸，似有"天赐良缘"，从通讯干事，再到记者、部主任、副总编辑、总编辑，在近五十年的漫长的新闻生涯中，他孜孜以求，笔耕不辍，为河北的新闻事业贡献出了全部心血和才华。1992 年，他开始享受国务院特殊津贴。曾任河北省政协第六届常委、全国记协理事、河北大学新闻专业兼职教授、河北省女记者协会顾问、河北省炎黄文化研究会顾问、河北省公共关系协会理事会副理事长等职。

## 从通讯干事干起

叶榛，1930 年农历九月十七日，出生在天津宝坻县城北街一个贫农家庭，他家在土改中分了田地和房子。其父叶守荣，曾学过服装缝纫手艺，靠做些服装活计维持家庭生活，在街道做过党支部书记。其母善良、明事理。父母虽没有文化，但特别注重对儿女的教育，鼓励子女人穷志不短，靠手艺、本事吃饭，有困难坚持一下就过去。工作中遇到麻烦以及别人的误解时，总能想办法扛过去。

日寇投降后，叶榛在《冀东日报》的启蒙和吸引下，加入中国共产党，并参加了革命工作。初中毕业的叶榛，1947年又毕业于冀东建国学院。他想报名参军，报效祖国，因体态偏瘦，个子也不高，带兵的干部就没让他走，留在河北遵化县一个军工厂，为部队做服装。他凭借在家对父亲做活的耳濡目染，蹬起了缝纫机，帮了军工厂的大忙。他勤奋好学，觉悟高，得到周围人的认可，不久就被推荐到河北遵化六区区公所，逐渐地干起了秘书工作，还用心观察练习写消息、通讯，为报纸投稿。

1949年4月，叶榛调任遵化县委通讯干事，自此开始了漫长的新闻生涯。

## 采写有影响的新闻

1951年，叶榛经常给《河北日报》投稿，并提供了许多有分量的稿件，后被调《河北日报》工作，在编辑部做编辑、秘书工作。1955年起先在承德，又在保定，后在唐山，三年出任三地记者站站长。1958年回返报社，相继担任财经部、理论评论部和总编室主任和报社编委。做记者时，叶榛发出了不少有影响的新闻。

1957年，叶榛跟报社编委沈重到密云县搞农村调查时，了解到该县县长倪介瑜进城后掌权不变色，于是他向沈重建议，对其进行采访，但未获同意。回到县城，叶榛利用晚上休息时间约同去的厉树仁、刘永彬一起去采访。老倪不肯谈自己，他们就找在县长周围工作的同志，从日常生活的小事入手了解情况。回编辑部后，叶榛用"叶树彬"笔名写出一篇通讯，送给副总编辑陈洁民签发后，《人民日报》及时转载。北大等高等院校，还将此文列为教材。[①]

1958年在唐山，叶榛采写了题为《平衡——不平衡——平衡……》的通讯，揭示了唐山造纸厂生产发展过程的循环往复，用事物运动发展

《河北日报》

的规律，破除发展生产中的保守思想和消极平衡思想。时任总编辑的杜敬赞扬说：写报道，就要闪出理论的火花。与此同时，他还以唐钢的事迹，采写了题为《共同提高》的通讯，告诉人们：个人与大家，只有团结一致，相互学习，才能共同提高。杜敬加了按语，称这"不仅对于领导工业生产，对于领导农业生产和其他各项工作，也是有用的"[②]。

　　1962 年，叶榛已担任了财经部主任，他与驻承德记者赵炳昕一起，采写了《南双洞供销社把买卖做"活"了》的通讯，《人民日报》在一版头条转发，河北日报将此文辑入《通讯特写集》小册子。[③]

　　叶榛是不断进取的人。为了进一步提高，1982 年至 1983 年，受省委推荐他入中央党校新闻班深造一年，1988 年又入中宣部总编辑新闻研修班学习。

## 不断谋划办出地方特色

叶榛 1975 年至 1986 年 2 月任河北日报社副总编辑，1986 年 3 月任总编辑至 1994 年 2 月离休。他长期担任《河北日报》编辑工作的决策人、各项编辑工作的指挥者、舆论方向的把握者与选题的总策划，完成稿件的审读加工及终审工作。他夜以继日改稿子，做标题，配言论，筹划版面，把守关口，连续上夜班少说也有十年。据不完全统计，叶榛在总编辑岗位为《河北日报》撰写社论、评论员文章、思想评论等二百余篇。他所加的按语，有亮点的、引发思考的、借题发挥的以及弥补稿件内容缺陷的等等，角度各异，发挥了引领舆论、画龙点睛的作用。④

叶榛善于协调版面配置。1989 年 8 月 7 日叶榛案头放着政教部交来的、记者送来的、赵新友转来的三篇稿，都是有关邢台地区廉政建设方面的。怎么用？叶榛对这组稿的处理采取：总题为《清廉之风从邢台地区党政机关升起》；在一个总题的统率下，三稿都用，各取一点；加上按语，有机结合，融为一体；既要有一定声势，又扎实。第二天发出后，省委领导肯定按语写得好。其按语，被评为河北省好新闻言论一等奖。他编发的稿件获奖很多：《大地生辉》获河北省好新闻特等奖；《评说一场争辩》《饭店新事》《在塑造未来的事业中——巨鹿县育红小学德育工作纪实》等获河北省好新闻评选一等奖，获河北省好新闻评选二、三等奖的更多。

叶榛重视人才培养，以压重担、出主意等使记者、编辑出彩，上台阶。

叶榛不断谋划抓重大典型的系列报道，在报道中锻炼队伍。1982 年下半年，随着联产承包责任制的深入开展，河北农村涌现出一批有技术会经营的人。他组织记者深入基层，推出了邢台县前南峪、内丘县富岗等几个荒山变绿山的重大典型，引发全国的关注。

面对工矿企业改革大潮的兴起，叶榛派出记者采访勇于改革的弄潮儿，推出了一批在全国有影响、对改革开放有启示作用的先行者，如马恩华、马胜利等。他派高峰与同在报社的丈夫王风，采访国企承包第一人、组建跨省区承包企业集团第一人、首届全国优秀企业家、两次全国五一劳动奖章获得者马胜利。从 1984 年马胜利毛遂自荐承包石家庄造纸厂，率先在国有企业打破"铁饭碗、铁工资"，推出改革"三十六计"和"七十二变"，使造纸厂迅速扭亏为盈，到中国马胜利造纸企业集团 1988 年成立，再到后来马胜利被免去石家庄造纸厂厂长职务，《河北日报》的持续跟踪报道，为企业改革提供了多方位的经验与教训。叶榛派记者一直追踪报道河北保定第一棉纺厂马恩华。面对工厂濒临倒闭，马恩华临危受命，以强烈的责任感和事业心，大刀阔斧地对企业进行改革，1994 年实现利润列全国同行业第一，马恩华也成为全国劳模。叶榛还组织报道推出"邯钢经验"。邯钢是一个在社会主义市场经济条件下搞好国企的成功典型，也是全心全意依靠职工群众搞好国企的成功典型。邯钢经验概括为"模拟市场核算，实行成本否决"。

　　叶榛为了"报纸要有自己特色的东西"，让记者在连续的会议报道中受到锻炼。对此，从河北日报调中央办公厅，退休前任中办电子科技学院党委书记的张锡杰深有体会。他回忆：十三大召开时，各代表团都不允许带随团记者。大会召开的第四天，叶榛派张锡杰和吴永华去北京，设法找到河北团采访，发出自己特色报道。三天后两记者回到报社，叶榛说："你们俩 3 天抓回 3 篇稿子，虽然很疲劳，但还必须再赶回北京！""一是给代表团送报纸，二是采写十三大代表离京消息。"这次，除采写了代表离京返回岗位的消息和《脚踏实地向未来》的纪实文章，张锡杰还拍下了十三大代表、河北大学校长于善瑞和全国优秀农民企业家闫建章结"对子"的照片刊发。⑤叶榛具有政治意识、大局意识由此可见一斑。此后，叶榛不断派张锡杰外出执行采访任务，要他带回"人无我有，人有我优"的特色新闻。1988 年，他让张锡杰持续一个多月听取省直 62 个厅局部门学习借鉴山东经验的向省长汇报会，从头听到尾。从 8 月 3 日至 26 日，《河北日报》一共刊发了 8 篇《省直部门学山东汇报会侧记》。侧记在社会上引起很大反响，得到省长赞扬，有力

叶　榛（1930—2017）

地促进了工作。⑥

叶榛创办了有影响的专栏。"杨柳青"原是《河北日报》在天津出版时的一个言论专栏，"文化大革命"中夭折了。1988年，曾在《人民日报》发表多篇国际评论、又主持全国第一家《杂文报》的储瑞耕调进河北日报。叶榛与编委会研究恢复"杨柳青"专栏，储瑞耕为主笔。叶榛为扶植"杨柳青"，经编委同意为储瑞耕创造条件：其一，省里的重大活动、重要会议、重大典型的报道，尽量让他参加；其二，中央、省委重要指示、重要文件要他知道；其三，根据他的身体状况，不让他坐班，以利他读书、采访、写作；其四，稿件由总编辑和一位副总编辑直接作原则处理，减少了审稿程序，有利于他形成自己的文风。在悉心培植之下，"杨柳青"成为《河北日报》一个名牌栏目，多次在省内外获奖，1993年《新闻战线》刊文介绍该专栏；1994年该专栏作为"新闻改革典型经验"在《中国新闻年鉴》推广。⑦

叶榛支持新闻教育的发展。1987年12月，河北日报与河北大学新闻专业签订联合办好专业协议书：河北日报选派资深编辑、记者给学生开设新闻学专题课程或专题讲座，河北日报成为河大新闻专业的实习基地；报社也派人到新闻专业进修。1988年11月，国家教委在南宁召开全国新闻教育改革座谈会，介绍、肯定了此联合办学的经验。

叶榛离而不休，笔耕不辍，与人合著《编者百味》一书，他写了《做好"总"字文章》《贵在"独家"》《敞开办报的大门》等27篇文章，并在全书的策划、编辑、修改、定稿中起了重要作用。

**注释：**

①②③④ 见河北日报社提供的《叶榛同志的突出贡献》。

⑤⑥ 张锡杰：《记忆中的"老叶"》，《党报人》2018年1月19日。

⑦ 乔云霞：《"杨柳青"对中国新闻评论发展的贡献》，《采写编》1998年第4期。

## 我们的党报观（节选）

叶臻

（1930—2017）

（河北日报总编辑　叶臻　山西日报副总编辑　韩钟昆）我们两人，来自两地的省委主办的机关报，参加中宣部新闻研修班。同窗一个半月，还巧得很，年岁相差不多，而且都在党报机关工作几十年了，也可以说是在办党报中长大的。在这紧张的研修期间，我们除了完成班里的课题以外，还翻阅了一些新出版的新闻研究刊物。这可好，每当我们回到宿舍的时候，就有了谈不完的话题。谈论得最多的是些什么？

有的刊物上说，党报当作党和人民的喉舌，不符合新闻规律，限制太多，有碍办好报纸。于是乎，又有文章研究出结论，党报要摘牌子，与党委"离婚"，等等。对此，我们回顾起这几十年的实践，就越发想不通了。我们坦率地承认，随着新闻改革的深入，我们办的省委机关报，明显的进步是有的，不尽如人意的地方也是有的。我们绝不是护短，也绝不是自满，更不是钻进老框框里，看不见新情况、新变化和党报所面临的新任务。我们总觉着照这样探索省级党报的改革，有些不大对头的味道，不得不也提出我们的意见。

### （一）

从我们知道"党报是党和人民的喉舌"那天起，直到今天，每当有人这样称呼党报的时候，我们从心眼里感到这是对党报的莫大鼓舞和鞭策，作为一名党报工作者实在不敢承担，怕挑不起这副担子，给党和人民耽误事。我们这样想，绝不是出于把它理解为党报就是党和人民，每句话都得代表党和人民。而且考虑到：党报工作者不是代表个人在办报，它总是党和人民的喉舌，这就感到自身的责任重大。如果说新闻规律中有客观、公正的要求，如今的世界上，还有哪家办报的工作人员，有这种客观、公正的自我约束？

党报同党委之间，由于都是以为人民服务为宗旨，可以说把它们紧紧拴在一起了。党委期望党报为人民服务发挥更大作用，而党报工作者所想的也是怎样服务得更好。从一个省委来说，他们几乎天天在研究如何结合当地实际，更准确地执行党的方针、政策，他们日夜在纵观全局，想办法及时了解更多的实际情况。每当我们向他们汇报工作，请示问题的时候，他们总是毫无保留地给我们指方向、供情况、提意见，还时常问一问我们在考虑哪些新问题。因为党报不光当喉舌，还要当党的耳目。报上发了一些对实际工作有指导作用的报道，他们高兴地给我们打电话或写来信件。他们既是报纸的领导，又是报纸的读者。他们很忙，可我们还总愿意找他们多谈一谈。按新闻规律来说，没有事实哪里来的新闻。省委主办机关报，这不正是给新闻工作创造的一大优势？如果"离婚"，办报人单过，就能办得好，那真是怪了。党报与党委之间，同其他工作一样，也有意见不一致的时候，这往往是由于对党的方针政策的理解程度不同，对实际情况掌握的程度和分析不同而产生的。互相交流协商，取得一致意见，对党委的工作，对办好党报，皆有大益。在这方面，没有根本的不可解决的矛盾。当然，党委也有考虑不周，甚至失误的时候，但举凡经过省委认真研究的意见，是很少失误的。"四人帮"够疯狂了，各家党报宣传了错误路线，也不都是那样自觉自愿的。尊重真理，尊重群众实践，这是党报在党领导下所形成的光荣传统。就是有人心术不正，想利用党报为他服务，那往往也是很难的。就是有人买通了党报工作者，读者见到报纸后，也会纷纷提出意见。新闻规律要求真实，党报在维护新闻真实性方面有着牢固基础。党报如果发出一篇虚假报道，马上就会受到党委、读者和党报工作者的谴责，这也说明大家都在监督党报。

# （二）

如何评价一张省报，谁最有发言权？

——实践在那个地方的干部、群众最有发言权。因为他们知道当地的实际是什么，当地的新闻报道有没有社会效益，他们最清楚。麦收季节，大雨连绵，给打麦带来难题，农村的干部、群众为此真是焦急。报纸及时介绍他们的好办法，表彰他们战胜灾害的顽强精神，就不知可以少损失多少小麦。对这类报道，有人会说这不是新闻，是一般化的东西。有些干部群众则来信批评说，麦收季节全省下大雨，对如何打小麦，你们不报道，却对介绍怎样烤面包有那么大的兴趣。没有小麦，哪里来的面包？

——报纸要不断提出新问题，这是对的。但也不能把第一个提出的列为新问题，第二个报道的就列为一般化。关键是要看这个问题在当地解决了没有。新闻报道起哄的问题为什么此起彼伏？脱离实际地单纯求新，不能说不是一大弊害。有的报道在外地看成是"新问题"，在当地却成了笑谈。

——以会议报道来说，凡是会议都是"圆满成功""胜利闭幕"，对那些不值得召开的会议，开得没有价值的会议统统进行报道，这的确是个问题。但不能说，会议报道没有人看。我们时常见到一些县、乡、村的干部，把刊载有会议消息的报纸，装在兜里或剪下来。他们说，文件一大堆，看了报上的消息，就都有了，太方便了。中央要求十条，咱们省强调六条，这就是从当地实际出发。做实际工作的同志，研究得很仔细。而在有些人看来，就可以笼统地说，都是那么一套，千篇一律。其实绝非如此。

如此等等。为什么要议论这些？我们感到：

不能用一个模式去要求各地方报纸，一个地方有一个地方的情况和特点，看到了办地方报纸的必要性，才能看到地方党委主办机关报的优势所在。

不能把党报看成是茶余饭后的消遣品。

不能把党报看成是商品，推向市场竞争。

## （三）

经过在新闻研修班的学习，我们还认识到这样几点：

第一，党报、机关报在新闻史上的出现，并非自中国始，也非自共产党始。欧美资产阶级在他们致力于推翻封建统治、建立资本主义制度时，也创立了党报，并执行其阶级喉舌的使命。这是时代的要求。

中国共产党的各级党报、机关报，是60多年来历史大变革的产物，是中国共产党领导中国革命和建设的舆论反映，它在社会主义的新闻事业中居于核心的地位，担负着调整宣传基调、引导社会舆论的历史任务。

党报、机关报在60多年的风风雨雨中，始终与中国共产党人和中国人民的革命事业同呼吸、共命运。它在中国人民中享有巨大的权威与崇高的声望。人民把自己的盛衰荣辱与党报的生活脉搏紧紧联系在一起，把它作为良师益友、生活向导、引路旗帜。这一点，是任何旧中国报纸、国外资产阶级报纸所无法比拟的。

党报也有受到批评、责难的时候，也有人民不满意、不满足的时候。这除了党报未能尽职尽责，出现特殊失误的情况外，一般也是党的事业出现指导失误、出现暂时困难、受到某种挫折的时候。"文化大革命"十年，党的指导出现重大失误，林彪、"四人帮"篡党夺权，中国人民经历了一场浩劫，党报的威信也降到最低点。如何从新闻角度总结这场历史教训，认识出现分歧。一种意见认为，既然党报的失误常常产生于党的失误，那么，避免党报失误的最好办法是与党脱钩，改变喉舌性质，使它成为超脱于党派之上的公众论坛。近几年来，新闻对外开放，西方思潮涌入。西方资产阶级报刊所标榜的超阶级性、超党派性、超政治性，使上述主张获得理论支持。持这种观点的同志认为，党报体制，束缚了新闻自由，妨碍了客观、公正，只有脱离政党，脱离权力、脱离方针政策束缚，才能办成一张"真正的报纸"。

那么，党报体制是党报的优势还是束缚呢？

第二，党报同其他类型的报纸相比，有一个明显的优势，就是他背后有一个具有崇高奋斗纲领、坚实哲学基础、严密组织纪律、60多年奋斗历史，被公认为全国人民领导核心的中国共产党，有一个组织十亿人的政治、经济、文化生活，具有40年领导经验的政权，由党所领导，十亿人民参加的这一巨大社会改造工程，是中国社会实践的主体。中国社会的一切重要信息、经验、思想、智慧……均由此而来。党政的各级干部每天为如何正确领导中国社会生活而思索，同时也就在为报纸提供了最丰富的思想宝库与经验宝库；广大的干部和通讯员，每天从实践第一线带来大量新鲜的信息和正反的经验，为党报提供了丰富的稿源；党报的主要对象为各级干部和广大党员，他们的评价为党报工作提供了最可贵的支持和监督。党报工作者本身就是党的干部队伍的一部分，他们执行着为党的纲领、主张而奋斗的使命。党报政治上的权威性和思想上的深刻性均由此而来。离开执政党的工作实践，党报作用的发挥就很难想象。应该说，我们实行的党报体制为党报的生命与活力提供了最好的政治环境。

党报是报纸，报纸就要按新闻规律办事。新闻规律的内核，是以事实为本源，如实反映客观事实，让事实说话。中国共产党是工人阶级政党，工人阶级是人类历史上最后一个被剥削阶级，它的解放以全人类解放为前提，它代表了全民族的最高利益，它的局限性最小。共产党的哲学是唯物论和辩证法，它最尊重客观事物的内在规律，为人们认识真理开辟了道路。中国共产党所倡导的理论联系实际、密切联系群众和批评与自我批评的三大作风，每一条都导向实事求是，导向客观真理。党的十三大提出重大情况让人民知道，重要问题经人民讨论，对党政干部实施监督，更加明确地提出了知情权、参政权和监督权问题。世界上有没有任何一个政党，能从全党规模、国家规模上提出这样的问题，能下这么大的决心。西方报纸的真正后台是垄断财团，最后决策权属于他们，西方记者真正触动统治阶级根本利益的新闻，很难被老板通过。讲新闻规律，讲客观公正，从本质上看，还是共产党更了解，更尊重。

叶榛（1930—2017）

071

搞新闻要有新闻自由。中国共产党奋斗半个多世纪，从统治阶级手中争得的自由中，就包括新闻自由。共产党以为人民服务为宗旨。新闻报道代表民意，反映民心，同一切危害人民利益的现象作斗争，同党的主张完全一致，党正是这样要求党报的。在这个范围内，在坚持四项基本原则的前提下，它享有最充分的自由。中国的新闻队伍，是工人阶级的一部分，不是雇员。把中国新闻队伍与西方新闻队伍相比，把自己的主人翁地位降到"第四种势力"的地位，那是贬低了中国新闻队伍的地位。

党报的体制是要改革的，但改革的方向不是与党脱钩，脱钩意味着离开中国改革与发展这一实践主体。如果这样，它的权威性，它在中国人民心目中的地位，那是可想而知的。

第三，党报这种体制，是否一点局限性也没有呢？有。不承认这一点，不是唯物主义。世界上没有什么不受局限的事物，党报也是如此。

中国共产党对于中国改革与建设的客观规律，处在探索过程中，探索有成功，有基本成功，也有失误。党报作为这种探索的反映，不会永远正确；党的领导体制适应形势的需要，处在改革过程中，在改变之前，它的体制上的某些弊端，如党内民主不够，权力过分集中等，也会影响党报；还有，党的领导干部不是完人，他们也会有这样那样的缺点，他们的政治经验、文化素质，对新闻的了解，都有一个提高过程。

面对党报体制的这种局限性，党报工作者应取何种态度呢？它的喉舌性质决定了它只能同党和人民一道，在改造客观世界的探索过程中，更正确地认识客观世界，从而更正确地反映和改造客观世界。党报同人民群众有广泛的联系，党报队伍是一支专业的调查研究队伍。它完全可以通过自己的优势，反映真实情况，提出真知灼见，积极参与党政的重大决策，并对党的方针政策的实施情况作出及时的反馈。不能照抄照转、消极无为。站在第三者立场，凌驾于党和人民之上，当所谓生活的裁判，不是党报工作者应取的态度。离开改革与建设实践，离开全党的智慧创造，不可能对社会实践作出科学的判断。

党报是党的事业的一部分，党委和党报在提高宣传水平，按照新闻规律办事上，有着共同的愿望，完全可以取得共识。党报按照新闻特点，办得可读、可信、可亲，办得富有吸引力和凝聚力，党委没有不高兴的。当然，党委和党报认识上的差异是有的，这个差异也只能在改革实践过程中去解决。我们党已经办了60多年党报，党委和党报合作得很好，党报在群众中很有影响。说党管报纸不能办成一张真正的报纸，是缺乏事实根据的。

第四，有人认为，党报这种机制，在历史上起过作用，现在情况变了，党报已经过时，它应该消亡，变为"公众讲坛"。

我国处于社会主义初级阶段，剥削阶级虽被消灭，但是私营经济、合资独资经济还存在，扰乱社会治安的犯罪分子还存在，以颠覆破坏为目的的敌对势力还存在。阶级斗争并未完全消失，在国际范围内，阶级斗争还很激烈。资本主义国家对我们的渗透、腐蚀活动并未减弱。党报工作者的阶级观念不能完全淡忘。资产阶级革命的成功，是资产阶级使命的结束，而社会主义革命的成功，却是工人阶级建设新生活的开始。我们还要发展社会生产力，改革与之不相适应的经济基础和上层建筑。为更美好的共产主义前途而斗争，党的使命远远没有完成。只要党不消失，党报也就不会消亡，它还有着独特的存在价值，它的舆论主导地位不可取代。

既然党报不能消亡，那么，党报的党性原则，党报的指导作用、宣传意识也不能淡化。党报要坚持党的实事求是的思想路线，在重大政治问题上同党中央保持一致，服从党的组织纪律。资产阶级标榜自己的报刊是超党派的，实际上他们的"党性"也很强。国外资产阶级每年拿出大量的投资，加强对外宣传；利用他们所掌握的舆论工具，对我国的改革散布悲观失望情绪；还千方百计培植对他们有利的人才。"美国之音"的宣传方式很"客观"，但宣传意识却很强。美国新闻界所流行的"社会责任论"，就主张加强新闻记者对美国利益的自觉维护。在这种情况下，我们却奢谈什么"淡化"，这无异于自我麻痹，自缚手脚，在敌对势力的进攻下解除武装。就国内来讲，我们取得了很大的成就，也遇

叶榛
（1930—2017）

到了一些困难。群众中存在一种迷惘、不安的心理。舆论阵地上，也存在涣散人心的宣传。这就需要我们用富有魅力的思想政治工作，去鼓舞、激励群众，争取群众的理解，增加群众的信心，增加全民族的凝聚力。……

党报是"报"。它要有新闻的共性。要有新闻的新鲜性、重要性、接近性、时效性、可读性。党报的一项基本任务，是宣传党的纲领、路线、方针、政策，这个宣传应该也只能通过新闻特点去进行。我们要求的是党性原则与新闻规律的统一。两者愈统一，党报的战斗性也愈强。

党报是"党"报。它应该与党的职能相匹配。它可以作为一个地方的综合报，也可以代行政府机关报的职能，但首先是党报。它的主要读者对象是党的各级组织、广大党员、国家机关及其干部，同时还要兼及各方面读者。它的主要职能是宣传党和政府的方针、政策，广泛反映人民群众的呼声，同时也要放下架子，指导生活消费，提供文化娱乐，办得生动活泼，赏心悦目。党报在贯彻党的路线、方针、政策上，具有高度的权威性，在统揽国家大局，协调各阶级、阶层、集团的利益上，具有高度的全局性；它在关系到方向性的问题上，不能朝三暮四，主观随意，具有高度的严肃性；它在分析形势、宏观把握上，具有深刻的思想性；它在风格、情调上，不媚不俗，具有高尚性；而在内容形式上，又具有多样性。地方党报还要有地方性。党报要经过长期努力，在人民群众中树立自己的独特形象。

党报工作者站在时代的前列，处于非常敏感的地位，肩负着引导舆论的重任。党和人民对党报工作者寄予厚望。我国党报工作者和党风雨同舟，夙兴夜寐，严守纪律，具有崇高的献身精神，受到党和人民的高度评价。处在改革关键时期的党报工作者，要以高度使命感、责任感，挑起历史重担，为探索中国式的新闻路子作出贡献！

（编者注：本文是作者于1988年年底参加中共中央宣传部宣传干部培训中心的新闻研修班学习时合写的。）

（原载《中国记者》1989年第8期）

评析：

　　《我们的党报观》是时任《河北日报》总编辑的叶榛和时任《山西日报》副总编辑的韩钟昆，参加中宣部新闻研修班时合写的。他们以自己的亲身经历和感受，以心平气和的论辩，有理有据的论证写成此文。

　　这篇文章采用的是边破边立的论证方式。批驳了党报体制"不符合新闻规律，限制太多，有碍办好报纸"，"党报要摘牌子，与党委'离婚'"等谬论，全面论述了党报、机关报的产生和发展是时代的要求：在国际范围内，阶级斗争还很激烈；资本主义国家对中国的渗透、腐蚀活动并未减弱，党的使命远远没有完成；我们还要发展社会生产力，改革与之不相适应的经济基础和上层建筑。时代在发展，历史在前进，党报也要改革，但是，不能脱离实际，脱离中国国情，党报的改革不能盲目照搬西方的模式。只要党不消失，党报也就不会消亡，它的舆论主导地位不可取代。

　　这篇论文朴实无华，以理服人，字里行间流露出两位老报人对党报的一片深情。此文发表后，一些新闻专业院校学生读后，明确了在诸种报纸中为什么要有党报存在的重要性和必要性。一些党报工作者读后，唤起办好党报的历史使命感及艰巨责任感。

　　《我们的党报观》获 1990 年《中国记者》首届新闻论文有奖征文一等奖，并被收入《论党的新闻工作》一书。

（编撰：乔云霞）

叶　榛
(1930—2017)

『新华岁月，无怨无悔』

朱承修（1930—    ）

　　朱承修（1930—    ）新华社高级编辑，全国首届韬奋新闻奖获得者，曾获全国优秀新闻工作者称号。1949年到新华社华东总分社工作，1951年积极报名参加抗美援朝，任新华社志愿军总分社编辑，1954年后历任新华社国内部、海防前线分社编辑，国内部政治组组长、发稿助理、副主任兼港台组组长。1988年起任新华社副总编辑，参与了大量重大政治、军事事件的报道，并担负了部分报道的组织领导工作。

## 人物评介

# "新华岁月，无怨无悔"

朱承修（1930— ）

朱承修曾任新华社原副总编辑，是首届韬奋新闻奖获奖者。新中国成立前，他积极参加进步活动，后进入新华社华东总分社工作。抗美援朝战争中，他主动请缨奔赴前线，在朝鲜的山洞里坚持工作，曾两次立三等功，后来还在炮击金门、中印边界自卫反击战、对越自卫反击战等重大军事报道中参与采编工作。曾长期负责组织指挥政治报道、港澳台报道等。

## 进入新华社是一生的幸运

1930年11月，朱承修出生在江苏江阴一个中医世家，3岁时母亲去世，由祖母抚养长大。朱承修的祖父、叔祖父、伯父当时都是苏南名医，祖父后来搬到上海执业，全家其他人仍在江阴老家，一帮孩子就在家乡家塾性质的学校里认字。1938年日寇入侵华东地区，家乡沦陷，全家逃难到上海祖父处，孩子们就近上学。中学毕业后，朱承修考入中国新闻专科学校。

上海解放前夕，在地下党领导下，社会上、学校里反内战、反饥饿、反迫害的爱国民主运动风起云涌。学校里进步的、反动的小团体林立，朱承修参加了一个进步学生的小团体，这个团体里有一位女同学是地下党员，经常带领大家走出校门参加社会上的反内战反饥饿活动。上海刚一解放，他所在的团体就被吸收进青年团上海工作委员会举办的上海青年干部训练班学习党的城市政策。学习结束后，训练班给大家分配工作，朱承修被分配去解放日报社。6月中旬的一天，他到解放日报社报到，社长同时也是新华社华东总分社领导人的恽逸群同志在介绍信上批了一笔：到圆明园路新华社。新华社华东总分社当时在对口接收的圆明园路中央社上海分社的一栋楼里，地方很小。就这样，朱承修进了新华社的大门。"这是自己一生的幸运"，朱承修后来回忆说。

在华东总分社，他开始做资料员，每天负责剪贴报纸。当时分社条件艰苦，许多同志没有床，在办公室打地铺睡觉，他也是这样。但让他感到激动的是，一进新华社，就穿上了军装。朱承修穿着军装回到南京西路伯父家，弄堂里的老太太看到他，惊讶地说："两天没见，这个小毛孩当上解放军了。"①

## 做战地记者数次与死神擦肩而过

1950年，新华社先后派陈伯坚等同志随志愿军赴朝报道，后来组建了新华社志愿军总分社。在整个抗美援朝战争中，新华社是唯一从总部到各兵团有系统机构的对外报道单位，另一个新闻机构《志愿军报》是部队内部报纸。其他中央新闻单位，只有记者随慰问团入朝采访过。

1951年6月下旬，新华社总社要从各总分社抽调一批同志去志愿军总分社。朱承修积极报名并被批准赴朝。由于没有制空权，他们在朝鲜境内都是晚上赶路，白天找地方休息。公路上每隔一段就布置有哨兵，监听有无飞机声音，如有情况，立即鸣枪报警。由于枪声频繁，走不多远就要停车防空。

一天夜里，朱承修乘坐的汽车遭遇翻车事故，同行的新华社记者郭普民和一名警卫战士牺牲。条件所限，两位烈士就被埋在离公路不远的山坡上，两块木板就是他们的墓碑。停战后，新华社志愿军总分社把两位烈士的遗骸迁到桧仓，安葬在为志愿军总部牺牲同志兴建的烈士陵园里。

翻车时，朱承修双手受伤，肿得厉害，好几天行动不便。他们就在附近老乡家住下。十几天后重新出发，经过上次翻车的地方，月光下他们清楚地看到路边那两座坟墓。车子里一片沉默，大家都脱帽悼念。

几年的战地记者经历中，朱承修曾数次与死神擦肩而过。

1952年上半年的一天，下山打饭的朱承修拎着一桶饭一桶菜上到半山腰时，两架黑乎乎的"野马式"飞机突然低飞着冲过来。他把两个桶一放就滚到旁边排水沟的草丛里。飞机机枪扫射后从他头顶飞过，他刚想乘机跑走，又有两架飞机呼啸而来朝他发射了一枚火箭弹，落在离他二十来步的山坡上。所幸的是，火箭弹竟然没有爆炸，朱承修赶紧拎桶上山。

朱承修（1930—　）

第二次是1952年8月5日。那时，朱承修和同事们的工作生活条件已有很大改善。晚上9时左右，事先没听到飞机的声音，美国B-29轰炸机的一枚炸弹突然在离掩蔽洞口几米的空地上爆炸，窗户纸被震成碎片，蜡烛被震灭，桌上的稿纸飞了一地，大家马上飞奔进掩蔽洞。当朱承修最后进洞时，炸弹掀起的泥土石块就打在他的背上。洞里冬暖夏凉，夏天也要披棉袄，他幸亏有棉衣在身才没受伤。进洞点起蜡烛看稿，头顶不断传来爆炸声，有点儿像打闷雷，烛火也被震得飘动起来。第二天天亮后才发现掩蔽洞外被炸出一个大坑，但只损失了一个破脸盆。大家都深感庆幸，如果炸弹不是偏了几米，总社就得重新派人来接替他们的工作了。

在朝鲜，他编发了新华社从前线发出的大部分稿件，其中有闻名中外的上甘岭战役报道、国际主义战士罗盛教的报道等。先后两次立三等功，前后共获得三枚朝鲜军功章。这些军功章和以前获得的抗美援朝纪念章，都成为他终生的珍贵纪念。②

尽管已过去了几十年，但朱承修仍时常想起当年的一幕幕，想起冬季那漫天的大雪把山头变成一片银色，半夜出洞踩着厚厚的积雪呼吸新鲜空气，感觉那真是舒畅；想起夏季连绵不断的大雨让本来就很潮湿的坑道变得分外难受；想起了背着手枪、带着稿纸去司令部跑战报、送审稿件走过的那条山间小道……这一切仍恍如昨日。他说："牺牲在朝鲜的郭普民、高健飞、刘鸣等同志，更值得我们永久怀念。我对他们怀着深深的敬意，永不忘记他们。"

## 组织指挥重要政治报道

从朝鲜回国后，朱承修被分到新华社总社军事组工作。没多久，总社为报道解放东南沿海岛屿的战斗，由闫吾同志负责，组建新华社海防前线分社，朱承修被调去任编辑。此后的解放浙江沿海岛屿、炮击金门、中印边界自卫反击战、中越边境自卫还击战等重大军事报道中，朱承修多次被抽调，或赴前线采写稿件，或在后方编辑处理稿件。

1962年，朱承修开始担任新华社国内部政治组组长，负责中央政治局的新闻采访、编辑工作，以后又任国内部副主任，分工为政治报道和港澳台报道，直到走上新华社副总编辑岗位。先后参加了十一大、十二大、十三大等多次党代会及五届、六届、七届全国人大等多次重大会议的报道。

每年3月初，京城杨柳尚未吐绿，朱承修就与一群生气勃勃的新华社年轻人一起进驻人民大会堂，一住就是20多天。开始时还弄了临时帆布床，后来就在地毯上铺个铺盖。他常在第一线直接参与指挥重大战役性政治报道。八届全国人大一次会议中新的国务院组成人员诞生时，他编辑的稿件曾荣获八届全国人大一次会议新闻报道奖。

在国内部和总编室的工作中，周恩来总理的作风对朱承修教育很深。当时新华社涉及党政军民的重要稿件，都要送周总理亲自审定。周总理有一次发现新华社总编室没有 24 小时值班制，立即提出新华社要 24 小时值班。周总理一般都要工作到早上四五点钟，休息以前秘书会打电话到总编室，问新华社还有稿件没有，说如有稿件快送来，总理好早点休息。

1979 年，新华社国内部港台编辑室成立，朱承修兼任室主任。他每天翻阅台港澳报刊，利用各种机会接触来访的台港澳各界人士。新华社对大陆记者首次踏上台湾岛、汪辜会谈等事件都进行了出色的报道，其中都有后方编辑朱承修的一份功劳。

1992 年 10 月，朝鲜记者同盟邀请曾在朝鲜前线工作过的中国新闻工作者组团访朝。作为新华社唯一代表的朱承修以副团长的身份重回他魂牵梦绕的那片热土。

在郭普民、高健飞两位新华社烈士的墓前，朱承修献上鲜花，深深鞠躬，长久伫立，胸中充满着难言的感情。

他说："几十年过去了，长眠在朝鲜战场的同事们，在那寂静幽深的山谷里与漫山的树木相伴，默默地注视着祖国在风云激荡中发展，倾听着亲人们心中对他们的呼唤。我永不忘记他们，我们的国家也永不忘记他们。能够和他们一起在这场战争中度过那些峥嵘岁月，是我毕生的光荣。而我，作为战争的一名幸存者，在我的后半生，能够为新华社继续工作几十年，我觉得很幸运。我的新华岁月无怨无悔！"

1994 年他的名字出现在首届韬奋新闻奖获奖者的榜首，熟悉他的新闻界同行都不感到突然，许多人说："他当之无愧！"

作为一名优秀的编辑，朱承修从组稿、编稿、拟按语、写评论到为记者出谋划策、组织指挥战役性报道……数不清的稿件从他手中由"毛坯"变成"成品"，由"成品"又变成"精品"。曾有青年编辑说："老朱编稿速度快、水平高，有一种很强的浓缩能力，善于砍掉废话，挤掉水分，使本来冗长松散的稿子变得干净、凝练，好像一个并不漂亮的孩子经他一打扮，模样就变得俊俏了！"③

记者们的名字登报、上广播和电视，而他却甘为无名英雄。他觉

朱承修（1930—    ）

081

得很正常:"我愿意为别人作嫁衣!"

离休后的朱承修放不下新闻事业,又坚持工作了十多年。如今在家颐养天年,仍每天读报纸,还会用手机浏览新闻。从这位年近九旬的老人身上,人们深深地感受到他对新闻事业的无比热爱、对祖国和人民的无比忠诚。

**注释:**

① 朱承修口述,朱小燕整理:《我在新华社的无悔岁月》,《新闻业务》2015年第38期。

② 朱承修:《抗美援朝岁月追忆》,《百年潮》2010年第9期。

③ 张万象:《他是编辑——记首届韬奋新闻奖获得者朱承修》,《中国记者》1993年第12期。

作品选编

## 海岛上的歼灭战

朱承修　廖人杰

从去年十一月五日开始,守卫在朝鲜西海岸的朝鲜人民军和中国人民志愿军海防部队,渡海向盘踞在铁山半岛以南的椴岛、艾岛、大和岛、小和岛,大同江口外的避岛、青洋岛、熊岛,海州湾外的大睡鸭岛、小睡鸭岛、褚岛、六岛,以及瓮津半岛南端的龙湖岛、巡威岛、昌麟岛等岛屿上的美李匪军发起攻击,先后歼灭敌军一千六百六十多人。

这些岛屿距岸三公里到十六公里不等。其中许多岛上原来荒无人迹。自美国侵略者发动侵朝战争以后，敌人便先后侵占了这些荒岛，把它们变成派遣特务土匪向我后方进行骚扰破坏活动的巢穴。盘踞在岛屿上的美李匪军并修筑了坚固的地堡掩体，并经常派遣舰艇用炮火向我海岸轰击。

　　守卫在西海岸上的朝中人民海防部队很久以来就决心要给这些海上匪徒一个沉重的打击，并为此作了充分的战斗准备。在漫长多山的海岸线上，强大的炮兵部队将一门门大炮拉进了新设的阵地。工兵部队在没有人迹的荒山密林中开辟了新的道路。担任攻击的部队准备了渡海作战的一切器材和反复进行了登陆演习，突击船上的水手们一遍又一遍地检查了船只和机器。志愿参战的朝鲜领航员仔细地研究了航路。居住在海岸上的朝鲜人民也热情地赶来支援。海岸上所有的人都下了这样的决心：一定要把敌人消灭在海岛上！

　　十一月初，逐岛歼灭战开始了。朝中人民海防部队首先歼灭了铁山半岛以南的椵岛、艾岛上的敌人，随后把打击的矛头伸向距海岸十六公里的大和岛、小和岛。十一月三十日，一个严寒的夜里，西海岸上突然响起了隆隆的炮声，炮弹带着啸声掠过海面飞向敌岛，大和岛敌人的滩头阵地上顷刻间腾起一片浓烟烈火。载满勇士的突击船随着驶离起渡点，进入巨浪滚滚的大海里；船上的战士们兴奋地高喊着："争取登陆第一船！"他们乘风破浪地一直驶向敌岛。据守在残破的工事中的敌人还妄想挣扎。他们用轻机枪、重机枪和大炮把海面打起一股股的水柱，照明弹将海面照得雪亮。但突击船依然破浪急进，船上的炮火一齐向岛上敌人发射。第八十九号船被炮弹打了一个窟窿，船上的战士们一面堵住破洞，一面沉着地用机枪猛烈还击敌人。第八十一号船首先靠岸，战士们跳下冰冷的海水，迅速抢占了敌人的滩头阵地，胜利登陆的信号弹立即腾空而起。登陆的勇士们消灭了滩头阵地上的残敌，便分成无数把尖刀，一直插向敌人纵深。某连三排的勇士们在几分钟内便攻占了第一个高地，接着又扑向另一处敌人。一排长俞善庆带着突击班冲过冰雪封冻的开阔地，用手榴弹消灭了敌人的一个火力点。接着他又协同另一支部队分成两把尖刀，迅速地攀越三座满布荆棘的山岭，插到岛后海滩，截

朱承修（1930—　）

断了敌人的逃路，将敌人消灭在海滩上。有几个敌人抢上一只木船才驶离海岸，在战士们的猛烈射击下，船上的敌人全被消灭了。战士们最后在山林岩石间进行搜索，全歼了岛上的敌军。

在渡海作战中，英勇的炮兵和敌军炮艇进行了激烈的炮战。在大和岛西南海面上，某炮连的炮兵和五艘赶来参战的敌人的炮艇遭遇了。无畏的勇士们马上将炮船开足马力向敌艇方向冲过去，第二号炮船上的炮手尤俊生沉着地瞄准射击，一连七发炮弹命中了一艘敌艇，敌艇在轰然巨响中被击沉了。从其余的四艘敌艇上打过来的炮弹把炮船的船舱打坏了，炮手梁吉冒负了两处伤仍坚持战斗，接着炮手胡志明又将另一艘敌艇击伤。其余的敌艇不敢再战，就慌忙地逃走了。

接着，朝中人民海防部队于十二月中旬又先后歼灭了大同江口附近的避岛、青洋岛、熊岛上的守敌，并缴获舰艇两艘及大批弹药武器等。另部在十二月下旬到一月上旬先后攻击海州湾外的大睡鸭岛、小睡鸭岛、褚岛、六岛以及瓮津半岛南端的龙湖岛、巡威岛、昌麟岛上的敌军，共歼敌七百八十多人。

朝中人民部队这一新的胜利，不但沉重地打击了美李匪帮利用这些岛屿来骚扰我军后方的阴谋，也有力地揭破了美国侵略者一直叫嚣的"海空优势"。

（新华社 1952 年 2 月 7 日电；选自新华社多媒体数据库）

评析：

20 世纪 50 年代初期，中国人民志愿军跨过鸭绿江，开赴朝鲜战场，抗美援朝，保家卫国。为做好抗美援朝战争的新闻报道工作，新华社先后派出数十位记者、编辑赴朝。他们深入战斗前沿，冒着生命危险，采写编发了大量有影响的新闻报道，有力地鼓舞了中国人民热爱祖国、建设祖国的热情，并在新中国军事新闻史上留下了光辉的篇章。

通讯《海岛上的歼灭战》就是这些优秀作品中的一篇。稿件的开始部分介绍了朝中人民海防部队进行海岛歼灭战的原因、所做准备等，其后用大量篇幅生动地描写了歼灭战的场景："炮弹带着啸声掠过海面飞向敌岛，大和岛敌人的滩头阵地上顷刻间腾起一片浓烟烈火""船上的战士们兴奋地高喊着：'争取登陆第一船！'他们乘风破浪地一直驶向敌岛""据守在残破的工事中的敌人还妄想挣扎。他们用轻机枪、重机枪和大炮把海面打起一股股的水柱，照明弹将海面照得雪亮。"一段段电影蒙太奇式的文字使读者仿佛置身于炮火连天、硝烟弥漫的战争环境。

作者还着力突出了多位战士的英勇形象："无畏的勇士们马上将炮船开足马力向敌艇方向冲过去，第二号炮船上的炮手尤俊生沉着地瞄准射击，一连七发炮弹命中了一艘敌艇，敌艇在轰然巨响中被击沉了"。类似的描写还有几处，寥寥数笔，勇敢、沉稳的战士群像跃然纸上，给人留下深刻印象。

朱承修（1930—  ）

# 且看李登辉怎样表演

台湾当局的头号当权人物李登辉，近期在两岸关系问题上言论猖狂，举止怪悖，再度引起岛内外侧目。评论者认为，李登辉的一系列表演表明，他已经在"台独"的深渊里滚得连泥带水，那一身污浊，怕已很难刷干洗净。

请看李登辉是怎样在众目睽睽之下表演的。

近来，李登辉的言行表露出的"台独"倾向，加重了岛内的"台独"气氛。去年他发表与日本作家司马辽太郎那篇推心置腹的谈话后，面对岛内外对他"台独"意向的强烈质疑，他和他的一些伙计曾不得不出来几次表白他"主张统一"。但漏洞尚未补齐，他又到处泄漏真情。例如，他向主张"台独"的民进党人交心时，声言"统一只是说说的，其实我心里想的跟你们一样"，又招呼"台独"骨干分子"不要冲得太快，慢慢来"。这些举动，使岛内报纸都因此而指称他"忽统忽独、疑统疑

作品原载报样

独""反复无常"，结果培养了"台独"势力"旌旗日盛，兵马日壮"，造成了两岸关系的"反复激荡"。

　　但是，尽管岛内外对李登辉"台独之路"的抨击之声不绝，他这种两面手法却越耍越起劲。4月初他在"国统会"上发表的讲话中，一面重申台湾与大陆均为中国领土，要促进国家统一，一面却不再提要坚持"一个中国"的原则，而强调两岸为"分裂分治"的"两个互不隶属的政治实体"，实际上将海峡两岸定位为领土和主权割裂、又互不隶属的"一中一台"两个国家，明统而暗独；最近他又声称"台湾是大陆一部分"的说法"无法接受"，意图否定台湾是中国不可分割的领土。他又把原来要培养两岸"兄弟情怀"的说法丢在一边，狂妄地称台湾是"老子"，大陆是"儿子"，还声言海峡这边对台湾"一毛钱的税金也没有收过就说台湾是他的，别开玩笑了"。按照这个逻辑，中国对同样没有收过一毛钱税的港澳就根本不能恢复行使主权了。李登辉发表的上述歪论，就像去年他开口骂中共是"土匪"一样，实在不值一驳。固然，人们可以对他一些顽童骂架式的语言嗤之以鼻，但却不能不严肃地思考他的居心何在。

李登辉近年热衷于到国际上钻营。他不惜工本地去搞什么"度假外交""庆典外交"，力图挤进国际会议，策动要"重返联合国"，还利用这样那样的钓饵与一些国家发展政治关系。据透露，此次他能够赴美搞"校友外交"，花在"游说"美国会议员等方面的资金达上千万美元。如此不择手段地要挤到国外去，李登辉自己明白说，目的只是为了"突显"台湾的"存在"。换句话说，他就是要费尽心机在国际上制造"两个中国"或"一中一台"，把台湾问题国际化。他的这些活动，尽管伴以蛊惑人心的言词蒙骗了一些岛内同胞，但也不乏有人看到它对祖国统一的危险性，看到它对两岸关系造成的不可弥补的损害。还有舆论认为，台湾如果因此而成为某些国家手中的一张牌，那将使台湾陷入"身不由己"甚至"万劫不复"的境地。应当指出，李登辉确实是在有意地把台湾送到别人手上当成一张牌，而自己则以成为别人的一张牌而沾沾自喜。当然，这种挟外人以自重的行为，向为中华民族所不齿。

朱承修（1930— ）

李登辉还在着意制造两岸军事对立的紧张气氛。他四处收罗战机、军舰、坦克、导弹，最近一周内三次参加针对海峡对岸的军事演习，并把中国政府为了维护祖国的主权和领土完整而不能承诺放弃使用武力歪曲为要"武力犯台"，一再以此来挑拨台湾同胞与祖国政府的关系。中共中央总书记江泽民在今年春节前夕的谈话中重申了邓小平同志的思想，指出："我们坚持用和平的方式，通过谈判实现和平统一；同时我们不能承诺根本不使用武力，如果承诺了这一点，只能使和平统一成为不可能，只能导致最终用武力解决问题。"这是"武力保台"而不是"犯台"，是为了和平而不是为了动武。讲不放弃使用武力，是为了实现和平。海峡两岸应当和平走向统一，而不能允许和平地走向分裂；如果祖国的领土和主权完整遭到分割，当然就没有和平可言。岛内外有识之士，对此当有明察。

对李登辉先生，考虑到他在岛内的地位，此间对他的出格言行，总是在一定程度上给予宽容。但是，要得到别人的尊重，必先自重。能不能带着一身泥水从那个陷得很深的"台独"泥坑里爬上来，就看他自己了。历史的长河将证明，包括台湾同胞在内的全体中国人民必将战胜一切分裂祖国的内外反动势力，最终实现自己祖国的完全统一。

（新华社北京 1995 年 6 月 6 日电；原载《人民日报》1995 年 6 月 7 日）

评析：

20 世纪 80 年代后期，李登辉担任台湾地区领导人后，"台独"势力在岛内日益壮大。特别是他当政后期，不仅纵容"台独"势力，而且在执政理念上离祖国大陆越来越远。1995 年，李登辉以美国康奈尔大学校友身份访美，在两岸引起轩然大波。之后，他相继抛出大陆与台湾是"特殊的国与国关系""两个对等政治实体"等重磅性言论，还自食其言地说他"始终没有讲过一个中国"，宣称"中华民国及中华人民共和国为互不隶属的两个主权国家"。

针对李登辉的这些言论，新华社进行了有力的批驳，1995 年 6 月 6 日播发的评论《且看李登辉怎样表演》就是较早的一篇力作。稿件揭示了李登辉一系列言行背后的政治意图："他不惜工本地去搞什么'度假外交''庆典外交'，力图挤进国际会议，策动要'重返联合国'，还利用这样那样的钓饵与一些国家发展政治关系。"

这篇评论观点鲜明，文锋犀利，一针见血；语言生动简洁，并运用了杂文笔法，富有说服力和感染力。此稿被评为第六届中国新闻奖二等奖。

此后数年间，朱承修和新华社的同事们密切关注"台独"动向，弘扬新华社评论的优良传统，推出了《分裂国家就是历史罪人》《绝不允许破坏两岸关系的基础》《分裂没有出路》等系列评论，对李登辉等"台独"分子言论进行了有针对性的批驳，打击了台湾岛内的分裂势力。

# 漫议舆论监督

## （一）

党的十五大报告在论述政治体制改革和民主法制建设时，把发挥舆论监督的作用作为完善民主监督制度的一项内容。重视舆论监督，这是我们党的传统。早在1950年4月，当解放战争的硝烟刚在我们的国土上飘散，许多地方政权还刚开始建立，党中央就以非凡的远见和气魄作出了关于在报纸刊物上展开批评和自我批评的决定。决定一开头就指出："吸引人民群众在报纸刊物上公开地批评我们工作中的缺点和错误，并教育党员、特别是党的干部在报纸刊物上作关于这些缺点和错误的自我批评，在今天是更加突出地重要起来了。因为今天大陆上的战争已经结束，我们的党已经领导着全国的政权，我们工作中的缺点和错误很容易危害广大人民的利益，而由于政权领导者的地位，领导者威信的提高，就容易产生骄傲情绪，在党内党外拒绝批评，压制批评。由于这些新的情况的产生，如果我们对于我们党的人民政府以及所有经济机关和群众团体的缺点和错误，不能公开地及时地在全党和广大人民中展开批评与自我批评，我们就要被严重的官僚主义所毒害，不能完成新中国的建设任务。由于这样的原因，中共中央特决定：在一切公开的场合，在人民群众中，特别在报纸刊物上展开对于我们工作中一切错误和缺点的批评与自我批评。"

决定接着指出，"在报纸刊物上进行批评和自我批评，是为了巩固党与人民群众的联系、保障党和国家的民主化、加速社会进步的必要方法。"

党中央决定中的这些话，充分体现了中国共产党人一切从人民利益出发、全心全意为人民服务的宗旨和无私胸怀。这些话，仍然是我们今天思考、探讨舆论监督问题时的出发点；在我们党领导全国政权将近

朱承修（1930—　）

半个世纪的今天，对开展舆论监督的问题，我们也更应有当年那样一种无畏的气魄。

（二）

近些年，舆论监督总的看是受到新闻媒体重视的。特别是电视报道，舆论监督有声有色，对端正党风和社会风气、改进政府工作、加速社会进步起到了好作用，因而得到中央的支持，也在群众中赢得了威信。但是，就在报纸刊物上开展批评与自我批评、开展舆论监督而言，确实还要认真加强。而要真正得到加强，就有一些认识问题要探讨。

舆论监督，现在常常同批评报道画上等号。字典上对"监督"的解释，是"察看并督促"。这样看，舆论监督包括了批评报道，也应当包括那些提醒式的、有倾向的探讨式报道。不能把批评报道或舆论监督，仅仅看成是针对着假丑恶。这样的报道，还可以是指点出观念上、认识上的误区，工作中、政策上的不落实，等等。只要我们的报道含有督促某一件事、某一项工作朝向某一正确方面发展之意，都可以看成是舆论监督。1月初《人民日报》发表的国家计委宏观经济研究院的探讨性文章《目前企业集团发展值得注意的几个问题》，文内有这样几个小标题："企业集团发展贪大图快""把规模经济等同于经济规模""过分追求多元化经营""过分强调低成本扩张""认为资产经营高于生产经营""大企业应当强化自身建设"。这篇文章也完全可以看成是对企业集团的发展进行舆论监督。不久前新华社发的《5000万台VCD卖给谁》，《经济日报》对我国集装箱生产过剩、一些地方还在盲目上马的报道，一些报纸发表的评论《兼并三忌》《请给劳模减负》，社会调查《面对五千元，境界不相同》《学术论著稿酬菲薄非国家幸事》等，也应当属于舆论监督的范畴。中国青年报对治理淮河污染的追踪报道《淮河零点行动：坐船夜巡排污口》、揭露昆明市盘龙区医药公司一些人贪污、行贿的报道《172万"药品促销费"的前后》，当然更是舆论监督。总之，不仅仅是直接的批评，而且包括了在舆论上提醒、督促，都可以看成是舆论监督。这样，我们的思路就可以更广些，舆论监督报道也可以更丰富多彩，对促进社会主义现代化事业的发展有更大帮助。

<h1 style="text-align:center">（三）</h1>

舆论监督与"以正面报道为主"的关系，也值得探讨。

"正面抓"，可以说是指报道事物的光彩一面、积极一面、值得赞扬的那一面，而不是报道有缺点、错误的一面，消极的一面，应当予以批评的一面；是报道应当怎样做、报道这样做了的好效果，而不涉及不应当那样做，那样做了更捅娄子；是报道成绩和成功，而不是报道失误。这样的报道，对鼓舞士气，树立形象，指导工作，有着极为重要的作用，当然应当成为我们报道的主要内容。"把握正确的舆论导向"，主要也是指这样的一些报道。

但是，事物总有它的复杂一面。对怎样来衡量正面报道，我们不妨把眼界放宽一点看。

《中国青年报》2月10日第6版报道：《公有资产从黑洞流失》（主题），下有四个小标题："评估人为压一块　政策导向让一块　企业请人吃一块　主管部门送一块"。从标题就可以知道内容。这篇报道，批评了那些任凭公有资产流失的政府部门和企业，暴露了企业改革中的问题，属于舆论监督的范围，谈不上是一般概念上的正面报道。但是，这篇报道对制止国有资产流失有着很大的"正面"意义，如果列入"反面"报道或"负面"报道，就难以令人心服。

新华社的报道《一位母亲的呼吁》，揭露了黄色出版物在一些地方的泛滥情况，对有关的地方政府是一篇批评性报道，但对全国的"扫黄打非"工作却是一篇有重要作用的正面报道。《人民日报》1月8日发表的《拒当三陪跳楼致瘫的川妹子含泪呼吁："扫黄"千万不能手软》，揭露了四川一些地方的"黄毒"，报道了一个女青年在恶势力面前的骨气以及社会对她伸出的热情之手，震撼人心。这样的报道，应当列入正面还是反面？《经济日报》2月7日开始关于海南中华民族文化村申请停业的系列报道，揭露了海南旅游业腐败的一面，难以纳入一般意义上的正面报道；但这样的报道对整顿海南以至全国旅游市场的秩序，对防止旅游人工景点的盲目建设又有很大正面意义。这一系列报道结尾篇的题目就是《借舆论监督东风　促旅游行业改革》。海南省旅游局长称，这一系列报道"对海南旅游业深化改革，走向健康规范发展的轨道是一次很大的促进"。

这种难说是正面反面的报道，举不胜举。因此，对"正面报道"的理解，还可以从报道是否主要起了积极作用来考虑，从报道的正义性来考虑。当然，任何一类报道，在量的安排上都应当有所把握，不能倾盆大雨。对任何报道，我们都不赞成刮风、起哄，都要妥善处理好质和量的关系，都要讲究典型性，都要考虑到它是否有普遍意义，这是不言而喻的。

## （四）

对舆论监督，对在报纸刊物上、广播电视中开展批评与自我批评，我们总还有些顾虑。

怕影响社会稳定。其实，从根本上说，影响社会稳定的，是受到批评、监督的那些事情本身。事实是第一性的。各种不正之风，各种腐化堕落的事实，挫伤了群众的积极性，损害了党和国家的形象，造成了社会的不稳定。即使我们对这些消极现象不开展舆论监督，不在报刊上给予批评，群众的口头舆论却在更尖锐地批评，而且由于群众对某些事实的了解不可能很准确，这种口头舆论往往会流于偏激，甚至有许多误解。正确的、适度的舆论监督，在报刊上、广播电视中，开展正确的、适度的批评，对那些口头舆论是一种引导和"消防龙头"，是社会稳定的一种安全阀，是社会的自我调节，而不是对社会稳定的危害。

有些消极的事情发生后，有关的地方或部门往往从本地方本部门光彩不光彩出发，从本地方本部门这样那样的考虑出发，找出这样那样的理由，不希望有舆论监督，不希望在报纸刊物上、广播电视中受到批评，而采取不正确的方法来保护自己，或者把事实缩小，或者把问题冲淡。这样做，实际上是为了自己暂时得以过关而不惜损害党的整体利益和党的新闻工作的整体形象。社会得不到适当的自我调节，社会稳定的安全阀被弃置不用，即使从宣传工作的策略而言，也是值得思考的。

新华社公开的舆论监督报道，同中央电视台的报道尤其是同"焦点访谈"相比，在社会影响上有所不逮。我们应当承认这一点。影响力是同覆盖面相联系的，中央电视台的覆盖面本来就广，再加上"焦点访谈"的独特视角，以及电视新闻"此时此刻"和"放眼目睹"的表现特色，使内容更具权威性和说服力，受到了群众的普遍欢迎，也为中央和地方各级党委、政府所关注。我们看到，"焦点访谈"今晚播出某省某一公路段的乱收费实况，当晚有关地方党委、政府就开紧急会议处理，第二天的"焦点访谈"就播出处理结果，这样的效果是我们的报道难以达到的。此外，"焦点访谈"的播出受到地方的干扰怕也较少些。去年我们一个分社发了篇报道，批评一个地方麦收时搞"开镰仪式"割了未成熟的麦子。当地了解到有这一报道后，立即用政府办公厅名义给总社和首都一些报纸发来文传，要求不予采用。总社顶住了压力，但首都除一家专业报外，各大报确实没有采用这篇稿件。这样的一纸文传要掩住"焦点访谈"观众的耳目怕很难，但却可以镇住那些大报。此外，如果说新华社的报道面向世界，那么，中央电视台的第一套节目同样面向首都的一百多个外国使馆、一百多名外国记者和数以万计的外国人。这一套节目只要有一定的技术手段，世界各地都可以看到，这与新华社的报道并无什么不同。

这样说并不是要把"焦点访谈"捧到不适当的地步，这个节目当然有着它的不足；也不是有意低估我们自己，更无意鼓吹把别人的一套照搬过来。各新闻媒介都有自己的优势，都有不可替代的作用。注意看别人的长处，严于审视自己的不足，为的是不断增强我们前进的动力。权威是在实际斗争中形成的，缺乏哪一方面的实际斗争，就会缺乏哪一方面的权威。

道理是否如此，这是可以探讨的。

# （五）

　　舆论监督的策划工作十分重要。如前所述，有些舆论监督报道，同对改革开放中某些问题的探索性报道相交叉，这种报道往往比针对某些具体问题的舆论监督报道影响更广泛，对实际工作的推动作用更大。我们改革开放和建设中面临的问题，一般大家都清楚，舆论监督的策划工作，就是抓住一些关键性问题，找准典型，从各个角度进行深入剖析。这要细致地进行组织指挥。经济日报对海南中华民族文化村的系列报道，就是一例。这种报道，不下功夫是搞不成的。对日常生活中、社会风气中可以批评的事，报道也要有所策划。不能事无大小都拿来批评，而是要挑选有较重要影响的事，讲究典型性。零零碎碎或过量，都不好。新华社2月16日播发南昌市公园村干部公款吃喝一年吃掉17万的批评性报道时，配发了记者写的短评《基层干部要做廉洁自律的表率》，这也是一种策划，将消息与短评搭配起来，会收到更好的宣传效果。

　　舆论监督和批评性报道，有建设性与破坏性之分。我们是动机与效果统一论者，开展舆论监督、搞批评性报道的动机和目的，都是为了匡正时弊，维护党、国家和人民的利益。这种利益不但是局部的和眼前的，更是整体的、根本的、长远的；是为了解决当前的一些难点问题，促进问题的解决和建设的发展，从根本上保持社会的稳定；是为了树立、鼓舞人民的信心，密切党、政府同群众的联系。我们不是为了渲染、扩大事态，离间党、政府同群众的关系，甚至造成对立；不是无端抹黑社会，损害党、政府、国家的形象，超出社会的承受力，消沉人民的意志；是为了帮忙而不是添乱。至于这种报道对准确性、客观性和合法性的要求，对报道的策略要求，更是很高的。总要好心办好事，而不能把事情办糟了，搞滥了。现在，从整体上说我们还不是这样的问题，而主要是我们这方面的报道太少。

　　中央电视台的"焦点访谈"有四句话："时事追踪报道，新闻背景分析，社会热点透视，大众话题评说。"这四句话有相当大的涵盖性。

用来看我们的报道，这四句话有的有，有的无，例如"大众话题评说"，如果有，也不多。我们承认这一现实，但不妄自菲薄。我们一定能在探索中前进，开辟出一片报道的新领域，在密切联系群众的道路上跨出新的一步。

（原载新华社《新闻业务》1998年第10期）

评析：

　　这是一篇专门研究舆论监督的新闻理论文章，被评为新华社1998年社级好稿。

　　文章开头部分简要回顾了新中国成立后不久1950年党中央作出的在报刊上展开批评和自我批评的决定，并指出："在我们党领导全国政权将近半个世纪的今天，对开展舆论监督的问题，我们也更应当有当年那样一种无畏的气魄。"

　　结合多家媒体的诸多舆论监督报道实例，文章对"舆论监督是否只是批评报道""舆论监督与'以正面报道为主'的关系""舆论监督是否影响社会稳定"等受到关注的话题进行了详细阐述。其中许多看法，如"舆论监督包括了批评报道，也应当包括那些提醒式的、有倾向的探讨式报道"，以及"正确的适度的舆论监督，在报刊上、广播电视中，开展正确的、适度的批评，对那些口头舆论是一种引导和'消防龙头'，是社会稳定的一种安全阀，是社会的自我调节，而不是对社会稳定的危害"等，在20多年后的今天，仍具有重大的指导和借鉴意义。

　　此外，文章还着重将新华社公开的舆论监督报道同中央电视台《焦点访谈》进行了对比，认为"各新闻媒介都有自己的优势，都有不可替代的作用。注意看别人的长处，严于审视自己的不足，为的是不断增强我们前进的动力"。提出媒体同行间相互学习的观念和主张有利于促进舆论监督报道水平的提高。

（编撰：李江涛）

朱承修（1930— ）

为军报文化传统添彩 **杨子才**（1930—　　）

　　**杨子才**（1930—　　）著名新闻工作者,《解放军报》原总编辑,中华全国新闻工作者协会副主席,高级记者。1946年参加中国人民解放军后,在战争年代累立两大功。1958年年初改行做新闻工作,此后历任多项要职,参与过意义重大的战地报道,曾被评为《解放军报》记者标兵。1987年年初至1993年夏,任《解放军报》副总编辑、总编辑。在从事新闻工作的40年中,发表过300余篇新闻作品。离休后,著述800多万字,题材包括杂文、诗歌、散曲及诗词曲选本等。

## 人物评介

# 为军报文化传统添彩

杨子才（1930—　）

"才子不愧真才子""八旬才子欲何依"……许多人称杨子才为才子，对他 800 多万言的著述赞许有加，说他是个讲党性、有抱负，才华出众，兢兢业业干事业、踏踏实实做学问的人。这样的评价是很中肯的。

### 世无难事，阴差阳错"错"出来的才子

杨子才 1930 年 12 月出生，云南宜良县人，1946 年 6 月参加中国人民解放军。参加过东北解放战争及辽沈、平津等诸多战役，立过两次大功。杨子才只上过一年初中，没有学过新闻。他说自己当兵 13 年后当上《解放军报》记者是阴差阳错，可因这"差错"，"错"出了一个有名的才子。

杨子才当记者期间，参加了中印边界自卫反击战、收复西沙群岛之战的战地采访和"硬骨头六连"等先进典型的报道，在《解放军报》等全国性报刊发表大量新闻作品和报告文学作品，其中《草原铁流》荣获总政治部颁发的"报告文学奖"。曾被评为好党员，多次被评为先进

097

《草原铁流》原载报样

工作者。1964 年，被树立为《解放军报》记者标兵，《新闻业务》杂志曾全面报道过他的事迹。

从 1975 年起，杨子才走上《解放军报》中层领导岗位，担任了政治工作宣传处副主编、主编。期间，杨子才给同事的突出印象是：兢兢业业，恪尽职守，领导有方，业绩突出。具体组织了《解放军报》对越自卫还击战的连续报道和数位优秀模范干部的宣传，引起很大反响。他撰写的总结新闻工作经验的《十年部主任 甘苦话笔讲》一文，被收入光明日报出版社 1986 年出版的《新的实践 新的探索》一书。1985 年，因工作需要，杨子才担任了中华全国新闻工作者协会党组成员、书记处书记，之后升任协会副主席。1987 年 5 月他回《解放军报》任副总编辑，1990 年荣任总编辑，被选为第八届全国人大代表。作为"中国新闻界名人"，他的主要业绩刊登在 1987 年的《中国新闻年鉴》上。

虽然学历低，不是新闻科班出身，但杨子才成为《解放军报》和中华全国新闻工作者协会领导、著名才子有其必然性。原因很简单：他是一个讲党性、干事业的人。只要是党交付的任务，他都会全身心投入，千方百计完成。将"世上无难事，只要肯登攀"这两句话用来印证他的成功、成才是再确切不过的

## 著作等身，"摇笔杆""摇"出来的才子

"苦苦思索，辛勤耕作，与笔交厚，著作等身"，这是杨子才的写照。他是"摇笔杆""摇"出来的才子。杨子才的著述，量大质高，广受好评，计有 24 部、800 多万字，可分为四部分：

一是新闻。他发表过新闻作品 300 余篇，还参加过部分战史的编写工作。

二是杂文。有《萤窗杂文》1—9 集，另有 40 万字的《杨子才杂文选》及《萤窗琐记》出版。北京市杂文协会曾专门召开杨子才杂文研讨会予以褒扬。老同志杨洪立认为："子才的杂文，往往是从古人先贤的逸闻趣事起始，边娓娓道来，边生发开去，间以议论风生，新意别出，让人心憬神驰，为之折服。"李庚辰、喻晓、蒋元明等名家，对杨子才杂文都有很高的评价。

三是诗与散曲。有《萤窗咏史诗》和《散曲学步》两部专著出版。前一部书，是杨子才数十年的读史心得，是他主要的诗歌著作。这部咏史大作，是前人未做过的。上起先秦，下至清末，从轩辕黄帝到孙中山，共 659 首，对历史人物一一吟诗作评。专家认为"这相当于用诗写本纪写列传，工程浩大，难度极高，非大手笔不能为，非厚积不能薄发"。《散曲学步》则成书于杨子才 80 岁以后，也是他吟咏评论历史人物（也有评论少许反面人物和有争议人物）为主的著作。

四是诗词曲选本。有《古今五百家词钞》《历代咏史诗钞》《历代

杨子才（1930— ）

怀古哀时词曲钞》等，共 11 种。这套被人称为"杨氏抄本"的浩繁工程，是由杨子才一人独立完成的。这套书陆续出版后受到广泛赞誉。大家叹服他诗词曲功底深厚，目光卓越，用心至诚。诗人吴纪学读了"杨氏抄本"后评说："仿佛看到一个年近耄耋之人，不舍寒暑地埋首伏案，以日渐减退的视力甚至有些微抖的执笔之手，拂杂去芜，精心采撷，精心抄写，精心编排。"许多评家认为，"杨氏抄本"中增补了许多前人未曾编选过的内容，填补了出版空白，显得更加珍贵和难能可贵。杨子才卷帙浩繁的著述，都是他一字字、一句句用蝇头小楷写出来、抄出来的，其勤奋辛劳可以想见。说他的书是爬格子"爬"出来、摇笔杆"摇"出来的确是事实，他的著述是他长功夫、笨功夫、硬功夫、真功夫的见证。

## 读书万卷，学以致用"用"出来的才子

杨子才酷爱读书，他将自己的书屋定名"萤窗"，是借古时囊萤映雪的美谈激励自己刻苦读书和写作。

杨子才有近万册藏书，大部分读过。他的脑海里有着大量马恩列斯毛的著作、新闻业务、语言文字书籍以及文艺书籍刻下的痕迹。写杂文，鲁迅的书他全读过。因为业余爱好和做学问，他自购有关诗词曲赋的书就有 1000 多册。他读的史书更多，仅就通读《资治通鉴》和基本读完二十四史而言，就极少有人能与他比肩。

在杨子才看来，关于读书的方法，多读、反复读是一个方面，懂得运用才是关键。在学习与运用、读书与写作的密切结合上，杨子才可称楷模。靠读马列的书和在实践中运用，杨子才在各级领导岗位上施展才华；靠读新闻书籍、钻研业务和在实践中应用，杨子才以初中生学历奋发进取，在记者岗位显现才能。而正是由于杨子才想到读史以后"自己可以做点什么"，才有了《萤窗咏史诗》和《散曲学步》

的问世。

"杨氏抄本"11 种，是杨子才著述的重要组成部分，也是他运用所学知识进行学术研究所收获的丰硕果实。一位哲人说过，求知如同画圆，圆内是已知的，圆外是未知的；求知者会发现，已知的越多，接触未知的范围会越大。杨子才做学问，很像画圆。以他编选《历代哲理诗钞》的经历为例：年轻时读背文天祥《过零丁洋》，他为诗人申明的"人生自古谁无死，留取丹心照汗青"的生死哲理所震撼。随着读书日多，他发现历代诗歌中含有哲理的篇章比比皆是，涉及为人处世、人生百态乃至国家的治乱兴衰、存亡续绝。至此，他便心生一愿：将前人的哲理诗收集编撰成书。于是，他开始研究哲理诗的渊源、发展，按朝代顺序研读诗词，从数以十万计的诗作中精选哲理诗篇，终获成功。杨子才在编选"杨氏抄本"的过程中，深刻理解到"读书愈多，便更会有欲望读更多的书"。学习和运用、读书和编书，在杨子才身上就是这样融为一体，相互促进，使他成为二十年编书过十种的才子。

杨子才被称为才子，一个重要原因当属他有 9 集《萤窗杂文》问世。他创作的杂文，笔锋犀利，说理深刻，文采昭然，自成风格，实现了历史与现实的有机结合，读书与文艺创作的"化学反应"，把博览群书和学以致用上升到更高的层次，进入了新的世界。在评论家们看来，要达到杨子才这样的境界，"真是太难太难了"。

杨子才（1930— ）

### 自讨苦吃，强劲动力催生的才子

不熟悉杨子才的人难以理解：一位老人，离休 20 年，著述 800 多万字，平均每年 40 多万字，何以有如此旺盛的精力、坚忍不拔的毅力、咬定青山不放松的定力？其动力何在？

杨子才作为一个参加革命近 70 年的老干部、老党员，具有"三爱三忧三为"的品格：爱党、爱国、爱民，忧党、忧国、忧民，为党、为国、为民。并且他深知要实实在在干点利党、利国、利民之事。这正是他为官为文的强劲动力，精力、毅力、定力都由此生发。这也诚如余心言评议杨子才杂文为什么写得好时所说："因为他有动力。这动力是什么？就是他要为他人、为社会、为民族做一点事，尽一点力。"读过《杨子才杂文选》全部文章的人，能深感他在鉴古喻今、针砭时弊、辨非明理的表述里，字里行间隐含着"三爱三忧三为"的心迹。

说到动力，不能不说杨子才为传播、传承中华优秀传统文化的志向和抱负。杨子才在编注《古今七律观止》一书时，有老友对他说："你年已八十，旧病缠身，倾力编此书，有何必要？"他回答："理由有四：其一，为存亡续绝尽微薄之力；其二，为填补历史空白做点实事；其三，弥补前人专书固有的缺失；其四，利于古典诗歌的发展改造。"对这四条，杨子才一一作了具体阐释，认为自己在耄耋之年还劳心焦思，完成此书，很有必要。他还在《八大家诗醇》前言中说："我们中华民族有两大文化工程——历代连绵不绝的史书撰著与诗歌创作，这是举世望尘莫及的。珍惜和传播这两大历史文化遗产，是国人的共同责任，也是固本强国之所必须。"

讲动力，似不应回避功利。毋庸讳言，"杨氏抄本"和杨子才的其他著述，都不是时下的畅销书，无利可图。不仅"著书皆为稻粱谋"无从谈起，就连出版都困难重重。知道内情的同志说，为了"杨氏抄本"能出版，杨子才不得不求人托情，不得不放弃稿费。他"除获得或多或少的赠书外，没有拿到一分钱"。有老同志开玩笑揶揄他"傻干"时，他却说："这是历代或一个时代的古典诗歌集，是时代的一份记忆，具有特定的文学价值，对当代有益，对后代有用。能做这事是人生的一大快事、幸事，我于愿已足。"杨子才的"忘我"之举令人尊敬，正如他的同事前驱赠诗所言："纵使劳心霜染鬓，流传万代永尊君。"

## 作品选编

## 草原铁流

杨子才（1930—　　）

　　一个秋风萧瑟、牧草枯黄的季节，八连奉命到藏西北草原上执行巡逻任务。战士们背上一周的给养，高唱着"向前！向前！向前……"的军歌，由东方向西北，进入了草原。多么辽阔呵！即使是草原生、草原长的牧人，也会因为它的幽深辽远而迷失路径，历史上最详尽的军事地图，充其量也只能给大致的参考作用，这里根本就没有什么人类踩踏出来的道路。八连进入草原，四顾莽莽，天盖草，草连天。抬头看去，天空显得出奇地低矮，人宛如置身在一口反扣的大锅里，太阳低得像悬挂在两头接地的一条弧线上，似乎用步枪就能够打到它。连长杨树明走在前面，不时停下来，参考着地图，核对那些高原湖沼和稀少的丘陵，辨认方位。由于地图和实际地形差异大而且多，越深入草原，他面色越严肃，心事越沉重。一天，他们来到了一个又宽又深的高原湖边。由于认出了所处的位置，又加上湖光水色，杨连长的脸色豁然开朗了。这儿离和另一只巡逻分队会师、可以取得补给的地点已经相距不远了。指挥员的兴奋情绪迅速传到了每一个人身上，全连都沉醉在欢乐之中了。

　　在湖边经过休息，连队继续前进。不幸的事情出现了！入夜以后，正当战士们憧憬着和兄弟分队会师的欢乐，噙着微笑进入梦乡的时候，天气突变，阴云陡合，一会儿工夫就密密层层覆盖了草原，接着狂风呼啸，一场大雪降临了。一夜之间，无尽的雪花使千里草原变成了一块望不到边的白绫，除了头顶的天空以外，一切自然景物都失去了本来面目。什么也辨不清了。干部们急忙拿出地图，但可供判定位置的景物全然分不清，前进路线也无法判别了。他们就靠着完成任务的坚定信念，靠着一枚小小的指北针，踏着茫茫雪层，判别着方向继续前进了。但雪原无边，景物不辨，他们终于迷失路途了。连着走了两天，不但没有与那支巡逻分队相遇，而且越走越远了。谁知道他们在哪儿呢？

迷失路途，对于经常在草原上活动的八连来说，已经习以为常了。但严重的是，他们的粮食袋子空了。这天，连里就叫大家做稀饭吃。第二天，稀饭做不成了，就把仅有的一点点粮食熬成一锅稀汤，米少水多，稀汤能照见人影。喝了稀汤，连队又出发。因为只有走，才有获得补给的希望。第三天，每条米袋、面袋都翻过来，指定做事精细的战士用牙刷细细密密地刷过了，做出来的稀汤除了还多少有点米面味道以外，已经见不着什么米粒了。

完全断粮了。

人饿得心慌，连里要用剩下的一点盐巴熬一锅盐水，大家分着喝。两天后，盐光了，盐水也喝不成了。

连队仍然没有停止前进。人们虽然信念坚定，但步伐越来越缓慢。碰见坑凹里有积水，也不管清浑，一些人就舀一缸子灌下去。凉水很快就变做冷汗冒出来，人越加发虚。情况是严重了。党支部召集党员开了会，支书、指导员邓玉清说："我们连队现在个个都身体虚弱，但我们的意志是坚强的。我们的党员过去都经过不止一次的考验，这次也应该而且一定会经得起考验。"说完，他和副书记、连长杨树明首先接下身体弱的战士的枪支、背包，前前后后鼓舞战士。党员们也都行动起来，提出口号："前进一步，困难就后退一步！"在干部和党员的鼓舞带动下，连队在当天顺利到达了宿营地。

连队领导上清醒地估计到，同志们信心是坚定的，但情况是严重的。错过了与兄弟分队会合的日期，现在就是能走到那个地点，他们也已经开拔了，就是说取得补给的可能性已经很小了；何况现在还在迷路，只能判别着大致的方向前进。

党支委会召开了紧急会议。支委们根据过去在草原活动的经验，指出唯一能够生存下去的希望就是打猎。

部队停下来，向水草茂密的地方搜寻野兽的踪迹。果然，战士们发现了干野马粪。这是一个使人异常振奋的好消息！三排长张维浩和班长陈广贵搜索出去十五里远，终于发现了一群野马〔注〕！他俩惊喜得小声叫了起来，一点数，有七匹。他俩迅速靠近，卧倒，尽大力止住因过度兴奋而剧烈跳动的心，瞄准，射击。一阵枪响，一匹野马蹦跳了几下，就扑倒在地了。其余的6匹，四蹄腾空，飞奔而去了。打倒一匹也是好的。他俩奔跑上去。这是一匹黄色公马，又大又肥，足有二三百斤。他俩欢喜得很，想动手拖它。哪里拖得动！好几天粒米未进，人已经没有气力了。回连报告，连首长就决定把全连开到猎获物身边宿营，就近煮马肉吃。

这匹马出了一百五十多斤净肉，战士们不敢吃得过饱，省着吃。第二天边前进边打猎，但没有收获。第三天仍然没有收获。部队便停下来，部分人休息，免得消耗体力，其余的分做三组去打猎。但一整天过去了，没有发现一匹野物，三个组都空手而回了。人们很窝火，准备继续挨饿了。

太阳坠下草原，晚霞渐渐消失，突然一片欢呼声响了起来："野马！野马！"原来一匹野马从营地的东南方没头没脑地撞了过来。连长立即命令全连最好的机枪射手辜文全："快！给我百分之百地完成任务！"辜文全飞快地把重机枪口对向奔来的野马，只一个单发，子弹就从野马的前胸穿入，野马应声倒地了。战士们欢呼着奔上去，七手八脚抬回来，宰割了一百多斤净肉。

连着几天都有所捕获，情况是暂时缓和了。

然而新的情况又发生了。战士们连着吃没盐味的白水煮马肉，头一顿还觉得甜丝丝肥腻腻的，但连吃几顿，嘴里发腥，肚子里又烧又胀。后来，有的人见了马肉就恶心，呕吐；接着是肚子拉稀，越拉越厉害，有的人都便血了。

呕吐、腹泻虽然叫人恼火，但是过了几天，连这种"福气"也没有了。情况又恶化了。连队能打到的野兽一天比一天稀少。战士们又挨饿了。人们在饥饿中极力搜索，费了一整天只打到了一只不大的野羊。剥了皮，只有三十来斤肉。全连一百几十号人，就靠这只小野羊充饥。三排各班把分得的肉切成小块，加了大量的水，熬成一锅肉汤。战士们把

杨子才（1930—　）

105

连长、指导员请来，要他们一齐吃。连长不吃，他声音沉重地说："同志们，你们背的装备多，任务重，你们应该多吃点！"战士们不答应他，说他不先吃，他们就谁也不动筷子。连长没法，才盛了一碗汤。战士们又要指导员吃。他却只顾去夺战士们的碗，要给他们盛肉吃。有几个战士急得流眼泪了，齐声说："连长，指导员！你们不吃，饿垮了，全连的担子谁来挑呢？你们要为全连着想呀！……"指导员喉咙梗塞，说不出话来，含着泪接起战士递过来的一碗肉汤。

战士们动手吃了，每个人只从上面盛一碗汤，故意慢慢地喝着，谁也不捞锅底的羊肉吃。排长张维浩看见了，就要各班长督促班里的战士盛肉吃。班长喊到哪个战士，哪个都回答："我碗底下全是肉。"他们一面回答，一面把自己的碗藏到身后，或用手掌遮盖着。吃到后来，一锅汤都喝完了，肉还在锅底下。班长、排长急了，便下了命令："挨个来！都要吃肉！"但每个人还是捞得少，嚼得慢，一片肉吃老半天。

这三十来斤的小野羊吃完以后，连队进入了断粮的第十四天。以后连着来的三天是最困难的日子。战士们拖着疲累的身子，跑遍了远近水草丰盛的区域，任何野兽的踪迹也没有寻觅到；一个个身体虚弱，生命受到了威胁。连队已经停止前进。最严峻的考验来临了。

这当儿，八连战士们所日夜想念的各级首长，十几天来一直在想方设法寻找他们。领导机关曾经请空军派出飞机，飞临草原上空寻找这支铁的连队。一连飞了两次，从东到西，盘旋低回，耗尽了油料，也没有发现八连的踪影。

八连的战士们在饥饿之中，又是多么地想念首长，想念兄弟连队的战友啊！这种强烈的思念给他们带来了强大力量："半个来月都度过了，一定要坚持下去！一定能坚持下去！要按既定方位前进，走出草原，投到首长和战友的怀抱里！"

怀着这种信念，党支委会召开了非常会议，决定：唯一途径还是继续打猎。方法是把党员、干部全都编组起来，战士只让身体还硬朗的参加，由连长杨树明指挥，到更远更深的草泽中围猎。在捕获到新的猎物前，全连要学习老红军的榜样，有啥能吃的东西都用来充饥，坚决战胜饥饿和困难。干部到各班作了清理，收拢了剩下来的三张野马皮、四张野羊皮，统一分给各排，作为眼下的口粮。连长杨树明率领的打猎队伍，在全连渡过了最饥饿的三天，他们也耗尽了全部力气以后，终于发现了野马群。经过一阵准确的射击，获得了断粮以来最好的围猎成绩：一次打到七匹野马。全连的生命终于得救了！他们胜利归建的信心也更高涨了。正在这时，上级第三次命令飞机飞临草原上空，终于在他们断粮的第十九天，发现了他们。听见了飞机声，全连都欢呼起来。飞机在他们头上盘旋，向他们致敬。这时，这些天来从不轻易掉下一滴眼泪的钢铁战士们，一个个都热泪滚涌，哭出声来了。他们从心底感受到党和上级的关怀的巨大力量。第三天，飞机给他们带来了粮食、白糖、香烟、罐头，还有一捆书信。空军某场站党委和全体指导员在慰问信中赞扬说："你们是党和毛主席所教养出来的钢铁队伍，你们每个人都是毛主席的好战士！"

　　八连得到了补给，胜利走出了草原。他们的事迹受到了领导机关的表彰，成为高原上军民传颂的佳话。

（原载《解放军报》1963年6月14日）

〔注〕这事情是发生在1959年。1962年10月国务院已有规定：野马是稀有动物，严禁捕猎；如有特殊需要，必须呈请批准才能猎取。

杨子才（1930—　）

评析：

　　这篇通讯发表于1963年的《解放军报》，记叙了1959年八连在平叛战斗中因大风雪迷路，断粮19天，全连120人靠钢铁般的意志与亲如手足的团结，胜利走出绝境的感人事迹，文风朴实，情感细腻真切。

　　《草原铁流》是杨子才先生一生中唯一未作记录的一次采访后写下的作品，还获得了总政颁发的创作奖。杨子才先生通过对环境、人物语言、特写、群像描写等生动形象地再现了八连在草原上迷路断粮19天，连长杨树明带着全连120人走出草原的艰苦历程，彰显了战士们面临困境时坚韧的意志和团结一心的品质，突出了党员干部领导力量的重要性，以及党和国家对每一位战士、每一支队伍的重视，它的发表极大地鼓舞军心士气。

杨子才先生在写作上进行多次转折，在转折中凸显了党支委的重要作用。党支委在关键时刻召开紧急会议，做出部署，带领连队脱离危险，并提出"前进一步，困难就后退一步"这一振奋人心的口号。场景描写上，杨子才先生着重描绘了战士、连长、指导员之间互相谦让，都不肯吃数量不多的羊肉，最后互相夺碗让战友吃肉的场景，情真意切，感人至深。

杨子才先生的这篇通讯深刻体现了真正好的新闻通讯、真正打动人的新闻故事需要的就是真实，真实的故事和感情不需要刻意刻画就可以做到足够动人。

## 三更灯火五更鸡

### ——关于自学的通讯

××同志：

来信要我谈谈在实际工作中怎么搞好自学。我长期做新闻工作，人生苦短，去日苦多，如今年过六十，"老马犹未识途"，学无专精，惭愧得很。要我谈在实际工作中怎么搞好自学，没有资格。我只能回头把自己在弯道上寻觅的脚印，捡上几个奉献于你，也许有点参考作用。

### （一）

前人曾有副对联，讲到人生在世，文章应像"二月杏花八月桂"一样美好，而成功的奥秘在于"三更灯火五更鸡"。这个话我是信的。我的文章从未达到"二月杏花八月桂"般美好，但这"三更灯火五更鸡"般勤学，多年来倒是实行了的。勤学而文章无秀色，大概是愚笨使然。我的自学习惯是少年时就养成的。那时国破家亡，我只念到初中一年半就失学，扛起了枪杆。有道是"少壮不努力，老大徒伤悲"。我不甘于无知无识，老大伤悲，于是就自学。天天行军作战，但我除了枪支、干粮之外，宁可不要其他物品，也要背着几本书，一歇下来就看。几年间转战白山黑水，后来又从东北打到两广，我的双脚丈量了中国从北到南的土地，也一路看了《毛泽东选集》（东北版）及《八月的乡村》、《生死场》、《毁灭》等不少小说。读书多少倒在其次，重要的是它锻炼我在烽火连天之际，万里征战之中，也能把自学坚持下来，读书成了习惯。有了这段经历做底子，全国解放之后，时间更多了，我有了钱就买书读，别无所好。我的存书中有不少线装书，就是在五十年代初最便宜时买下的。五十年代后期我当了记者，一年到头东奔西走，塞北江南，静不下来，我仍是随身带上几本书，候车室、火车里、飞机上，都成了我的读书场所。乘长途汽车、徒步行走不能阅读，我就背诵古典诗词和古代散文。这样日积月累，诗词背了几百首，散文背了几十篇。这背书，对我写东西颇有好处，秉笔在手，这些背过的东西，会在需要运用时自动蹦出来，方便无比。

　　一些人处于顺境能够自学，处于逆境便心灰意懒，不学了。我这个人生得贱，一向对生死去留并不那么看得重，所以在身处逆境之时，往往心地坦然，除劳动与写"交代材料"之外，能把更多的空闲时间应用起来，因而书也读得更认真了。"文化大革命"中，"四人帮"及其帮凶迫害我达七年之久，洗厕所、修地球，这些我都不以为苦，苦的是有几年他们限制我看书。我被允许看的只有马列和毛泽东著作，而我所能得到的几本马列和一套毛选，又是早已读过了的，于是我就改初读为精读，摘抄主要观点。而对毛泽东的哲学著作，除反复精读之外，我还结合练毛笔字，用蝇头小楷从头写到尾，并熟记了其中的主要哲学观点。世界上真是无绝对的好事，也无绝对的坏事。受迫害，却使我或多或少弥补了过去疏于学马列所犯的错误，学到了一些基本理论。而这，又恰恰是我在后期新闻实践中像对布、帛、粟、菽一样不可以须臾离开的。

杨子才 (1930—  )

# （二）

　　我从青年时起就爱看文学书，除读过当时能搜罗到的一些外国文学名著之外，读得最多的是中国古典文学，诗词、戏曲、小说、笔记、散文，及至神狐鬼怪故事，从先秦到清代，曾广为涉猎，狼吞虎咽，实在看了不少。

　　我之所以多看文学书，特别是多看中国的古典文学，是因为我认为中国是一个文学的国度，"言而无文，行之不远"。凡是弄笔的中国人，不管你写哪方面的东西，若无文彩，那就没有多少人要看，更不能流传久远。在这方面，我们有几千年的深厚传统。孔孟之书讲社会伦理，文笔若天章云锦；老庄之书谈哲学，篇篇流光溢彩，很有文学性；司马迁的历史著作，是"无韵之《离骚》"，诸多列传更是不朽的传记文学；就连孙武、吴起讲军事学的《孙吴兵法》，以及郦道元讲地理学的《水经注》，也都文采昭然，有相当高的文学性。你在中国要写东西，尤其是写新闻，你的作品要有人看，你怎能不读些文学书，使自己具有一定文学素养呢？再说，世界上弄笔是难事，在中国弄笔就更难。金代诗人元好问有句云："万古骚人呕肺肝，乾坤清气得来难。"历代骚人墨客呕心沥血几千年，使我国典籍中的文字表现技巧达到了世界多数国家难以企及的高度。"海内文章在公等，不可空老道途间。"我们作为中国人，不能作不肖子孙，应该无愧于前人，也无愧于后人。为此，就得继承与发展。要继承，对古典文学就不能绕开走。

　　其实，"山成由一篑，崇积始微尘。"古典文学读得多些，对写文章颇有助益。我在做新闻工作的头二十几年，各种新闻写作形式都尝试过，唯独未写杂文，认为它难度较大。这些年因为读书日多，觉得放弃杂文这种形式，等于少了一种方便锐利的短兵器，于是就学着写。天地四方，古今中外，三教九流，无所不谈。写作之际，正像宋人词句中所说的："有山川草木，纵横纸上，虫鱼鸟兽，飞动笔端"，于是乎一发而不可收拾，数年间居然集了几本。

中·国·名·记·者

## （三）

　　我已进入老年，正如唐人杜荀鹤说的："鬓白只因秋炼句，眼昏多为夜抄书。"我虽然眼花头白，但于书本还是放不下。不过这些年来，我的兴趣更多转向读史。年轻时，我读了《史记》《资治通鉴》等史学名著，自觉获益匪浅。后因学的东西多，读史就放下了。前几年忽然心生感慨："生而为中国人，对中国的第一部大书——《二十五史》却未读过，将来到了九泉之下，何颜见祖宗？"于是又发一愿，有生之日，把《二十五史》通读一遍，哪怕一般浏览也好。此愿一发，便从1988年起开始读史。那办法，是床头一本，案头一本，夜班办公桌上一本，看稿改稿之余，哪怕只有十分八分钟，也读上几行，这样积少成多，几年来居然读完了《二十五史》的前十七史，目前正读《旧五代史》。大约再过三四年，这部书即可读完。它丰富无比，是个大宝藏。

　　我之所以在垂暮之年还用力读史，是因为在新闻实践中日益感受到"温故知新"的重要。历史是一个割不断的连续系列。不了解中国的昨天，就难以真正懂得中国的今天，看清中国的明天。我们不能像动乱"精英"们那样，采取民族虚无主义的态度，把中国的昨天看得一无是处，连"盘古龙"也当破烂扔掉，而用所谓"蓝色文明"取代中国的传统文化。我们必须承前启后，弃其糟粕，取其精华，继承我们民族灿烂优秀的文化传统，建设有中国特色的社会主义物质文明和精神文明。而要承前启后，就得学习。所以，读史是必不可少的。我的儿子也在一家报社当编辑，我不希望像他这样初出茅庐的年轻新闻工作者，都像我这样去从头啃《二十五史》，因为他们需要看的东西很多，特别是需要多学科学技术知识。但是，在自学中挤时间多少读点史书，却又是不可或缺的。一点史书不读，连"传君换国若传邮"的"梁唐晋汉周"如何转换、为何动乱也搞不清，而又要做新闻工作，宣传长治久安等等，这活儿委实是干不下去的。

　　拉杂写来，我已把我的自学情况、认识及方法大概都说到了。当然，我还看了大量杂书，因其内容太杂，三言五语也交代不清，所以就

杨子才（1930—　）

不说了。不过看点杂书，对拓宽知识面大有好处。

古人说："朝闻道，夕死可矣。"人生学习和探索的路没有尽头。一息尚存，我就将学习。青山夕照里，白发渡学海，我乐此不疲。

话虽然尚未说完，但此文已经不短，再长，就没人要看了，我必须就此打住。

末了，愿你勤自学，多读书。

（原载《紫光阁》杂志 1996 年第 8 期；选自《将军文化典藏·散文卷》之《杨子才·散文卷》，长征出版社 2019 年版）

评析：

"三更灯火五更鸡，正是男儿读书时。"标题鲜明地点明了整个文章的主题。杨子才先生谈到自己从少年时就养成了这习惯。当时处于动乱的年代，读书就是个奢望。但他不甘于无知无识，除了枪和食物，就只剩下书了。而读书，则是当时唯一能保持"学如才识，不日进，则日退"的方法了。

文章用了朴实的文字展现了富有深意且值得人深思的自学方法，而且并不是毫无根据的客套术语，是一段一段经历后所获得的经验之谈。文章分为三部分，少年时的"书山有路勤为径，学海无涯苦作舟"，青年时的"一日不读口生，一日不写手生"，老年时的"老骥伏枥，志在千里"。

为了更清楚阐述自学的方法，杨子才先生把自己过去的亲身经历、实践、认识都井井有条地一一述说了出来，升华了整篇文章，并不是一味枯燥地只讲如何自学的一些术语，将那些晦涩难懂的大道理转化成质朴的文字，更加亲切自然，读起来也更加的受益匪浅。简单易懂且令人流连忘返。

"外物之味，久则可厌；读书之味，愈久愈深"，杨子才先生以自身为例子，自己将读书当作生活中必不可缺的重要东西。讲明了自学，并不是一朝一夕能完成的，需一息尚存时，也要学习。为后人提供了自己的经验、方法，让更多的人了解读书的重要性。

（编撰：刘书忱　邱悦彤　王哲　石李嵩）

新中国体育解说的奠基人 **张之** （1930—2001）

张之（1930—2001） 中央人民广播电台高级记者、体育节目主持人。1948 年参加革命，1949 年在华东新华广播电台任播音员。1951 年在上海转播了新中国成立后的第一场篮球比赛实况。从业四十多年间，在三十多个国家实况转播了三百多场各类体育比赛。1985 年成为中国第一批高级记者，获得国务院颁发的突出贡献奖，之后获中国广播电视学会颁发的"金话筒奖"、体育播音"特殊贡献奖"。为中国体育实况转播做了开拓性的工作，并培养了第二、三代体育广播员。

# 新中国体育解说的奠基人

张之，中央人民广播电台高级记者、体育节目主持人。1948 年作为大学生青年知识分子参加革命，新中国成立之初，任华东新华广播电台播音员。1951 年在上海转播了新中国成立后的第一场篮球比赛实况。1953 年 1 月调中央人民广播台至 1991 年离休。1985 年成为我国第一批高级记者，获得国务院颁发的突出贡献奖，之后获中国广播电视学会颁发的"金话筒奖"、体育播音"特殊贡献奖"。

## 弃医从文　先声夺人

1948 年，18 岁的张之到山东大学医学院求学，心怀天下，希望悬壶济世。然而认识到医身不可医心之后，张之很快意识到学医并非自己的终极追求。当时，人民解放军和游击队在胶东一带非常活跃，张之被解放区的热烈气氛感染，报名进入华东师大学习政治课程。后来张之随军到了济南，分配到华东新华广播电台当播音员，用声音向敌人传递愤怒、向战友传递激情，从此开启了张之一生的声音之旅。

如果说弃医从文是张之打开话筒的第一步，那么他对上海群众大游行的实况广播则是他在广播界发出的引人入胜的第一声。1949 年 10 月 1 日，为庆祝中华人民共和国成立，上海组织了大游行，上海电台决定让张之对群众游行现场进行实况广播。张之串胡同、跑工厂、访学校，去到各个游行队伍收集素材，写了几十页的广播稿。游行当天，游行队伍沿着外滩与南京路或急或徐地前行，张之摸不准游行队伍的速度，广播稿与游行队伍总是不合拍。正当着急之时，一旁的领导提醒张之不要乱了阵脚，对不上稿子的时候就根据游行队伍的情况实时解说，不用拘泥于稿子。张之的目光从黑白的稿子挪向彩旗飘扬的人群，解说一下就生动起来，两个多小时很快过去了，张之手心捏了一把汗，但是这场生动、热闹的实况广播让上海市民记住了这位能把听众带到现场的播音员。

张 之 （1930—2001）

## 体育解说　初次成功

　　1950 年 1 月 8 日，作为新中国成立后的首个访华运动队，苏联男子篮球队同上海学联队进行友谊比赛。然而上海静安体育馆的看台几百人的容量根本无法满足广大体育爱好者的需求，比赛的门票早就一抢而空。难饱眼福的观众却意外饱了耳福。有人向电台建议，像广播庆祝新中国成立大游行一样广播篮球赛。时任上海人民广播电台副台长的苗立沈听到听众的建议认为不错，经过研究决定现场转播这场篮球赛。张之高中与大学都是篮球队的，懂球又有解说的底子。于是，这个机会就落到了张之身上。

　　解说篮球比赛不仅要有快速反应的能力，还要有专业的技战术知识，张之压力不小，于是上海电台邀请了电影演员陈述给张之搭档。陈述爱打球，说话风趣知识面又广，这给张之吃了一颗定心丸。

　　在中苏篮球比赛的实况广播中，张之负责介绍两个队的技战术，陈述则负责介绍现场的比赛氛围。解说时，张之妙语连珠，把突破上篮说成"单枪匹马杀入重围"，把勾手投篮说成"回头望月"，把比分互相增长说成"犬牙交错"。场馆内比赛如火如荼，场馆外百来号没买到票的人站在体育馆的大喇叭广播前，也拍手称快，仿佛就坐在看台上。新中国这第一场球赛转播，受到了听众的热烈欢迎。从此，急缓相当、口若悬河、绘声绘色、趣味横生的体育解说使张之这个名字很快便在广大听众特别是体育爱好者中家喻户晓。

第一次体育比赛转播成功的消息很快传到了北京，1953年，张之调入中央人民广播电台，从此开启了持续一生的体育实况解说之路。

## 去粗取精　摸索前行

张之点起了体育解说的第一把火，更为之添柴加薪，并为此付出了一生的热情。每次的解说任务前，他都要到运动队采访或看训练多次，了解各队的打法，队员身高、体重、技术特点和绝招，并在心中熟记。除了做好充足的准备工作，体育解说还需要有快速反应能力。南京路上车来人往，张之经常站在上海人民广播电台楼顶，俯瞰南京路练习解说，人物形态、周边环境、天气情况都变成张之嘴中流出的生动话语。后来张之调到中央人民广播电台后依旧保持着这个习惯，只不过把曾经的南京路换成了长安街。他甚至随时都能进入解说状态，大街上看到路人对话或看到一个橱窗、一张宣传画，张之就开始进行声音的"写生"与"白描"。为了提高语言表达能力，张之练顺口溜，学唱单弦，学人艺话剧演员和北京京剧团京剧演员的吐字归音方法。他勤学苦练，掌握了发声吐气的方式，习得一副解说几小时不哑的好嗓子。他还能说山东快书《武松打虎》，会唱西河大鼓《玲珑塔》。

一个优秀的广播人不会只在自己业务的小圈内埋头，思想与修养是张之耕耘的另一个方面。床头、餐桌，家里随手可及之处都放着书。看《琵琶行》，学习白居易的白描；看老舍的剧本，学习他三两笔让人物跃然纸上的精练语言；看四大名著，看古诗词引经据典、巧用故事，成为张之解说的一大特色。比如张之曾这样解说："中锋史万春用越过对方头顶的妙传，把球送到禁区空档，左边锋丛者余单刀直入飞步赶上抬腿猛射，球像炮弹出膛，对方守门员来不及扑救，球已经飞进网窝。"他还曾把运动员不失时机冲进禁区形容为："他单枪匹马冲入重围，好像长坂坡前的赵子龙。"

张之还特别注意运用群众熟悉的现代生活来解说比赛。比如，一个足球后卫的头球好，说"他有很好的防空本领"。形容两米多高的篮球中锋扣篮时说："他像建筑工地上吊车作业，一转身把球扣进篮筐。"把乒乓球运动员发了一个旋转球解说为："他发的球像一缕轻烟飘到对方的球台上。"

## 语言功夫　十年一剑

经过 10 年的刻苦钻研和磨炼，张之的解说可以说是炉火纯青，语言、思维、情绪无一不到位。1961 年，张之解说的在北京举行的第 26 届世界乒乓球锦标赛，是其广播生涯中浓墨重彩的一笔。

张之实况解说了八场比赛。每一次赛前，他都按照他的惯例，对球队、运动员进行全方位的了解，并把采访和收集的信息熟记于心。解说时，更是信手拈来，对每位运动员如数家珍。其中，张之对中国男队首次获团体冠军的几名运动员的解说就成为一代经典，深入听众的心中。比如，张之说张燮林："他像魔术师那样，用一个海底捞月把球救了起来，小白球像柳絮轻飘飘地落到了对方的台子上！"形容李富荣："像一只下山的小老虎，攻出的球使对方很难招架。"最经典的是徐寅生与日本星野之间的十二大板。张之对每一板的解说都让收音机前的听众如临现场，一个个都是忐忑不已。连毛主席听了转播后都说："不错，广播好紧张，让人听得心都快跳出来了。"

張 之 (1930—2001)

117

## 风格既立　桃李成蹊

　　勤学苦练与多年实践成就了张之卓越的解说风格，然而更可贵的是张之的奋斗不是单纯的个人成长，伴随他的是整个体育解说行业的成熟。张之开拓了体育解说，也为体育解说定下了很多基本范式。

　　张之曾说："球赛解说不仅要学会使用形象化的语言，更要注意解说的真实性，因为它属于新闻性报道，不是文艺创作，事实是第一性的，不能信口开河。"这界定了解说的本质。体育解说的本质是新闻性报道，要讲究客观、公正与平衡。这意味着解说时要隐去个人喜恶，避免倾向；也要追求语言艺术与客观事实的有机统一，尽量客观。

　　此外，体育解说又具有一定的特殊性。体育本身没有政治性，但从事解说的媒体人员是有政治性和引导性的。因此，作为解说人员，要有作为媒体工作者的政治素养。尤其是在国际比赛中，要把握好解说的分寸，"客观公正，适度倾向"。"适度倾向"是指中国运动员在比赛中表现出来的顽强精神或发挥的高超技术，解说时情绪可以活跃些但不能贬低外国运动员。这个原则成为张之和中央台几代解说员的解说准则。

　　此外，张之还培养了第二、三代的优秀体育广播员。1976年唐山大地震让张之先患上了高血压，不久又得了脑血栓，语言功能开始发生障碍，但张之依旧在体育解说事业上鞠躬尽瘁。曾经的享誉全国张之全然没有放在心上，他不摆架子、不耍脾气，为年轻的广播员带来了春风一样的事业滋养。宋世雄就是张之的一位优秀学生，从他初入体育转播大门的那一天起，张之就像父亲一样关心他的成长，业务上指导他，生活上关心他。

　　张之是新中国成立之后第一个真正意义上的体育解说员，是体育解说的奠基人。从1950年1月8日在上海进行的新中国成立后第一场体育比赛实况解说开始，直到1991年离休，张之一共做了三百多场国内外体育比赛的实况解说。他的解说，声音圆润、语言丰富、修辞得当、张弛有度。40年来，他上下求索，在一片荒野中探出了一条愈渐宽阔的体育解说之路，即使在身患语言功能障碍的病痛之下依旧鞠躬尽瘁。前无古人，后有来者。张之的广播人生，是每个体育解说话筒的坚实底座。

## 作品选编

张　之（1930—2001）

### 球赛实况转播札记

体育报道是当今世界各国报刊广播宣传中的热门，它吸引着大量的体育爱好者。

近一年来，随着第四届全国运动会的召开和国际奥林匹克委员会恢复了我国在这个组织的合法地位，我国体育界出现了竞赛活动的热潮，中华体育健儿怀着"冲出亚洲""走向世界"的雄心壮志，在许多场国际比赛中取得新胜利、创造了新纪录。广大听众和电视观众纷纷要求多转播一些体育比赛的实况。看来逐步增加这方面的报道是必然发展趋势。

最近我收到一些电台、电视台同志的来信，希望一起研究关于体育比赛实况广播的业务问题，我写了这篇札记，抛砖引玉。

### 最初的尝试

什么是体育比赛实况广播，过去我不清楚，但是，一次偶然的机会把这项任务落在我的身上。

**作品原载版面**

解放初期我在上海台工作。1950 年，苏联男子篮球队到上海访问，这是新中国成立后第一个来我国访问的外国运动队，而且技术水平相当高，球票很快销售一空。有些听众打电话给上海台，提出电台有国庆游行的实况广播，有戏曲演出的实况广播，能不能搞一场篮球比赛的实况广播。

为了满足听众的要求，上海台领导决定让我和陈述同志进行试验性广播。陈述是上影厂的著名演员，他在"渡江侦察记"中扮演敌情报处长，给观众留下了深刻印象。解放初期，他在上海台办一个"邮政常识"节目，他有口才，讲话生动，听众爱听他广播。他喜欢游泳、跳水，只是对篮球不太懂。我当时是上海台的播音员，转播过国庆游行实况和歌舞演出实况，在学校喜欢打篮球。我俩合作转播篮球比赛实况，只有一天的准备时间，可以说是仓促上阵。连两方上场队员的姓名也只有少数能叫上来。陈述对篮球规则不太懂，但是他敢讲，有时候讲得很有趣。就这样我偏重讲技术，他偏重烘托场上的气氛。对这次尝试我心里直打鼓，不知反应如何。但出乎预料，它受到听众的欢迎，他们说听清楚了比赛的情况，感受到了比赛场上的紧张气氛，而且很有兴趣地一直收听到比赛结束，他们建议以后还搞这种节目。

这次试验使我感到：球赛实况广播，能够充分发挥广播报道快速、使用语言和现场音响的特点，如果讲解得好，可以使听众产生如临其境的感觉。这就需要研究一个新课题：球赛是给人看的，但是球赛实况广播是供人听的，在我们讲解一场比赛的时候，除了应熟悉双方队员，比赛规则和战术以外，还必须启发活跃听众的想象力，使完全凭着听觉来了解比赛的听众在脑海里出现比赛的画面，有在场上看比赛的实感。这确实有许多值得研究的问题。

当时我和体育比赛接触的机会不多，但是转播歌舞节目也需要我练习口头报道。我就开始练口头"写生"。上海台在外滩附近，我站在大楼阳台上面对外滩来往的车辆行人，黄浦江进出的大小船只，用语言把它描绘出来，有时对着一幅油画、一幅剧照，学着进行口头描写，逐渐培养了看见什么就能张口讲出什么的能力。

1951 年中央台约我到北京广播全国篮排球比赛大会的实况，使我受到很大鼓舞。在比赛大会期间，转播了三场篮球比赛。我认识了许多全国闻名的篮球教练员和运动员，看了他们平时练球的情况，也参加了他们的赛前准备会，从教练员那里了解了队员的特点和绝招，采访到他们平时勤学苦练的动人事迹，并和一些运动员交了朋友。这样我在比赛开始以前就熟悉了几个强队的主力队员，了解了每个队的打法和战术，因此在解说比赛的时候就感到信心比较足，出现的差错比较少，也能够在紧张的比赛当中穿插一些轻松幽默的花絮。但是当时明显的不足之处，就是有时解说的速度跟不上现场，再有就是解说的词汇不丰富，甚至搜索枯肠，找不到恰当的词儿，这都是需要很快解决的课题。

张 之 (1930—2001)

## 借鉴和磨炼

过去上中学的时候，我喜欢戏剧、曲艺，还几次登台演出。兴致浓的时候，经常在清早到公园或护城河边看演员练嗓子，自己也学着练。在我练习广播球赛遇到困难的时候，也想到从戏剧、曲艺方面找借鉴。

为了提高解说的速度，我除了在看篮球比赛时练习快速讲以外，还经常快速读报，学绕口令、学山东快书"武松打虎"，学唱西河大鼓"玲珑塔"，几乎每天早晨都要练上几段，甚至走在马路上也不停地念叨，好像入了魔。这样苦练了一年，解说速度明显提高。一九五二年，在我转播"八一"男篮和波兰队比赛时，解说完全跟上了"八一"队快攻的速度。

为了使球赛的解说不落在后面，除了要提高讲解速度以外，还要学会使用简练的语言。侯宝林有一段讲各地方言的相声，讲兄弟两个半夜上厕所的问答。只四句话，讲话啰嗦的能说一百多字，说得简练则只四个字就够了。这段相声是夸张的，但他讲的事实很值得研究。要使解说及时赶上，有时用词简练比讲得快更受听众欢迎，因为说得太快了听众听不清，感到累。前些年，"八一"篮球队在进攻的时候，队员经常采用急停跳起，双手头上投篮，这个动作讲起来费事，后来运动员创造了一个简练的词，叫作"砸眼"。这个比较形象，从上往下扔东西叫砸，把篮球筐比作泉眼，很好理解。我们就把"砸眼"这个词先向群众解释清楚，然后把它作为经常使用的词汇。我经常使用的词像"边锋沉底传中""带空打门""快板球""四十五度角切入上篮"，等等。这些都比较简练，而且形象化，比使用拖泥带水的词儿节省时间，更容易受到听众欢迎。

解说球赛，不但需要反应敏捷，速度快，而且需要口齿伶俐，音声清脆。运动场上人声嘈杂，特别是遇到运动员有精彩表演、进球得分时，群众情绪沸腾，热闹得很，要想使听众听清解说，需要用清脆高昂的声音。

为了使声音清脆，就要练习咬字清楚，吐字有力。过去，我喜欢看京剧名武生杨小楼的戏，梅兰芳和杨小楼的唱片"霸王别姬"、杨小楼和郝寿臣的唱片"连环套"，我常听常学。杨小楼的武生道白铿锵有力，特别是他的"喷口"，字是从嘴里喷出来的，好像落在桌子上都能钉住一样。我就这样学发声，注意抑扬顿挫，学杨小楼有力的道白，学赵燕侠的发声吐字清楚。经过不断训练，使解说在人声鼎沸之中，也能听得清楚。

## 从文学中吸取营养

为了使体育广播做到生动有趣、引人入胜，还必须在语言方面下功夫，需要阅读古今中外的文学名著，从中吸取营养。

白居易的诗"琵琶行"给了我很大的启发。他用通俗优美的文字把在浔阳江边送别的环境、地点和人物介绍得鲜明如画。特别是那一段弹琵琶的描写，非常生动、形象。像"大弦嘈嘈如急雨，小弦切切如私语，嘈嘈切切错杂弹，大珠小珠落玉盘""银瓶乍破水浆进，铁骑突出刀枪鸣"，等等，想象力多丰富啊！我觉得要学习白居易白描手法，通俗易懂，不咬文嚼字，虽不浓艳，却很动人。更值得学习的是他用各种形象比喻描绘弹琵琶，把供人听的音乐，改换成供人看的文学诗句，使人读了永志不忘。我们完全可以借鉴这种手法，把供人看的球赛，用形象有趣的语言传达给听众，把他们引到特定的环境里，就像坐在体育馆里看比赛一样。

在我国古诗词中有不少用形象表现感情的描写，也可供球赛解说借鉴。比如对忧愁的形象，李煜有："问君能有几多愁？恰似一江春水向东流"；李清照有："只恐双溪舴艋舟，载不动许多愁"；贺铸更是用三个画面表现愁，他写道："问君闲愁都几许？一川烟草，满城风絮，梅子黄时雨。"人的喜怒哀乐都可以用画面表现出来，当然球场上的情况，也完全可以用形象化的语言表现出来，使听众的脑子里出现立体画面。

在实况广播中，有时我直接引用一些诗句，来丰富解说语言。如

张之（1930—2001）

123

用李白的诗句"一将当关，万夫莫开"来形容足球守门员的防守严密；用"黑云压城城欲摧"来形容足球场上的重兵压境；用"山重水复疑无路，柳暗花明又一村"，来形容场上战局的变化。我也注意使用群众熟悉的形象化的语言，把场上的情况交待清楚。譬如说："中国队中锋史万春用越过对方前卫头顶的妙传，把球送到禁区空档，边锋丛者余，单刀直入、飞步赶上，抬腿猛射，球像炮弹出膛，守门员来不及扑救，球已飞进网窝"，这种解说就比较简练、形象。为了掌握形象、生动的语言，也往往需要到日常生活中发掘。譬如篮球场上身高两米左右的运动员进行传球配合，我引用了建筑工程的语言来形容，说他们在进行"高空作业"，听众一听就懂，也感到很形象；在广播足球比赛时，形容一个后卫头球好，说他"有很好的防空本领"，听众也觉得生动有趣。

为了丰富实况广播的语言，我也试着从听众熟悉的我国古典小说"三国演义""水浒"和"西游记"中找借鉴。这几部著名小说中都有很多描绘得栩栩如生的战斗场面。我就用听众所熟悉的古典小说的情节，来形容比赛场上的形势。譬如把足球前锋冲进对方禁区，形容为他单枪匹马冲入重围，好像长坂坡前的赵子龙；讲一个运动员身体魁梧有力，说他好像有倒拔垂杨柳的劲头；对一个运动员一开球就连抽几板，我说他一上阵就使出了程咬金的迎面三板斧。这种描绘方法，听众觉得熟悉，也感到亲切。除了我国的古典文学外，外国著名作家的技巧，也值得学习。像巴尔扎克的人物描写，入木三分，应该引为楷模；像杰克伦敦的短篇小说《墨西哥人》里写的拳击场面，是很激动人心的。

为了学习生动的语言，我读了不少著名的语言大师老舍的著作，特别是他的剧本。他写的台词通俗、简练，生动有趣。《龙须沟》《骆驼祥子》里的对白，写得多好啊！他还善于用简短的出场台词交代出每个人物的精神面貌，像话剧"茶馆"的第一幕，出出进进二十多个人物，有些只有两三句台词，但是观众就可以从这两三句话中了解这个人物。为了学习这位语言大师在运用语言方面的高超技巧，我除了注意读他的剧本以外，还到剧院去看他剧作的演出，来加深我对使用语言的理解和印象。

# 在工作中总结经验教训

一九五五年夏天，中央台领导派我随中国体育代表团去华沙报道青年友谊运动会。在运动会的开幕式上举行了中波两国青年足球队的友谊比赛。我广播了这场比赛的实况。当时，还没有卫星传送技术，欧亚两洲相隔较远，广播是录在胶带上，通过航空发回北京播放。这是我们第一次从国外广播体育实况。

在这次运动会上，我们还把麦克风架在游泳池边，广播了游泳比赛实况。我国蛙泳能手穆祥雄在男子一百米蛙泳比赛当中获得了第二名。我在游泳池边介绍了各国选手你追我赶，互相争夺的情况。还转播了发奖仪式，邀请穆祥雄发表了简短的讲话，还录制了波兰观众向穆祥雄祝贺的盛况。回到广播中心，我马上把这一段实况复制出来，寄回国内广播。

张之 (1930—2001)

从一九五六年开始，中央台的体育实况广播节目增加了，几乎每个月都要广播一场比赛实况，而且广播的项目除足球、篮球、排球以外，又增加了乒乓球、游泳、举重和田径比赛。在试转举重比赛以后，我们感到举重当中空场的时间较多，需要多准备一些背景材料。有一次我们转播一场国际举重比赛，是从晚十点开始转播，预计转播半个小时。没想到这场比赛一直进行到午夜一点多钟才结束，由于事前背景材料准备得多，转播时倒没有出现冷场。我不敢设想有多少听众能听到结束，但事后却收到好几封来信，说他们兴致勃勃地听到比赛结束。听众这种热情，对我是很大的鼓舞。

我们试转过一次田径比赛，发现转播这个项目比较困难，因为场地比较分散。这里在跳高，那边百米起跑了，另一个地方正在掷铁饼，如果只有一个广播员是根本照顾不过来的，必须有三、四个解说员，赛前进行分工，在比赛时，根据场上进行的项目，轮流进行解说才能播好。

随着国际来往活动的增多，我们转播外国球队在我国比赛的场次也增加了。有的队头一天到达北京，第二天就要转播比赛实况。在很短的时间里，怎样能认识外国运动员，并记熟他们的名字，是件困难的事。我的做法是：在外国队来访之前，先从体委要到外国队员的名单，在外国队到京时，就到机场和火车站接他们，在跟他们一起去饭店的汽车上，我就抓紧时间访问运动员，从他们的肤色、脸型、头发颜色和身高找出特点以供记忆。当天就要把主力队员的名字记住，第二天去采访外国队员练球时，无论是在公共汽车上，或骑自行车去，我手里都捏着运动员名单，不时地看，不时地记，还联想他们的特征，直到记住为止。有时候，外国运动员去故宫、天坛或其他公园参观游览，这是我们采访运动员的好机会。我就利用这个机会跟运动员接触交谈，借以熟悉他们，搜集更多的报道材料。在采访外国运动员时，广播员需要懂外语，不然想交谈，找不到翻译就错失良机了。

听众是非常喜欢听体育比赛实况广播的，每次实况广播以后，中央台编辑部都会收到各地热心听众的来信，他们在信中向胜利者表示祝贺慰问，也描写他们收听时的紧张、兴奋的心情。一九五七年我们转播了中国和印度尼西亚足球队为参加世界足球锦标赛而举行的预选赛，中国队四比三得胜，编辑部收到了四百多封听众来信，内容是令人感动的。解放军某部海防战士来信说：他们聚精会神听着广播，"屋子里静得连掉一根毫毛都能听见，""在球赛进行中，我们的饺子熟了，可是大家都不吃，最后，我们胜利了，我们高兴地跳啊，喊呀，用最响亮的声音把胜利的消息传到四面八方"。在这场比赛进行当中，中国队的前锋王陆把对方的球员撞倒了，王陆跑过去把那个球员拉起来，那个球员却踢了王陆一脚，当时观众席上嘘声四起，我也一时激动，客观地把这件事报道出去，而且把它说成是"不道德的行为"。事后，有几封听众来信对我提出批评，明确指出：广播员应该头脑冷静、慎重，注意政治影响。听众的来信，给了我很大帮助，使我认识到在球赛广播中不可以信口开河，也不能纯客观地报道。体育比赛里面有政治，做一个体育广播员要注意加强学习，不断提高自己的政治修养。

## 刻划人的精神面貌

一九六一年在北京举行第二十六届世界乒乓球锦标赛，这是在我国第一次举行世界性的比赛，引起了广大听众的注意。

怎样广播好这次锦标赛是摆在我们面前的一次重要的政治任务。

乒乓球比赛，场地比较小，战术变化不像足球和篮球那样丰富多彩，但是场上大多是两个选手之间的争夺，解说的对象比较集中。要搞好乒乓球赛的解说，不仅要介绍双方的打法、战术和场上的比分，还应该多介绍场上的运动员，刻画他们的精神面貌。

鲁迅在谈写作的时候，要求对大量的生活素材"静观默察，烂熟于心"，然后才能"凝神结想，一挥而就"，这种"静观默察，烂熟于心"的做法，对搞好体育实况广播也是非常需要的。

张 之 (1930—2001)

过去我对乒乓球比赛不太熟悉，为了报道好那次比赛，我们早在一年以前就找机会多看中国乒乓球选手的练球和比赛。我经常坐在教练付其芳、庄家富同志的旁边，听他们介绍情况，谈论比赛，使我对运动员更熟悉了。

当时李富荣是个后起之秀，大家对他不太熟悉，但是他却在国内外的比赛当中打败了很多名将，瑞典报纸称他是"勇猛的公鸡"。人们说他训练非常刻苦，为了练习灵活的步法，他常常腿上绑着沙袋练习。我就特别注意看他的步法，发现他由"左推右攻"改为侧身攻球的时候，步法真快极了。他打球非常使劲，把地板蹬得咚咚响，抽球也拍子重，几次看到他把球抽破了。就这样，通过经常观察、接触，我对长着高鼻梁、相当英俊的李富荣逐步熟悉了。

我比较了解徐寅生，他发的球神出鬼没，使人难以琢磨，他的打法多变，声东击西使人防不胜防。有一次付其芳让我注意徐寅生出场，我发现他进场潇洒自若，从容不迫，好像京剧中书生出场时一步三摇的劲头。付其芳说：就是在紧张的比赛中，他也是这样，人们说他修养好、作风好。我访了徐寅生，问他为什么在比赛的时候那么镇定，他回答说：运动员打球，当然要争取胜利，但是不能丢几个球就沉不住气，在比赛当中不能计较个人得失。要赢得起、输得起。在比赛当中沉着镇静才能保持清醒头脑，打出好成绩。他的回答很简练，但讲得比较深刻。通过这些观察和采访使我对徐寅生加深了了解。

在这届世界锦标赛期间，我们广播了徐寅生对匈牙利选手西多的比赛。西多打了个擦边球，裁判错判出界，徐寅生主动提出更正，我就结合这件事着重介绍了徐寅生的优良体育道德作风，这就体现了党培育的社会主义一代新人的风貌。

在男子团体决赛当中，徐寅生和日本选手星野的比赛打得很精彩。特别是徐寅生的十二大板，使人记忆犹新。星野出场几步走，有些像武将戴盔挂甲的架式，跟徐寅生有明显的不同，我及时对比地描绘了两句，给紧张的比赛添些轻松的色彩。在徐寅生先输一局的情况下，我着重介绍了他捡球时那种泰然自若的大将风度。双方打成一平以后，徐寅生打得更有章法。当徐寅生猛攻时，星野开始连放带有上旋的高球，徐寅生每打一板，场上便是一阵喝彩，我禁不住地数起来："四板、五板……"结果徐寅生的十二大板力挫星野。这段广播在听众当中印象比较深。几年之后，人们还常常谈起十二大板。

体育比赛实况广播，不仅可以推动体育运动的发展，也是对听众的政治鼓动。比如在转播这届锦标赛以后，我们收到国内外近五千封贺信和电报。很多听众在信中指出：我国运动员的胜利，又一次显示了我国社会主义制度的优越性。一些华侨听众来信表示：我们都为有这样荣耀的祖国而感到自豪。正在海上捕鱼的舟山渔民听到中国队获得男子团体冠军时，非常兴奋，他们说"运动得荣誉，生产添干劲"，当天捕鱼就有显著增加。北京著名劳动模范张百发说：他们青年突击队在听到中国队获胜的消息以后，受到很大鼓舞，第二天生产效率就提高了不少。

### 向新的领域探索

这几年随着电视工业的发展、电视广播时间的增加，屏幕上的体育实况广播节目也逐渐增加了。

电视转播体育比赛有更大的优越性，不仅能及时听到比赛的进行情况，而且可以亲眼看到紧张、精彩的竞赛场面，特别是过去在广播中难描绘的体操、技巧、跳水、花样滑冰等项目，都可以展现在观众的面前。

前几年，广播和电视经常是联合转播体育比赛，共用一套解说。随着电视机的日益普及，电视观众增加了，他们对电视转播体育比赛的解说提出了新的要求，主要是已经能从屏幕上看清楚的活动，不用多作解说。对于电台广播的描绘动作的解说，觉得啰嗦，甚至感到干扰画面。

去年，我参加了几场电视体育转播和给录相配解说，摸索了电视体育转播解说的问题。我感到，电视体育转播也需要有解说，解说要简明扼要，去掉广播中的动作描绘部分，适当增加带评论性的讲解。

譬如，我为第十一届世界杯足球赛荷兰队对意大利队的比赛录相配解说。事前，我翻阅了国内外的报刊，找到了有关这场比赛的报道和资料。为比赛配解说时，主要介绍这两个强队的出场阵容和战术打法。结合场上队员的表演，提供背景材料。比如结合荷兰队主力前锋伦森布林克的进攻，介绍这个三十一岁的名将在这次世界杯比赛中射中了五个球，是进球最多的球员之一。还介绍了荷兰队里的克尔霍夫兄弟是一对双胞胎，在一场世界性比赛中，孪生兄弟同时上场。这种体坛趣闻，观众是愿意知道的。

在解说中，我配合画面介绍了荷兰队的全攻全守的打法，它作为目前世界足球的发展潮流和趋向，观众是希望更多了解的。另外，我们着重评论了为什么意大利队在上半场先进一球，而最后失利了。这可以使体育爱好者进一步提高对足球运动的理解，观众对这种做法表示欢迎。

我为电视转播解说的中美篮球赛、中罗足球赛，都是按少叙述、多评论、经常穿插背景材料的原则来进行的，同志们反映这样做是对头的。

由于电视体育转播的领域比较广，项目更多，在解说中更需要评

张 之 (1930—2001)

129

论性的内容，所以电视解说是难以由一两个解说员包办的，它需要有更多的运动员和教练员来担任评论员。目前国外的电视台就是这么做的。

广播和电视的体育实况广播都是集体劳动的产物，它是编辑、记者、导演、摄影师、技术员和解说员通力合作的成果，现在这支队伍越来越大了，就会不断地创造出新的经验，使体育报道办得更好，更受欢迎！

（选自中国传媒大学学报《现代传播》，1980 年第 4 期）

## 评析：

张之是广大听众熟悉的体育广播记者。在全国解放初期，他就开始担任体育实况转播的解说工作。多年来，他转播了多种比赛实况，给广大体育爱好者留下了深刻印象。这篇札记，记述了他在工作中的体会，使我们能由这样一个窗口，了解当年条件下体育实况解说工作的艰辛，以及前辈的努力和探索。

张之的解说风格，在五六十年代成为无数青年体育爱好者的知识来源。当时还是 14 岁中学生的宋世雄，爱听张之的实况解说。小宋的"体育实况转播"，成了中学生文艺晚会的一项"保留节目"。每当学校举行文艺演出，同学们在台下一哄："宋世雄，来段'学张之'！"继而全场掌声喝彩声响起。可见张之在青年中的影响力。

文中提到的"刻画人物形象""传统文学的场景描绘"等一些口头文学的表达技法，影响了后一辈的体育节目主持人。可以说，张之的体育评论工作，贯穿了广播声音传播到电视声画同步的历史，其广播解说，无论是对听众的影响还是对后辈的启迪，都是巨大的。

（编撰：任晨光）

用社论串起历史　范荣康

（1930—2001）

　　范荣康（1930—2001）　20 世纪 50 年代初至 90 年代初人民日报的知名记者和著名评论员，是人民日报参与和主持社论撰写为时最长的编辑，在改革开放年代任人民日报副总编辑。他在 20 世纪 50 年代即开始撰写《人民日报》社论，早期撰写的著名社论有《伟大的理想实现了》《无高不可攀》等。1978 年中共十一届三中全会前后，《人民日报》社论在宣传解放思想，拨乱反正，引领改革开放中发挥很大作用，范荣康是这一时期《人民日报》社论和评论写作团队的主要成员，主持撰写了《解放思想　实事求是》等重要社论。

# 用社论串起历史

范荣康，江苏南通人，1946年加入中国共产党，先后毕业于上海民治新闻专科学校和华中新闻专科学校。1949年后任重庆《新华日报》记者。1952年调入《人民日报》，在工业组任记者、编辑。

改革开放时期，范荣康先后担任《人民日报》评论部主任、副总编辑，是第六、七届全国政协委员。其间担任过中央政治局委员习仲勋的秘书。著有《新闻评论学》。

在改革开放后的10年间，范荣康主持撰写，修改、审定了大量的《人民日报》社论，其中有许多重要社论。他是20世纪后半叶中国历史进程的参与者、见证者和记述者。

## 探索

范荣康原名梁达，1930年生于江苏南通一个几代为官的家庭。在风起云涌的20世纪初，家族中的青年一代有了不同的人生选择，十多岁的梁达跟着叔叔投身革命活动，在家乡和上海参加学生运动，

1946 年加入中国共产党。

梁达就读的上海民治新闻专科学校是一所有进步传统的学校。1947 年 5 月，上海学生发起"反饥饿、反迫害、反内战"大游行，民治师生加入其中，梁达先后担任上海《联合晚报》、上海学生联合会《学生报》的记者、编辑，开始新闻工作的初步尝试。

1949 年年初，梁达来到苏北解放区后更名范荣康，从此一生使用此名。他进入华中新闻专科学校学习，于 1949 年 5 月随军进入上海，在上海军管会下属的文管会联络组工作。当年夏天，进军大西南需要新闻干部，范荣康参加了西南服务团，担任宣传干事。

随部队到达重庆后，范荣康进入中共西南局机关报《新华日报》工作，从此开始自己的新闻生涯。1952 年，各地抽调业务骨干充实党中央机关报，范荣康于年底调入人民日报社，任工业组编辑和记者。那年他刚满 23 岁，是工业组最年轻的记者，分管交通和邮电方面的报道。

范荣康（1930—2001）

写新闻报道的同时，他写的多篇分管行业的社论受到同事和读者的好评，其中不少成为《人民日报》社论中的名篇。他为写好社论做了许多探索，从选题、立论到写作方法都有独到之处，为《人民日报》社论带来一股新风。为庆祝武汉长江大桥建成通车所写的社论《伟大的理想实现了》是典型的一篇。为庆祝康藏、青藏两公路通车所写的社论《在"世界屋脊"上创造幸福生活》也很有特色。范荣康在概括公路建设者的豪言壮语时，写出了"让高山低头，叫河水让路"这句话，1958 年毛泽东加以引用，由此成了当时提倡"与天奋斗、与地奋斗"的名言。

1956 年范荣康与相识于重庆的谌容结婚，相伴终生。


## 遵命


1957 年后，党的工作在指导方针上出现严重失误，党的机关报的工作深受影响。范荣康后来回忆："我觉得在 1957 年前后我思想经历了一种转变，探索的精神少了，基本上是上面怎么说就怎么写，违心的话也越说越多。"如果要概括1957年到1966年这10年的工作，范荣康认为用"遵命"二字最为恰当，也是他在晚年不断反思的。

1958年1月1日《人民日报》发表元旦社论《乘风破浪》，掀起全国"大跃进"运动。在"大跃进"高潮中，范荣康遵照中央政治局"北戴河会议"精神写了《祝河南大捷》和《祝广西大捷》等鼓吹钢铁生产放高产"卫星"的社论，为"大跃进"推波助澜。晚年，范荣康对此深感歉疚。

党中央号召知识分子学习工农兵，范荣康先后去大庆深入生活，去北京郊区通县蹲点搞"四清"运动。之后，随部队进入越南战场，亲身经历流血牺牲的战争。

尽管在"遵命"的年代，范荣康依然保持着一些自己的思考，他也在实践中探索怎样实现自己的新闻理想。他参加了邓小平主持制定"工业七十条"的调研，写出了比较实事求是的调查报告。他为中国登山队登上珠穆朗玛峰所写的社论《无高不可攀》，气势豪迈，曾鼓舞了那个年代的众多读者。

1960年，30岁的范荣康被选为全国英模代表。

## 灾难

十年"文化大革命"一开始的1966年5月31日，思想倾向"左"至极端的陈伯达奉旨来到人民日报社夺权，在他的控制下，《人民日报》版面上刊登了大量鼓吹"文化大革命"的文章和报道。后来范荣康指出，那是《人民日报》历史上失去光彩、最为黯淡的时期。

"文化大革命"初期报社成立了评论组，由各部抽调擅长写评论的编辑记者组成，此时的范荣康已在评论写作上崭露头角，被推选出来长期担任评论组组长，直到"文化大革命"结束。当时虽然设立了评论组，但许多《人民日报》社论还是从"上边"拿来的，本报评论组起草的社论还是以"抓革命、促生产"的名义，推动实际工作的多一些。尽管这样，人民日报评论组仍然是各种思想、不同见解争论乃至斗争激烈和复杂之处。1971年秋林彪事件发生后，出现过老干部对极左思潮的批判，后来受到江青和张春桥的打压。在这次抗争中，范荣康在思想上是站在老干部一边的。

范荣康后来回忆说："10年中我写了许多自己不愿写的文章，当然那时的社论都是上面定题目，有人起草，并经多人修改，再由中央主管的政治局委员定稿，我这样的人只是拿笔的工具。"但是他同样对此怀有遗憾心情。

范荣康后来到大学为新闻系学生讲课时，将"文革评论"概括为"四无评论"，即无中生有、无须论证、无限拔高、无限上纲。他希望将要走向新闻工作的年轻人，记住这些深刻的教训。

范荣康（1930—2001）

# 改革

"文化大革命"终于结束，范荣康也迎来了自己事业上的辉煌期。党的十一届三中全会前后，党的领导实现了伟大的历史转折，《人民日报》积极、勇敢地推动和引领拨乱反正、全面改革的潮流。在这一时期，范荣康是《人民日报》团队的重要骨干，对改革开放作出了积极贡献。

十一届三中全会刚刚结束的12月25日，《人民日报》发表社论《把全党工作的着重点转移到现代化建设上来》，12月29日发表社论《解放思想实事求是》，旗帜鲜明地宣传十一届三中全会精神，向全党全国吹响了改革开放的号角。这两篇社论，是范荣康主持撰写的。

范荣康组织和撰写的一系列重要社论，还包括：宣告全党中心工作重点转移的1979年元旦社论《把主要精力集中到生产建设上来》；呼吁平反冤假错案的，如为右派平反的《一项重大的无产阶级政策》以及《恢复毛泽东思想的本来面目——论刘少奇同志平反》；还有贯彻农村生产责任制的《认真贯彻执行党的农村政策》等。

同事们回忆，在改革开放之初那几年写社论，多由编委会领导或范荣康定选题，大家议论酝酿，再分头起草，最后由范荣康修改定稿。范荣康本人也起草了大量社论。他的思想水平和写作才能，为这一时期的《人民日报》社论增添了光彩。

范荣康还带领和培养出一批评论作者，其中很多人成为报纸评论的骨干。

范荣康于1986年担任报社副总编辑后，分管评论、理论、文艺等部门。他提倡报道突破禁区、解放思想、繁荣文艺。他推动文艺部的编辑、记者为电影《芙蓉镇》、《红高粱》和话剧《桑树坪纪事》等有思想、有艺术创新的作品做了大量评论和报道；他出题目，让年轻记者写出了《崔健的歌为什么受欢迎》的文章，并配发崔健摇滚作品《一无所有》歌词和曲谱的歌页。1988年8月在全国引起巨大反响的《"蛇口风波"答问录》，也是范荣康安排评论部编辑的。他派出记者前往蛇口调查，写出稿件后亲自动笔修改，并将这篇7000字的长文安排在《人民日报》（1988年8月6日）头版发表。在出现不同意见后，他到北京师范大学听取李燕杰等人的意见，在《人民日报》刊登他们的文章。他建议评论部开辟《关于"蛇口风波"的讨论》专栏，充分发表各方面的意见开展讨论。1988年8月30日发表社论《改造我们的思想工作》，为这场争论做了总结。《人民日报》开展的"蛇口风波"讨论产生了很大的社会影响，是新时期政治思想工作开创新思路、新方法的积极探索。

在繁忙的副总编辑工作中，范荣康保持着记者的敏锐，见缝插针地写出一些有思想深度的通讯消息，在80年代后期，他采写的通讯《湘西山区的呼喊》，为山区农民致富鼓劲；《差一点漏掉的特写》是为推进人民代表大会制度建设而发出的呼声。

范荣康才华出众，但平易近人，不管是担任主任还是副总编辑，报社里从青年编辑到工人都叫他"老范"。在"老范"手下工作过的人都知道，他看报纸大样的速度极快，凡落笔修改，多是政策的关键之处，所改的文字也往往成为画龙点睛之笔。

他在工作中总能承担责任，在思想观念上不强加于人，也乐于在最需要的时候为大家提出建议、提供帮助。与"老范"有不同意见是可以争论的，他也常常接受他认为正确的意见。他常与年轻人一同去看演出，一起聊天，抽烟的人常常找"老范"要好烟。

范荣康的夫人谌容是著名作家，儿女梁左、梁天、梁欢或是作家，或是知名的表演艺术家，是名副其实的"全家名人"。或许说，范荣康倒是全家在社会上最不出名的人，但他在中国新闻业界和改革开放历史时期留下的影响，还会持续很久。

作品选编

## 伟大的理想实现了

武汉长江大桥今天正式通车了，我国人民许多世纪以来的理想变成了现实。这是我国社会主义建设在跃进中的又一伟大的成就。它充分证明了社会主义制度的巨大优越性。这座大桥是我国人民劳动和智慧的结晶，也是中苏两国伟大友谊的结晶。苏联的专家们在这座大桥的建设过程中曾经付出了艰辛的劳动。今天，当武汉长江大桥正式通车的第一天，我们向一切参加武汉长江大桥建设的工人、工程技术人员、管理干部和一切以自己的劳动支援武汉长江大桥建设的人们表示敬意！向费尽心血帮助建设大桥的苏联专家致深切的敬意！

长江自古称为"天堑"。江宽水深，风起浪作。"白浪如山那可渡，狂风愁杀峭帆人。""乱石崩云，惊涛裂岸，卷起千堆雪。"这就

**作品原载报样**

是古代诗人们对于长江波涛的描绘。可是,今天就是在这滔滔的长江面上,飞驰着一列列的火车,自然界的险阻向人民的意志和力量屈服了。武昌汉口隔岸相望,过去只能依靠木船和轮渡来运送南来北往的物资和行人。木船和轮渡的载重能力有限,倒载货物更费时间。加上这一带地区每年最大的风力达到七级至九级,一年中的阴云天气竟有二三百天,遇到狂风肆威和浓雾蔽日的时候,木船轮渡停航,南北交通往往被迫中断。解放以后,随着国民经济的发展,长江南北,特别是武汉渡口的运输任务与日俱增。1956年从这里的铁路轮渡往返载运的货物就有六百多万吨,比1953年增加了二百多万吨。将来武汉钢铁联合企业建成的时候,运输量还会大量增加。如果没有一座近代化的大桥来沟通大江南北,显然不能满足国家建设和人民生活的需要。武汉长江大桥的建成,使全长一千二百一十六公里的京汉铁路和全长一千一百零三公里的粤汉铁路连成一气，使原有的湘桂铁路、浙赣铁路，新建成的鹰厦铁路、来睦铁路和正在建设中的黔桂铁路、川黔铁路等南方铁路干线同北方铁路干线连结起来，使大江南北的运输从此畅通无阻。这对于全国范围内的物资交流，对于武汉地区工业基地的建设，显然具有非常巨大的意义。

　　中国人民希望在长江上架设桥梁由来已久。从 1913 年开始，到解放前为止，中国的工程技术人员曾进行过四次武汉长江大桥的勘测设计工作。可是，当时的反动统治者不想也不可能进行这样巨大复杂的建设，几十年的光阴过去了，哪有桥梁的一线影子呢？民谣说："黄河水，治不好；长江桥，修不了。"旧社会里，人民对于修建长江大桥，已经不敢再有任何希望了。解放以后，包括武汉长江大桥正桥和引桥，汉水铁桥，江汉桥，十座市区跨线桥和十七点四公里联络线路的全部武汉长江大桥建设工程，只用三年多的时间就完成了。这是什么缘故呢？莫非长江对新中国特别宽厚，它忽然变成一条不是难以架桥的河流了？当然不是的。长江还是长江，水深，流急，地质情况复杂，河床的沙层极不稳定，架桥是非常困难的。我们也并无天兵神将，建设武汉长江大桥的高级的和中级的工程技术人员，几乎过半是解放前中国桥梁公司的人员，他们有志于长江大桥久矣，到白了少年头，才得一显身手。那么，究竟是什么缘故，解放前叫嚷了几十年的武汉长江大桥终成泡影，解放后却在短短的时间内建成了呢？唯一的原因，就在我们的社会是社会主义社会，它具有历史上任何社会制度都无法比拟的优越性，它使我们有力量战胜困难，创造奇迹。

　　社会主义社会是多数人当家做主的社会，在这个社会中，有利于国家，有利于人民的事情无不逐一付诸实现，这是少数人压迫多数人的阶级社会根本做不到的。那时候，尽管有不少工程技术人员热心奔走，打起"长虹卧波"的动人广告，以建成后每年可以有多少收入为引饵，招徕乐于投资的主顾，但是无论是当时的反动政府，也无论是家财万贯的金融巨头，他们连国家的兴亡、人民的死活都无动于衷，怎肯主持这费钱、费时、费事的武汉长江大桥的建设工程呢？只有社

范荣康（1930—2001）

139

会主义社会，才能实现人民的理想；也只有社会主义社会，才能组织各个有关部门的协作，发动千万群众的积极性和创造性，来迅速完成这样规模巨大的工程。拿建设武汉长江大桥所需要的协作配合来说，从勘测设计、制造钢梁到正式施工，件件都是规模浩大的组织工作，需要各个部门的密切配合。在资本主义社会里，这是一件极端困难的事情，唯一的办法是诱以重利。这种资本主义的办法耗费资金不说，时间白白地过去了，事情也办不成。社会主义社会出现了一个全新的情况：四海之内，要人有人，要东西有东西，仅接受加工订货一项，全国就有四十多个工厂出过大力，工程进度从没有因为各部门配合不好受到影响。试想如果没有社会主义制度的强大威力，哪有这样迅速的建桥速度！

武汉长江大桥的建成，还说明了我国的工业发展了，科学技术水平提高了。有史以来，中国没有用自己的人力、物力、财力建成过一座近代化的大型桥梁。拿钢梁来说，泺口黄河桥是德国孟阿恩公司造的，闸口钱塘江桥是英国的道门朗公司造的，武汉长江大桥却是我国自己的工厂造的。如果没有以发展重工业为中心的第一个五年计划，没有冶金工业和机械工业的发展，用自己的钢梁来架设桥梁，是不可能的。在长江上架设桥梁，是世界工程上的难题。当我们决定修建武汉长江大桥的时候，有的资本主义国家的报纸讥笑我们是"冒险"。他们不了解，在共产党领导下的正在进行社会主义建设的中国人民的面前，没有不可战胜的困难。科学技术水平的提高虽然需要时日，但是决不是高不可攀的。我们在长江上建成了大桥，证明我们建筑桥梁的科学技术水平已经大大地提高了，并且在某些方面为资本主义国家所不及。例如我们用管柱钻孔法修筑深水基础，就是资本主义国家所没有的。某些右派分子说"共产党不能领导科学技术"，在这样强大的事实面前，他们除了承认自己彻底破产以外，还有什么别的办法呢？

我们还要特别提到苏联政府和苏联人民给予我们的伟大援助。没有苏联政府的全面帮助，没有二十几位苏联专家不辞辛劳地亲赴现场指导，特别是没有苏联专家提出的管柱钻孔法，大桥是不可能这样快、这样好、这样省地建设成功的。苏联的援助使我们大大提前完成了原定的计划，大大节约了人力物力和财力，并且使我们学会了世界上前所未有的最新的建桥技术。横跨江面的伟大工程，永远是中苏两国劳动者共同的骄傲，永远是八亿人民友好合作的纪念碑。大桥在伟大的十月革命四十周年前夕通车，更是对于我国人民的国际主义教育中最生动的一课。我们必须坚定不移地学习苏联，必须不断地巩固和加强两国人民的友谊。

（原载《人民日报》1957 年 10 月 15 日）

评析：

范荣康（1930—2001）

　　武汉长江大桥是古往今来万里长江上的第一座大桥，是新中国成立之初的一个标志性建筑。1954 年 2 月，中央人民政府决定修建这座大桥，作为《人民日报》分管交通报道的记者范荣康写出了社论《努力修好武汉长江大桥》，当时他只有 24 岁。开工 3 年以后，1957 年 10 月 15 日武汉长江大桥正式通车，《人民日报》发表社论庆贺，范荣康又写了题为《伟大的理想实现了》的社论。

　　社论谈古论今，叙述长江大桥的重要性和建设之不易，用平易近人的文字说出了深刻的思想。当时的《人民日报》编辑记者充满探索精神，范荣康初试身手，也在尝试写好社论的种种方法。他在这篇社论中引用了古代诗人对于长江波涛的描绘。而在这之前，《人民日报》社论，尤其是在此类谈论工业建设的社论中很少引用古诗词。

　　作者阐述自 1913 年以来，中国人修建长江大桥的愿望难以实现时引用民谣，比较形象地表达了人民群众对当时政府无能无为的无可奈何心情。

　　作者多次采用前后时代对比的方式，以此前想建桥而不能，来反衬如今大桥已建成通车的事实，并着重说明建设大桥的中高级技术人员正是那些在新中国成立前曾有志于建桥而壮志未遂的人，从而凸显了社会主义制度的优越性。前后对比法是这篇社论突出的写作特点。

　　社论结尾处引用"右派"的话未引出处，是文章的局限所在。

# 发扬天安门的革命精神

去年，在具有重大历史意义的中央工作会议和三中全会期间，华国锋同志为首的党中央为天安门事件彻底平反，肯定她是一场伟大的革命群众运动。四月五日，是一个战斗的、光辉的节日。

在实现四个现代化的征途中，喜看今日大好形势，回顾当年峥嵘岁月，我们对社会主义祖国的前途更加充满了信心。三年前，我们祖国正处于危亡关头：国民经济到了崩溃的边缘，毛泽东同志重病在身，周恩来同志不幸离世，邓小平同志横遭迫害，"四人帮"飞扬跋扈，加快了篡党夺权的步伐，亡党亡国已经不是耸人听闻的危言。人们在忧虑中度日，在沉默中思索，在悲愤中秣厉。当着"四人帮"公开发出反对周总理的反革命叫嚣时，早已积怒在胸的中国人民愤然而起。从首都的天安门广场到南京的雨花台，从太原的五一广场到西安的钟楼，从郑州的二七广场到杭州的西子湖畔，祖国大地到处燃起了保卫周总理、反对"四人帮"的烈火。这场人民保卫社会主义的爱国运动，虽然被"四人帮"镇压了，但人民群众的血和泪没有白流。她，揭露了国贼，教育了群众，检阅了人民的力量，显示了人民群众高度的政治觉悟，为我党胜利粉碎"四人帮"准备了最重要的条件——亿万人民进一步地觉醒。

天安门革命群众运动也称四五运动，她的主要目标——打倒"四人帮"，维护周总理，结束全国的动乱，着手建设四个现代化的社会主义强国，今天都已经胜利实现，变成了我们生活中的现实。在纪念天安门革命群众运动三周年的时候，我们一定要继承和发扬四五运动的革命精神，团结一致，同心同德，努力实现毛泽东同志、周恩来同志的遗愿，发展粉碎"四人帮"以后出现的安定团结的大好局面，把我们国家建设成为现代化的社会主义强国。

天安门革命群众运动是一场维护周总理、反对"四人帮"的政治运动。周恩来同志忠于党、忠于人民，把毕生的精力献给了祖国的社会

作品原载报样

范荣康（1930—2001）

主义事业，鞠躬尽瘁，死而后已。丙辰清明，神州凭吊，不尽人流朝天安门广场滚滚而来，深切悼念周总理，表达亿万人民的决心：决不允许"四人帮"把我们马列主义的党变为法西斯党，把社会主义中国变为封建专制主义中国。曾记得当时有一首《满江红》，下阕是这样几句："寒流滚，妖雾浓，群情愤，怒潮涌。有主席思想，八亿民众。赤县岂让群小舞，神州哪容鬼横冲。承马列，战旗有人展，宇宙红。"这种誓言，在那难忘的四五运动中，不是到处可以听见吗！当时，正是"四人帮"最猖狂的时候，也是我国无产阶级专政历史上受挫折的时期。但是，人民群众并没有因为"四人帮"的倒行逆施，对马列主义、毛泽东思想，对党，对无产阶级专政，对社会主义产生动摇。相反，尽管"四人帮"把社会主义糟蹋得不像样子，人们仍然坚信只有社会主义才能救中国，挺身而出保卫社会主义。尽管"四人帮"破坏社会主义民主，把无产阶级专政变成对无产阶级的专政，人们仍然坚信无产阶级专政是我们安身立命的根本，挺身而出保卫无产阶级专政。尽管"四人帮"把我们党搞得乌烟瘴气，人们仍然坚信我们党是伟大、光荣、正确的党，挺身而出保卫中国共产党。尽管"四人帮"肆意歪曲和篡改马列主义、毛泽东思想，人们仍然坚信马列主义、毛泽东思想是指引我们从胜利走向胜利的伟大旗帜，挺身而出保卫马列主义、毛泽东思想。反对"四人帮"的斗争，就是坚持社会主义道路，坚持无产阶级专政，坚持党的领导，坚持马列主义、毛泽东思想的斗争。是坚持还是背离这四个基本原则，决定着中国向何处去，决定着我们这一代和子孙后代的命运。天安门事件之所以完全是革命行动，能够永放光彩，正是由于坚持了这四个基本原则。今天，继承和发扬天安门精神，最重要的，就是要坚持社会主义道路，坚持无产阶级专政，坚持党的领导，坚持马列主义、毛泽东思想。离开了这四个坚持，也就离开了天安门精神。

"总理的遗志我们继承，四个现代化日，我们一定设酒重祭。"这是四五运动提出的响亮口号。四个现代化的宏伟蓝图，是周恩来同志根据毛泽东同志的指示为我们制订的。她是中华民族希望之所在，是中华儿女幸福之所系。不搞四化，没有雄厚的物质基础，就不可能国强民富，不可能使我国无产阶级专政真正巩固，我们还要被动挨打。"四人帮"诬蔑四个现代化实现之日，就是"资本主义复辟之时"，充分暴露了他们是一小撮颠覆无产阶级专政、破坏民族利益、置人民于水火的社会公敌。为什么丙辰清明，有那么多同志冲破禁令，涌向天安门广场？就是因为他们有着强烈的爱国爱民之心，想到的是如何使我们的国家富强起来，使人民的生活一天天好起来。一位普通工人说得好："我热爱我们社会主义的祖国，希望我们的祖国强大，强大到足以抗御苏修霸权主义的侵略；我热爱我们的人民，希望我们的人民能够过上真正幸福的生活；我热爱我们的民族，希望我们中华民族真正为人类作出巨大的贡献。"这是多么宽阔的胸怀！当年，"四害"横行，多少人家破人亡，多少人含冤受屈，但是没有一个人在天安门广场诉述个人的不幸。他们共同担心的是党和国家的命运，要求的是铲除国贼，实现四化。现在某些人背离天安门的革命精神，沿用天安门事件时的某些活动方式，向国家提出只顾自己不顾整体利益的不合理的要求，这是对天安门革命群众运动的歪曲。继承和发扬天安门的革命精神，就要胸怀全局，处处以国家利益为重，以实现四化为己任，把精力、心思用在四化上。我们要有这样的决心，一定要在本世纪末全面实现四化，到那时再捧出美酒告慰毛主席、周总理，告慰先烈，我们才能问心无愧，倍感自豪。

四五运动是广泛的民主运动。在"四人帮"的高压下，群众没有议政的自由，就用花圈、诗词、誓言来表达；没有倾诉的地方，就汇集在悼念周总理的场所。没有谁去组织，却是那样井井有条。没有统一的口径，却是那样的异口同声。人们正是在这样的地方，用这种特殊的斗争方式，行使民主权利，宣传真理，伸张正义，打击敌人，真是扬眉吐气啊！人们从反抗"四人帮"的镇压、捍卫社会主义民主的斗争中，更加清醒地认识到：如果没有人民民主，不能集中群众的意见，不能实行群众的监督，党会变质，国会变色。在"四人帮"横行的时刻，四五运动不是哪一个人发动的，也不是党直接领导的，而且遭到"四人帮"的阻挠和镇压，从这个意义上讲，它是自发的革命群众运动。但是，参加四五运动的同志，都受过我们党多年的教育，其中很多骨干力量是共产党员和党的干部，是共青团员和优秀青年，而且许多党组织支持和直接组织了群众的斗争，从这个意义上讲，四五运动如果离开了党的领导就不可能发挥那样巨大的威力。党的领导，主要靠党的路线、方针、政策的正确，靠党员的模范作用。在当时，"四人帮"的极左路线虽然严重干扰着我们的革命路线，但是广大干部和群众，还是坚决拥护党的革命路线，我们优秀的党团员还是模范地为捍卫和贯彻党的革命路线而英勇奋斗。我们评价四五运动，不能只看到它自发性的一面，而忽略党的领导作用。现在，有的人不要党的领导，崇拜自发性的活动，认为想干什么就干什么才是民主，其实，这不是什么民主，而是极端民主化！我们提倡的是社会主义民主，是绝大多数人的民主，是集中指导下的民主。如果允许个人想干什么就干什么，剥夺了大多数人的民主权利，也就妨碍了大多数人的利益。在"四人帮"横行时期，他们煽动"踢开党委闹革命"，结果闹出一个什么"革命"，大家都很清楚。今天，如果什么人想要"踢开党委闹民主"，将会闹出一个什么"民主"，难道还不同样清楚吗？继承和发扬天安门的革命精神，就要继续发扬民主，这是坚定不移的，但是我们所要追求的是社会主义的民主，只能在共产党的领导下

范荣康 (1930—2001)

145

才能实现。我们不少同志至今还缺乏真正民主知识和民主的习惯。有些同志总怕民主多了会带来麻烦，甚至把现在社会上的某些不良现象，归罪于宣传民主太多。有的同志一说要发扬民主，就放弃领导，撒手不管，不敢引导，任其自流。因而，对干部和群众正确地进行民主教育，是当前一项必须抓紧的任务。

在四五运动中十分可喜的是，青年一代奋勇崛起。他们有较高的政治觉悟，能够在复杂的历史环境下，敏锐地看到"四人帮"的狼子野心，能够分清真假马列主义。他们有着"天下兴亡，匹夫有责"的抱负，关心国家大事，抓住真理，所向披靡，英勇战斗，成为四五运动的先锋力量。粉碎"四人帮"以后，青年一代在拨乱反正的斗争中，也是思想解放，敢于冲决禁区的。这充分显示了毛泽东同志、周恩来同志等老一辈无产阶级革命家开创的革命事业兴旺发达，后继有人。现在，我们要教育、鼓励青年，继承和发扬天安门革命精神，为四化建设献身。要看到，我们这一代青年，是在极其复杂的政治斗争中长大成人的。他们受到革命斗争的洗礼，也受过"四人帮"的毒害。我们要特别关心青年一代，正确看待青年一代。要看到他们的优点，这是主要的；也要看到他们的弱点和他们的不足之处，善于加以教育、引导、帮助和爱护。要充分发挥青年们富有理想、勤于思考、敢想敢干的优点，使他们大有作为。要教育他们继续和保持艰苦朴素、勤勤恳恳、公而忘私的高贵品德。当国家、集体利益与个人利益发生矛盾又一时难以解决时，我们应该教育青年们顾全大局，个人利益服从国家、集体利益，眼前利益服从长远利益，局部利益服从整体利益，体谅国家的苦衷，不要搞个人主义和极端民主化。各级共青团组织，要经常研究青年的思想动向，抓好思想政治工作，调动广大青年的社会主义积极性，使青年成为新长征的突击队。

怎样继承和发扬四五精神，是一个很重要的问题。毛泽东同志在回顾五四运动时曾经指出："五四运动的发展，分成了两个潮流。一部分人继承了五四运动的科学和民主的精神，并在马克思主义的基础上加以改造，这就是共产党人和若干党外马克思主义者所做的工作。另一部分人则走到资产阶级的道路上去，是形式主义向右的发展。"这个历史的经验，值得我们借鉴。粉碎"四人帮"两年多的事实说明，广大群众继承发扬了四五运动的精神，对揭批"四人帮"的斗争，对破除现代迷信，解放思想以适应四个现代化的需要，都起了积极作用，这是主流。但是，也有极少数人打着继承四五运动的旗号，散布不要信奉马列主义、毛泽东思想，不要共产党领导，不要无产阶级专政，不要社会主义。这种苗头，尽管刚刚出现，很值得注意。

在四五运动三周年来到之际，我们向参加这场斗争的同志们致意，希望你们在新的长征中，再立新功。我们深信，全国人民在党中央的领导下，一定会以优异的劳动成绩、工作成绩、战斗成绩和学习成绩，为建设社会主义和保卫社会主义作出贡献，迎接中华人民共和国建国三十周年。

（原载《人民日报》1979 年 4 月 5 日）

范荣康（1930—2001）

**评析：**

这是作者充满激情撰写的《人民日报》社论。没有经历过那个时代的人很难有那样的激情，但可以从社论的字里行间读出时代的强音。

1979 年的清明节不同于刚刚过去的三个清明。1976 年的清明是悲愤的日子，接下来两年的 4 月里，人们还在迷茫中求索，1979 年的清明则是扬眉吐气的日子，这是四五运动平反后的第一个清明节。在具有重大历史意义的中央工作会议和十一届三中全会期间，党中央为天安门事件彻底平反，肯定她是一场伟大的革命群众运动。

1976 年的四五运动和为四五运动平反都是历史的转折点，已经载入中国的史册。这篇社论是一篇声讨"四人帮"、彻底否定"文化大革命"的檄文，同时也着重论述了进行民主建设的意义，把发扬民主作为"当前一项必须抓紧的任务"提出来，这将对中国社会进步起到非常大的作用。

撰写《人民日报》社论是对作者经纬大局、阐述方针政策能力的检验。作者举一反三，层层深入地论述"文化大革命"的惨痛教训，评述中国人民刚刚经历的重大危机。社论阐述民主建设要义，是希望历经磨难的中国走上民主之路，中国青年承担起振兴国家的重任。整篇文字神采飞扬，对青年一代寄予无限希望。

# 差一点漏掉的特写

干了几十年记者，1988年3月28日差一点漏掉了一条特写。

这天上午，人代会的议程是：宋平作国务院机构改革方案说明，通过七届人大各专门委员会组成人员名单。这两项议程，前者有书面材料，后者照例是一致通过，对记者没有很大的吸引力。作为人民日报"两会"报道的组织者，我也没有怎么放在心上。

上午10时，去参加"两会"新闻报道组的会议。路过大会堂，见离开会还有点时间，便进会场去看看。刚走进休息大厅，就觉得气氛与往日不同。大厅里静悄悄的，所有的工作人员都挤在南侧的电视机前。屏幕上，执行主席彭冲在主持会议。摄像机从主席台转向会场，转了一圈，除了机器缓缓移动的声音，什么声音也没有。我忽然明白了：这是在选举哩，庄严的时刻。

我赶紧向会场跑。会场入口的通道，也堵满了工作人员。好不容易挤进去，最后一个专门委员会——华侨委员会人选名单已经念毕，彭冲问道："代表们有什么意见？"

只见黑龙江代表古宣辉举起手来。彭冲请他发言。他离开座位，向离他最近的扩音器走去。10多名电视台记者、摄影记者一下子都涌过去，全场代表的目光也转到他身上。只听他振振有词地说："华侨委员会中应该有港澳台的代表参加，他们更了解华侨的情况。"

古宣辉的发言，博得一片掌声。我想，这掌声不一定都表示赞成他的意见，更多地还是赞赏他这种敢于在表决前的一霎那间提出异议的民主意识。

紧接着，彭冲宣布浙江代表吴东侨要求发言。吴东侨从会场的北侧走到扩音器前。记者们又涌到他跟前。他说："做华侨工作，要懂得侨务政策，对华侨有感情，从现在的名单来看，有的人的简历不能反映这种要求。"

他的发言，也博得一片掌声。

彭冲又宣布广东代表伍禅要求发言。伍禅今天坐在主席台上。他说："我83岁了，年老多病，希望退出来，让年轻同志参加委员会的工作。"代表们又是一阵掌声。

作为记者，我参加过多次人代会的采访，还从来没有见过这样的场面。民主，不是在空中的漂浮物，而是近在身旁的存在。我急切地在会场上寻找本报记者，想布置他们写一篇特写。可是，一个也没有找见。

提付表决了。反对的，有人举手；弃权的，也有人举手。我想，这不是写特写的好材料吗？如果错过岂不可惜！

范荣康 (1930—2001)

大会结束，我赶到新闻报道组，才知道在这以前表决教科文卫委员会成员名单时，气氛还要热烈，台湾代表黄顺兴，浙江代表钱礼，都对人选提出意见，选举时有 8 票反对，69 票弃权。原来今年民主的"行情"也涨了。前年人代会上，有位代表举手投反对票，摄影记者抓了个镜头，得了奖。今年，一两个人投反对票，已经算不得新闻了。这也许可以从一个侧面反映我们国家的民主生活确实发展了，尽管还有不足。

从下午到晚上，错过这次大会的本报记者纷纷找来，要求允许他们电话采访，补写特写。我说："对不起，下次大会盯紧点，这一次，让我也曝曝光吧！"

（原载《人民日报》1988 年 3 月 29 日）

评析：

这是写于 1988 年全国"两会"期间的特写。此时的范荣康是人民日报副总编辑，是这年《人民日报》全国"两会"报道的负责人，他总是走出办公室，尽量抽时间到大会小会的会场看一看，与来自各地的代表和委员交流，感受会议的气氛。偶然的机会和记者的敏锐让他抓住这条差点漏掉的新闻，用他幽默的话说，"让我也曝曝光吧！"

这篇特写所记所写都是当时的场景，是记者注意到的细节，随着情节发展，一步步深化，让读者随着记者的笔真切感受人民代表大会上出现的民主氛围。

优秀的新闻特写总是着力于用人物的动作和语言来表达特定的内容，审慎地使用形容词，本文作者就是这样做的。把目击和现场听闻作为主干材料，平白叙述，用心自在深处。

这篇特写全文都是事实的记录，没有空洞词语。作者通过事实阐发观点："前年人代会上，有位代表举手投反对票，摄影记者抓了个镜头，得了奖。今年，一两个人投反对票，已经算不得新闻了。"作者接着写道："尽管还有不足。"语气婉转，记录却是准确的。

千字小特写记录了中国民主建设的大进程。事实上，此后并非每届大会上都有这样的氛围，中国的民主建设任重而道远，由此可见一斑。

（编撰：袁晞）

『如果有来生，还是做记者』 **范敬宜** （1931—2010）

　　**范敬宜**（1931—2010）　著名新闻工作者，卓有贡献的新闻学研究者。历任《辽宁日报》记者、副总编辑，《经济日报》总编辑，《人民日报》总编辑和清华大学新闻与传播学院院长。他较早提出"三贴近"的新闻报道改进方法并予以实践，阐述了党报宣传艺术的必要性和丰富内涵，追求新闻报道的"文化味儿"。办报实践中，他捍卫实事求是的精神，树立了严谨求实的新闻工作作风，为后世留下一笔宝贵的新闻思想财富。著有《总编辑手记》《敬宜笔记》《马克思主义新闻观十五讲》《范敬宜文集》等著作。

# "如果有来生，还是做记者"

每个人都不会是一帆风顺的，但要把困难当作磨炼。我认为有五种人不可以做记者：不热爱新闻工作的不可以，怕吃苦的不可以，畏风险的不可以，慕浮华的不可以，无悟性的不可以。只有热爱新闻工作你才能心甘情愿地去吃苦。新闻事业充满风险，但值得去为之奋斗终生，如果有来生，还要当记者。①

——范敬宜

## 三十余年扎根基层

1931 年 6 月 12 日，范敬宜出生于江苏吴县，为北宋名臣范仲淹第 28 世孙。少时的范敬宜天分颇高，却因体弱多病，读完一年级便只好休学在家。其母亲向他传授中国古典名著，曾留学美国的姑母则当了他的英文老师，传授他西方文化概要。13 岁时，他就写出了"罢钓归来宿雨收，一溪绿水泛轻舟，诗情只在斜阳里，莫向云山深处求"的诗句。后来，母亲又为他请来吴门画派传人樊伯炎先生教他国画。在这样的熏陶下，范敬宜在文学书画方面有了一个良好的开端。1946 年，15 岁的范敬宜进入国学大师唐文治先生创办的无锡国学专科学校学习，1949 年以优异成绩考入上海著名教会学校——圣约翰大学中文系。深厚的家学熏陶，加之无锡国学专科学校和圣约翰大学的培养，为范敬宜的为人为学打下了扎实的基础。

1951 年，刚从圣约翰大学毕业的年轻知识分子范敬宜经分配进入当时东北局机关报《东北日报》（《辽宁日报》前身），开始了记者生涯。

初到东北日报社，范敬宜在编辑部检查科检查纠正报纸文字差错，后调入文艺（副刊）组做编辑工作，办副刊，同时也作为记者采写新闻。1953 年，《东北日报》借鉴苏联《真理报》用小品文开展批评的经验，也开辟了"小品文"专栏，范敬宜成为这个专栏的编辑之一，一直干到1957 年，总计发稿一百余篇。这个时期他写出了《丑戏》《世界上最大的"窗帘"》等质朴有力的小品文。文章都短小精练，以小见大，内容则比较多样，有的讲世界大事，有的讲国家大事，更多的则是市井小事。他不讲假话、大话、空话、废话和套话，讲问题则是单刀直入，直抒胸臆。

范敬宜（1931—2010）

1957 年，26 岁的范敬宜因为两篇杂文被打成"右派"，并被送往辽阳种马场接受艰苦的劳动改造。1966 年，"文化大革命"爆发，范敬宜再次受到冲击，全家被下放到辽宁西部最贫困的建昌县二道湾子乡大北沟插队落户。范敬宜一家刚到大北沟时，村里人都知道他是省城下来的"右派"，不敢轻易接近。山头上一个孤零零的小土屋成了他的家——没有电灯，没有收音机，连吃的水都要走几百米挑回来。在这样艰苦的环境里，范敬宜依然保持着赤子乐观的心态，主动与村民亲近。当年大北沟的大队党支部书记卜祥玉回忆：在生产队参加劳动时，哪样活没人愿意干的，都是老范"承包"，比如种地培土的活儿，又脏又累，老范抢着干，收人粪尿没人愿意干，老范承担了。② 渐渐地，村里人逐步与这位"右派"打成一片，范敬宜也从农民们和基层干部那里了解到了农村土地上的事实。1971 年，他在《浣溪沙·夏锄》中写道："一袭轻衫锄一张，清风拂面槐花香，燕山脚下麦初黄。难得书生知稼穑，犹堪明目辨莠良，喜看遍地绿如洋。"③ 在他的眼里，这段举步维艰的岁月成为他了解土地稼穑的畅快日子，也教会了他日后报道黄土地的基本方法。

在农村的范敬宜，劳作之余最想成为的就是农场或工厂的一个墙报编辑，三年中，他笔耕不辍，为乡亲们办事。当地一位县委书记，偶尔路过范敬宜所在公社，发现了这位才情满腹的"右派"，千方百计把他借到县里农业办公室工作，发挥他的长处。在此期间，他跑遍了全县几乎所有的公社和大队，县里许多重要的报告、文件几乎都出自他之手。这段经历，使他对基层的了解比一般记者远为深刻，"就是在那些年，我才真正沉到了社会的最底层，了解了中国的国情、民情，特别是中国的农村。这时候再回过头来看我们过去做的新闻工作，就觉得太浅薄了。对人民了解得太少，对中国国情了解得太少。我这才真正意识到，离基层越近，也就离真理越近。"④

扎根农村 20 年，使范敬宜真正深刻认识到农村的情况，1978 年他重返新闻界后写出了《莫把"开头"当"过头"》《勿忘黄土地》《飞雪念村官》《月光如水照新村》《夜半钟声送"穷神"》等一篇篇经典报道。他深入群众，从"源头活水"发现新闻，从看来似乎没有新闻的地方，以各个不同的角度和侧面，以深入实际的调查反映出农民的心声和党的政策真实的实践效果和问题，起到了帮助人们分清是非、正本清源的作用。⑤

## 孜孜不倦办好党报

1984 年，范敬宜调任文化部外文出版局局长，1986 年任《经济日报》总编辑，1993 年至 1998 年，任《人民日报》总编辑。这段时期，范敬宜将在基层积累的记者经验与党报舆论引导相结合，孜孜不倦地探索办好党报的方法。

在人民日报社期间，作为总编辑的范敬宜每天都坚持在"值班手记"上写下一段段批语。这"手记"涉及的范围十分广泛，内容十分丰富，既有关于新闻宣传工作的大局、舆论导向、抓精品、组织策划宣传报道战役的宏观构想，也有对新闻采访、写作、编辑的具体要求，还有对于一篇文章、一块版面、一则导语、一条标题的精辟点评。"手记"虽然是就《人民日报》宣传报道工作有感而发的即兴篇章，论述的却多为新闻宣传工作的共性和一般规律。这些批语继承了中国古代笔记文体和读书眉批的传统，要而不繁、点到为止，后以《总编辑手记》为名结集出版，成为编辑记者的案头参考书。

范敬宜的编辑手记从记者和编辑工作的方方面面总结了办好党报的艺术，包括把握大局，树立精品意识，以思想深度取胜，以独特视角取胜，以快速反应取胜，以出奇制胜取胜，贴近群众、贴近实际、贴近生活，增强国际意识，珍惜群众来信来稿等工作原则。每一条规律的总结都是他深入新闻一线和坚持不懈把关的结果，成为办好党报新闻业务的一笔宝贵财富。

范敬宜强调编辑记者要坚持正确舆论导向，提高把握全局的能力。他说："《人民日报》能不能办得高出一筹，关键就在这里。"人民日报社原社长邵华泽追忆：与老范共事的时光，十分怀念，他有两个长处，一是会办报，二是爱办报。办报很辛苦，常熬夜，他那时已是六十多岁的人了，但对办报兴趣浓厚，一心扑在上面，生活却很简朴、不讲究。⑥

在人民日报社工作期间，范敬宜是个特别平易近人的领导，经常在食堂排队买饭，然后跟大家挤在一起，在饭桌上聊选题。他很重视记者要"三贴近"：贴近实际、贴近生活、贴近群众。他曾作诗一首，对那些作风浮躁的记者，提出善意的批评："朝辞宾馆彩云间，百里万里一日还。群众声音听不到，小车已过万重山。"他告诫《人民日报》的记者们，眼睛不要总盯着《人民日报》那0.2平方公里，而要看到960万平方公里。

范敬宜（1931—2010）

## 薪火相传投身教育

　　1998 年春，67 岁的范敬宜从《人民日报》岗位上退下，看似离开新闻界，却又从未离开。他利用午休时间为《新民晚报》"夜光杯"副刊撰写专栏文章，或针砭时弊，或闲话家常，以小见大，论述人生信仰、新闻事业和社会发展。文章既有可读性，又有思想性；既有人情味，又有文化味；既有情节，又有情趣；通而不俗，雅而不酸，后结集为《敬宜笔记》出版。

　　2002 年，71 岁的范敬宜出任清华大学首任新闻传播学院院长，提出了"面向主流，培养高手"的办学方针。在清华园，他不再是"老范"，而是学生们口中的"范爷爷"。范爷爷十分注重学生的实践和了解国情的教育，他在清华大学"新闻 9 字班"开班仪式上的演讲中反复强调新闻学子了解国情、了解大局的重要性。他说："每个人都不会是一

《敬宜笔记》

帆风顺的，但要把困难当作磨炼。我认为有五种人不可以做记者：不热爱新闻工作的不可以，怕吃苦的不可以，畏风险的不可以，慕浮华的不可以，无悟性的不可以。只有热爱新闻工作你才能心甘情愿地去吃苦。新闻事业充满风险，但值得去为之奋斗终生。"

古稀之年的范敬宜登上讲台，以生动的案例和丰富的人生实践经验给清华学子讲《马克思主义新闻观》《新闻与文化》，并且鼓励学生积极参与实践。2005年，清华大学新闻传播学院二年级学生李强，利用寒假到农村做社会调查8天，写出了3万余字的《乡村八记》，通过对一个家庭收支状况的剖析，客观地反映了农村的现状和政策的落实情况，体现了一个大学生对国计民生的深切关注。范敬宜看后，震动很大，当晚就写了1000多字的评语，推荐给全院老师。为了如实反映当代大学生的思想状况，范敬宜还把李强的《乡村八记》寄给了温家宝总理，作品得到了总理的肯定。范敬宜以这种方式鼓励新闻学子深入基层，深入广阔的祖国大地，投身新闻事业中。

被范敬宜教过的学生十分怀念他的言传身教，他们牢记他说的话："新闻要有文化含量，记者要有人文情怀。要想当个好记者，文化底蕴非常重要。"对于学生的作品，范敬宜也总是反复琢磨评点，"敬惜文字"是他一生做记者的态度，也是他想传递给后辈的态度。

2010年11月，79岁的范敬宜因病医治无效与世长辞，不论是新闻业界、学界还是整个文化界，都感到悲痛："世上再没有这样的人！"

范敬宜（1931—2010）

## 注释：

① 范敬宜：《范敬宜文集》（新闻教育文选），清华大学出版社2011年版，第123页。

②⑤⑥ 李元宝主编：《永恒的记忆——范敬宜与建昌》，环球出版社2011年版，第92、43、14页。

③ 董岩、聚成：《范敬宜：一代知识分子的传奇缩影》，《晚晴》2006年第8期。

④ 宋晓梦：《人间何处无征途——访清华大学新闻与传播学院院长范敬宜》，《光明日报》2002年4月23日。

# 莫把"开头"当"过头"

## ——关于农村形势的述评

**编者按**：党的三中全会精神，有力地推动着各方面工作向前发展，受到广大群众、干部的热烈欢迎。但是，正如《辽宁日报》记者写的这篇述评所说的一样，三中全会确定的方针、政策，如尊重生产队自主权，在基层才刚刚开始贯彻，有些同志就叫嚷什么"强调自主权过头"了。有一部分县社干部搞瞎指挥，搞强迫命令搞惯了，现在老办法行不通了，就大喊什么下面"不听指挥"呀，"乱了套"呀。究竟自己指挥得正确不正确？下面的意见有没有道理？根本不去了解。还有一些领导同志，对三中全会确定的方针、政策，本来持怀疑态度，甚至有抵触情绪，自己又不深入调查，看看群众和基层干部在想些什么，实际情况是怎样，一听到有人叫"过头了"，自己也跟着叫起来；或者把工作中出现的一些属于支流的问题当作主流。这说明一些同志的思想仍然处于僵化或半僵化状态。要改变这种状况，最好是这些同志自己到基层走一走，听一听群众和干部的呼声。作为新闻工作者，要像《辽宁日报》记者范敬宜同志那样，多搞一些扎扎实实的调查，用事实来回答那些对三中全会精神有怀疑、有抵触的同志。

本报讯 《辽宁日报》记者范敬宜述评辽宁省农村形势：最近一段时间，经常听见这样的埋怨声："生产队自主权强调过头了，现在下面都不听指挥了……"

说这类话的，不仅有县社干部，也有城里的机关干部，有的还列

中·国·名·记·者

158

《人民日报》转载报样

范敬宜（1931—2010）

举了许多当前农村中出现的问题，似乎这一切都应该归罪于生产队有了自主权。

　　事情果真是这样吗？为了弄清这个问题，我们走访了一些社队。

　　在采访过程中，我们向许多农村干部和社员提出这样一个问题："今年农村最大的变化是什么？"普遍的回答是："活起来了！"这个"活"字，很形象地概括了生产队有了自主权以后，在政治、经济、生产、生活上出现的生动局面。人们对"活"字感受如此深刻，绝非偶然：过去十多年，在林彪、"四人帮"极左路线干扰下，生产队自主权遭到肆意践踏、剥夺和侵犯，生产队不用说因地制宜地确定合理的经济结构和生产布局，就连种一亩土豆、一亩谷子都成了犯罪，生机勃勃的千村万户被弄得万马齐喑，死气沉沉。党的三中全会以后，随着发展农业的两个文件深入贯彻，生产队自主权重新摆到了它应有的地位，人们哪能不由衷高兴！但是，不能设想，林彪、"四人帮"在十多年中造成的影响，可以在短短几个月消除净尽。在贯彻尊重生产队自主权政策的过程中，阻力还是很多的。从目前来看，在不少生产队，自主权还仅仅意味着在作物地块和品种的选择上有了一点余地，其他还谈不上；而有些生产队，连这点权利还没有得到。有的队干部和社员对我们说："我们只有劳动权，没有自主权。"这种现状告诉我们：尊重和保护生产队自主权的工作，现在只能说刚刚开头，没有理由可以认为已经"过头"。

那么，有了自主权的生产队是不是都"不听指挥"了呢？我们还是多看事实吧！有一个县，也曾被人描绘成自主权多得"乱了套"，可是一调查，今年高产作物和经济作物面积都不折不扣地完成了国家计划。天下哪有这样"不听指挥"的生产队！后来我们渐渐摸到了一个"窍门"：遇到埋怨下面"不听指挥"特别厉害的干部，就叫较真，请他提供一个"最不听指挥"的典型，一下子就"将军"了，因为这样的典型确实很难找。这说明，有些干部，特别是上面的干部，并没有亲自调查研究，而是道听途说，人云亦云。绝大多数生产队都是懂得如何正确行使自主权的，坚定不移地走社会主义道路的。那种企图摆脱党的领导、不顾国家计划、不听正确指挥的生产队虽然也有，应当做好他们的工作，处理好自主权同党的领导的关系，但这样的生产队只是极少数，我们不能以偏概全，把支流当作主流。再说，对于"不听指挥"，也要作具体分析：究竟是正确的指挥，还是错误的指挥、瞎指挥？事实上，凡是指挥受阻的地方，一般都事出有因。我们问过一位县委书记，今年在哪些问题上卡过壳，他很坦率地举了三件事：第一件是某项县办水利工程继续平调生产队的劳力；第二件是不经试验就大面积推广某种作物；第三件是在播种时间上不顾实际情况又搞了"一刀切"。他说："这不能怨下面，应该从上面来检查。过去生产队遇到这种情况，都忍气吞声，现在他们敢说话、敢抵制了，这应该说是好事，不是坏事。"可惜能够这样严以解剖自己的领导干部，现在不是很多。

尊重生产队自主权既然是这样一件大得人心的好事，为什么会遭到这么多非议？通过调查，我们感到，一个很重要的原因是，十多年来有些干部受林彪、"四人帮"极左路线的影响较深，思想完全从禁锢中解放出来需要有一个过程。有的老干部忘记了群众路线的老传统，也习惯于那种官僚主义、强迫命令的手段了；有些比较年轻的干部，从当干部那一天起，就没有听说过生产队还有什么自主权，接触的就是"挖修根""拔修苗"以及"一声雷""一刀切"那一套，以为这是天经地义的事情。现在看到原来唯命是从的基层干部居然敢于提出不同意见，就认为大逆不道，"乱套了"，甚至对党的政策也产生了怀疑。这恰恰从反面说明，各级领导干部解放思想，是保证生产队自主权正确行使的关键。

尊重和保护生产队自主权是党的三中全会确定的发展农业生产的重要政策，我们一定要坚定不移地去继续贯彻落实。大量工作在等待我们去做。这里最重要的是领导干部对客观形势有一个清醒的、正确的估计，分清主流与支流，千万莫把"开头"当作"过头"。这是正确贯彻党的政策的前提。否则就会左右摇摆，贻误工作，甚至像毛主席讽刺过的那位好龙的叶公那样，天天念叨生产队自主权，等到自主权真正来临的时候，又惊慌失措，迷失方向了。

（原载《辽宁日报》1979年5月13日；选自《范敬宜在辽宁日报》，<br>辽宁日报出版社2011年版）

范敬宜（1931—2010）

**评析：**

这篇报道是范敬宜的成名作，写作背景是党的十一届三中全会召开后，社会上一些人对三中全会的精神吹冷风，说是"现在农村中资本主义泛滥了"。面对这股冷风，为了摸清楚农村所出现的问题是否是因为"生产队自主权过大"，作者深入到曾度过10年的建昌县农村，从县级干部、村干部、村民那里广泛调查，获得第一手资料。在县里，许多县干部、公社大队干部几乎异口同声地告诉他：现在农村确实乱套了，农民不听指挥了。而当作者来到村里的生产队调查时，老百姓却众口一词地说："三中全会政策太好了，照这样下去，农民就有希望了，活起来了。"农民的一个"活"字，给了他很大的震动，带着矛盾的问题，作者又去县里采访了几位有丰富农村工作经验的老干部。几位老干部经过讨论后得出了干部思想需要解放，要从老百姓的体会实事求是出发的结论。调研结束后，作者以亲身调查所见所闻观点鲜明地指出：尊重和保护生产队自主权，莫把"开头"当"过头"。

作者在错综复杂的背景下，推动了改革开放的农村政策的落实。《人民日报》于1979年5月16日以头版头条的重要位置转发了这篇文章，并配发编者按，明确指出："作为新闻工作者，要像《辽宁日报》记者范敬宜同志那样，多搞一些扎扎实实的调查，用事实来回答那些对三中全会精神有怀疑有抵触的同志。"

文章立论扎实，调查充分，不仅有大局意识，更有贴近群众、贴近事实的责任心。在写作笔法上，平易近人，鲜活有力。

## 成材与成柴

说来惭愧，直到不久以前，我才弄明白林业上的"抚育"原来是对幼树动锯。那是我到一个林业大队去采访，在那里见到一片茂密丛杂的小树林，钻到里面一看，密密麻麻的净是又细又弯又干巴的小老树，连根像样的椽材都很难找到。我奇怪地问同行的县委领导同志为什么，他告诉我，这片林子已经造了二十多年，由于当初人们没有经验，总是舍不得抚育——不肯把密株间掉，把杂枝砍掉——由着它自由生长，结果就长成了这副模样。最后，他颇有感慨地说："植树造林，抚育了才能成材，不抚育就只能成柴啊！"

听了这番话，我不由对第一个发明用"抚育"这个词汇来表述林木管理方法的人，产生了深深的敬意。他对"抚育"的理解是多么深刻呀！说实在的，过去我见到了"抚育"二字，联想到的只是母亲的慈爱，保姆的扶持，教师的关切，而从来没有想到它还包括斧砍刀锯的内容——原来这也是一种抚育方式，而且在某种意义上说，是一种更重要的抚育方式。

由对树木的抚育，我想到对人的抚育，对青少年的抚育，特别是对青年作者的抚育。过去，我们对培养抚育青年作者是怎么理解的呢？似乎只意味着对他们作品的鼓励，对他们本人的奖掖，对他们积极性的保护，而并不包括必要的、正确的批评。而且不知从什么时候开始，形成了这样一种不成文的法规：对青年的作品只许表扬，不许批评。谁要批评，就有一顶专用的帽子，叫作"抡板斧""扼杀新生力量"。这样做，开始也许出于爱护青年的好心，希望他们快点成材，但是根据一切事物的成长规律来看，其结果是颇为危险的。现在看来，对"抡板斧"还真需要有点分析。如果出于恶意，抡开板斧为的是摧残人才，那当然天理难容；但是，如果出于善意，像林业上的抚育，抡斧子只是为了去芜删杂，砍掉"小树"身上的缺点，让它更健康地成长，那不但不应反对，而且值得大大提倡。

我之所以产生以上的感慨，是由于最近看了一些青年作者的作品。其中有的确实显示了作者初露的才华，但也有的确实存在一些明显的缺点。我总以为应该有人出来实事求是地、严肃地指出，可是一天一天过去了，除了见到国外报刊上的批评文章外，在国内报刊上看到的，多数是恭维声，什么"深刻的主题"呀，"清新的风格"呀，"迷人的笔调"呀，等等，这样做，对作者到底有什么好处呢？我看，这不是对"小树"的爱护，而是不负责任。

爱惜人才不只要鼓励，还要严格要求。由文学幼苗而成为参天大树，抚育实不可少。

（原载《辽宁日报》1980 年 10 月 11 日；选自《范敬宜在辽宁日报》，辽宁日报出版社 2011 年版）

范敬宜（1931—2010）

评析：

这篇评论写作的背景是改革开放初期，文坛出现了对一些青年作家过

163

于吹捧的风气，却迟迟没有人站出来评论指正。作者看到这种现象后，从一次观树林对"抚育"的认识入手——"植树造林，抚育了才能成材，不抚育就只能成柴啊！"并运用比喻的手法，以小见大地指出社会对青年作家一味爱护其实并不是真正好的"抚育"方式。接着由树及人，探讨应该如何去看待社会上对青年作家"抢板斧"的行为，并提出爱惜人才需要鼓励，但也要严格要求，才能使他们真正"成材"，而不是"成柴"。作者所拟的文章标题"成材与成柴"不仅精练有力，而且一语双关。文章主体内容层层递进，贴近生活，一般人读来也能明辨其理。更难能可贵的是，作者仅仅是通过一次看植树造林的经历，便能十分自然且巧妙地想到社会对青年作家的态度问题，反映出一个评论记者强烈的社会责任感和写作水平。

# 媒体的浮躁在于缺少文化

非常感谢解放日报报业集团的热情邀请，为我提供了一个和大家见面、交流的机会，也提供了一个和刘长乐、喻国明两位老师合作的机会。作为一个已经退役的"新闻老兵"，我感到很高兴，也很荣幸。

要改变"荷包鼓了，心灵却饥渴了"这种现状，必须依靠文化的回归、文化的复位和复兴。

我是喝着黄浦江水长大的，也是读着老《申报》《新闻报》《解放日报》《文汇报》《新民晚报》成长起来的。56年前，也是这样一个季节，我和当时许许多多的同龄人一样，在魏巍的那篇《谁是最可爱的人》的鼓舞和激励下，在"雄赳赳、气昂昂，跨过鸭绿江"的歌声中，离开了上海，远赴祖国的东北。

半个多世纪过去了，乡音未改，乡情未了。我尤其对上海新闻界有着一份特殊的感情。因此，解放日报报业集团在两年前一推出"文化讲坛"，就立刻引起了我的注意。好像在夏天的夜空里，突然发现多了一颗耀眼的星星。从此，我每期必读，而且逢人必夸。

今年5月18日，读了《第九届"文化讲坛"实录》之后，我非常兴奋，立刻给尹明华社长打了一个长途电话，向他表示感谢和祝贺，同时说解放日报报业集团为中国的文化发展又做了一件功德无量的好事。

我和尹社长过去交往不多，通话也很少，为什么这次如此兴奋？除了参加"文化讲坛"的三位主讲人章含之、于丹、敬一丹的讲话确实非常精彩，更重要的是，这些演讲回答了让我长期以来感到困惑的问题：在市场经济大潮和西方价值观、新闻观的冲击下，在主流媒体不断遭到质疑的环境中，我们的主流媒体，特别是党报，还有没有生命力？还能不能办得更好一些？能不能更受欢迎一些？能不能更有声有色，雅俗共赏，充分发挥它的舆论威力？它的前景是不是像有的同志估计的那样悲观？

范敬宜（1931—2010）

"文化讲坛"用自己的实践和探索，从正面作出了回答，使我增强了信心，也给了我很多启发。启发之一，就是媒体的改革和创新必须从文化上来突破。"文化讲坛"在很短的时间内受到了各个阶层——上至中央领导，下至黎民百姓的赞许和欢迎，就是一个证明。

我想首先从身边发生的两件小事谈起：

第一件事是，《第九届"文化讲坛"实录》见报的当天，我正好在清华大学新闻与传播学院上课。我就在课堂上用两节课的时间给大家读了《解放周末》这四个版的内容，引起了同学们极大的兴趣，互相争着看。我说，你们必须得把报纸还给我，但到现在也没有还，我估计是回不来了。

几天后，我的助教给我开来了一张书目单，上面列了8篇中国古典名著篇目，说是同学们希望老师结合专业课程来讲一讲。我一看吃了一惊，这8篇是：刘勰《文心雕龙》"神思"篇和"风骨"篇、陆机的《文赋》、王勃的《滕王阁序》、柳宗元的《封建论》、苏轼的《前后赤壁赋》、方苞的《狱中杂记》、梁启超的《少年中国说》。我问助教，同学们为什么对这些古文发生了兴趣？他说：看了"文化讲坛"的实录，大家都特别受触动，觉得相比之下自己的文化知识太贫乏了，文化积累太浅薄了。"老师，您以前不是也说过，学新闻的如果只是整天吃'压缩饼干'，吃浓缩'维生素丸'，不吃五谷杂粮，不吃蔬菜鱼肉，就肯定会得贫血症。如果只是就新闻讲新闻，就新闻学新闻的话，成就必然有限。"我听了很高兴，接受了他们的建议。

第二件事情是，全国记协原党组书记徐心华同志退休后，联络了一批刚刚退下来的老新闻工作者，办了一个茶馆形式的新闻沙龙。前几天他给我打电话说，打算把新闻文化作为沙龙的重要内容，办一个像"文化讲坛"这样的论坛，想请我去讲三课。

这两件事情都不算大，但是以小观大，可以看到"文化讲坛"的影响力和冲击力。同时也反映了这样一种趋势：新闻的业界和学界正在开始出现一种对文化的渴望和追求，以前好像没有这么强烈。人们开始意识到，要想改变像刘长乐先生所概括的"我们的经济腾飞了，而文化却没有腾飞；荷包鼓了，而心灵却饥渴了"，（转向刘长乐）这是你说的话吧？（全场笑，刘长乐微笑点头）要改变这种状况，不能头痛医头、脚痛医脚，必须依靠文化的回归、文化的复位和复兴。

实现这种转变，媒体的责任非常重大，而关键是要依靠它自身文化意识的提升。这是一个历史的必然。从历史上看，每当经历了某种潮流的冲击，就会出现一段时间冷静的反思，并由反思产生另一种饥渴。

对目前出现的"文化热"，社会上的看法也不尽相同，有的叫好、称赞，也有的说这是"虚热"。我想，即使有的地方是"虚热"，也总比"不热"要好。北方农民有句谚语：下雨就有露水。在农作物最干渴的时候，即使只有一点露水也是好的。


群众对新闻媒体有三个问题最不满意："炒""造""搞"泛滥，工作作风漂浮，有些媒体宣传水准滑坡。


当前，人们都在指责媒体"浮躁"。我认为不能一概而论，应该具体问题具体分析。不要把"浮躁"当作一个筐，什么问题都往里面装，什么都归为"浮躁"。我觉得当前群众对新闻媒体最不满意的大概有这么三个问题：

第一个是一些媒体从业人员的职业道德问题，最突出的就是"炒""造""搞"。所谓"炒"就是炒作，"造"就是造假，"搞"就是恶搞。有的甚至超出了道德底线，触及了法律问题。

第二个是有些媒体工作人员的工作作风问题。比如说工作漂浮、不严肃、不深入、不负责任，甚至于玩忽职守，不但影响了媒体的威信，还给被报道的单位和个人造成伤害。

第三个问题是有些媒体宣传水准滑坡。报纸、广播、电视本来是办给大众的，要能被受众接受，它的作用才能实现。所以群众愿看、想听，是一个起码的标准。可是现在受众普遍反映是，报纸、广播、电视中让人想看的、愿看的、耐看的、爱看的精品力作并不多。打开越来越厚的报纸，可以一眼看到底，就是说不用停留多看，一眼就看完了。打开收音机、电视机，往往几秒钟就赶快转台。总而言之，就是有味道的、有看头的、有回味的东西太少。公信力的下降，是媒体面临的一个很大的危机。

范敬宜（1931—2010）

上述的前两个问题，都不属于"浮躁"的范畴，尤其是第一个问题要靠法律、法规、制度来解决。我主要想讲的是第三个问题，就是关于媒体水准滑坡的问题。

究竟什么叫"浮躁"？我曾经翻过好几部辞典，包括《辞海》在内，解释几乎就是四个字："轻率、急躁。"我觉得这回答不了我们今天的问题。所以，一个月前我在课堂上让同学们进行专题讨论，让他们给"浮躁"下一个定义。

后来他们下了好几个定义，有两条还成形一点，一条是"浮躁是指在社会转型期，由于过高、过早、过急、过多的欲望一时得不到满足，而产生的一种社会心态和行为"。比如一个大学生还没毕业工作，就想着要有房子，有汽车，有多少收入，这种过早的欲望得不到满足，就产生一种浮躁的心理。还有一条是，"浮躁是指在商业化竞争日益激烈的情况下出现的急功近利的心理，但是又不愿意付出必要的代价。"这两个定义多少沾一点儿边，但我觉得还是不够全面。

在我们的新闻队伍中间，有些人是浮躁的，但大部分还是很踏实的，不像上面描述的那样。很多人学习很努力，工作很勤奋，作风也很严谨，但是他们苦于长期写不出受读者欢迎、影响重大的优质作品。这又是为什么呢？原因就归到文化上面来。从文化的角度来看，刚才说的这两种人，一种是急功近利的，一种并不急功近利，但这两种类型都有一个共同点，就是文化修养的短缺。前者反映在思想意识上，后者反映在表达能力、工作能力上。

最后归纳出一句话叫作，媒体的浮躁源于文化的缺失。不知道这是不是也有点以偏概全，就姑妄言之吧。

"余束发"是谁，"范长江是小品演员"，看到这些笑话，我感到悲哀。

文化的缺失是怎么造成的？回顾一下历史就会发现，长期以来，在对新闻与文化关系的认识上存在误区。新闻本身就是一种文化，而且是各种文化的交汇点。新闻人本身就应该是文化人，不论是被称为瞭望者，还是守望者，新闻工作者都应该是有社会责任感、有学问、有道德、有能力的文化人。

从近百年的中国新闻史来看，凡是杰出的新闻大家，几乎都是杰出的文化人。王韬、章太炎、梁启超、张季鸾，一直到毛泽东、瞿秋白、邹韬奋、恽逸群、胡乔木、乔冠华，等等，这些人既是杰出的政治家，又是学养丰厚、才华横溢的文化人，政治品质和文化修养在他们的身上和笔下都得到了完美的统一。他们的作品尽管时过境迁，但现在读起来仍然觉得有味道，有的甚至百读不厌。

记得吴冷西同志生前有一次告诉我，毛主席对他说，在报人中间，我其实最佩服的是张季鸾，因为他既有政治头脑，又有倚马可待的大手笔，又会串门子，他了解的情况最多。可是到了 20 世纪 50 年代中期以后，"左"的思潮泛滥，其中对我们新闻界影响最大的就是把政治和文化对立起来。只强调新闻的意识形态属性，而不强调新闻的文化属性；

片面地强调政治家办报，而一概否定文化人办报，甚至于把既有政治头脑，又有丰厚文化修养的邓拓同志也当成"书生办报""死人办报"的代表批了很久。到了"文化大革命"中，这种排斥文化的思潮更是到了登峰造极的地步。

拨乱反正以后，政治的大气候发生了根本性的变化，许多领域对"左"的影响进行了比较彻底的清理，但是在新闻领域里政治和文化关系问题的"拨乱反正"似乎相对滞后。比如到了 20 世纪 80 年代中期，在讨论新闻的专业职称评定工作的时候，还有人公开提出"新闻无学"，反对把新闻列入专业职称评定的范围。

改革开放之后，作为培养新闻人才源头的新闻院系引进了很多西方的新闻传播理论，但是很少听说有哪一家专门设立新闻与文化的课程。

范敬宜（1931—2010）

在媒体，评价一位编辑、记者水平的时候，往往有这样的说法，"这个人文笔还可以"。这个"文笔还可以"，实际上是一种似褒实贬的说法，言外之意就是，这个人只会耍点笔杆子，有点小聪明，政治上并不怎么样。这种情况到现在都还存在。

全国有那么多的新闻奖项，但似乎没有多少特别强调受奖者的文化修养。包括全国性的奖励在内，"业务能力"主要是指写作能力，并不强调综合文化素质。这从某种程度上给年轻的新闻工作者某种导向，使他们以为从事新闻工作用不着多少文化修养、文化积累、文化底蕴，用不着读多少书，也用不着在新闻写作上下多少功夫，反正写什么只要按照某种模式，在网上"扒"一点，文件上抄一点，再加上点例子，穿靴戴帽一番，豪言壮语几句，就可以很顺利地通过，甚至博得"出手很快"的表扬。

所以，现在许多媒体的报道中经常可见令人生厌的文字。比如说评论，大家可以找找报纸、杂志看一看，会发现很多固定模式。比如写"落实科学发展观"，第一段就是，什么什么是什么什么的根本；第二段：什么什么是什么的关键；第三段：什么什么是它的前提；第四段：什么什么是它的基础。还有比如，要怎么样，就必须怎么样。凑对仗，搞排比。

还有板着面孔的"必须强调""应当指出""毋庸置疑"等生硬的词汇。

现在社会上流传着许多由于缺少文化知识而造成的笑话。举个例子："你的家父""他的乃父"，（全场大笑）"你什么时候到我府上来串串门？"自己家怎么能称作"府上"呢？（全场大笑）"乃父"不是指你的父亲，而是父亲的自称。欧阳修《五代史伶官传序》中说"尔其无忘乃父之志"，陆游的"王师北定中原日，家祭无忘告乃翁"，这里的"乃父""乃翁"都是老人的自称。

还有一个文化人给我写信，一开头就说，"敬宜愚兄，你好"。（全场笑）有一位编辑要我给他编的书写一个序言，要求用文言文写。我的第一句话是："余束发受书于太仓唐文治先生。"意思是我在很小的年龄，头发刚刚梳起来的时候，到唐文治先生那里受教。结果他看完了说很好，最后问，这个"余束发"是谁？（全场大笑）最近还有一个面对新闻专业学生的知识测验问，"范长江是谁？"有学生答：范长江是小品演员。（全场大笑）还不止一个学生这么写！

看到这些笑话，我感到很悲哀。我们应该反思这个问题了。

现在我们处理新闻不大讲究艺术，通病是：只知道旗帜鲜明，不知道委婉曲折；只知道理直气壮，不懂得刚柔相济。

提高文化修养，加厚文化底蕴，首先就是要读书，读好书，读古今中外的各种好书。多读书不仅能改变人的知识结构，还能改变人的内涵，改变人的风貌和精神世界。古人说过，士人三日不读书，则面目可憎，言语无味。

没有文化知识，不读书或者书读得少，不仅对新闻工作者来说是莫大的缺陷，就是对艺术家来说也是如此。大家都知道赫赫有名的上海大书法家沈尹默，他的书法在北大当讲师的时候就已经有点名气了，可当时北大校长看了他的字，有四个字的评价，叫"其俗在骨"，意思是他的字缺乏文化底蕴。这对他是很大的刺激，后来他就努力读书，逐渐形成了典雅的风格。

特别要强调的是，新闻工作者除了学习书本上的知识以外，还要懂一点艺术。艺术归根到底是处理矛盾的手段。音乐也好，绘画也好，都要求处理好强与弱、深与浅、浓与淡、快与慢、高与低、刚与柔、轻与重等的关系。

现在我们处理新闻不大讲究艺术，不大考虑新闻艺术处理的效果。通病就是：只知道旗帜鲜明，不知道委婉曲折；只知道理直气壮，不懂得刚柔相济；只知道大开大合，不知道以小胜大；只知道浓墨重彩写英雄，不知道轻描淡写也可以写英雄；只知道浓眉大眼是美，不懂得眉清目秀也是一种美；只知道响鼓重锤，不懂得点到为止；只知道大雨倾盆，不知道润物无声。

我发现一个奇怪的现象，对于文化艺术修养的重要性的认识，我们文化人往往不如一些科学家深刻。比如钱学森、李政道、杨振宁、周培源等老一辈科学家，都发表过一些对于文化、艺术与科学造诣关系的精辟观点。钱学森曾为此大声疾呼。记得 1991 年国家给他授勋的时候，他讲了一番话，大意是：我今天能够在科学研究的道路上获得这样一点成绩，应该归功于我的夫人蒋英。蒋英是一位女高音歌唱家，而且擅长花腔女高音。钱学森说，是她给了我诗情画意，使我懂得了人生，使我在科学研究道路上避免了机械唯物论和死心眼。去年春节的时候，温家宝总理去拜访他，他又重复了这些话。这几句话我一直牢记在心，因为他讲得太深刻了。

范敬宜 (1931—2010)

著名歌唱家李双江曾经对我说，现在歌手的学养太差。拼长相，拼嗓子，最后拼来拼去要拼的是文化。一个歌手有没有文化，一张口就能听出来。文化是潜移默化融会在血液当中、灵性当中的，是装也装不出来的。

遗憾的是，新闻作为文化的组成部分，而且是关系最密切的部分，似乎还没有多少人来表达这样一种感悟。可能是不识庐山真面目，只缘身在此山中吧。好在现在的情况正在变化，特别是我们年轻的一代正在逐步走出怪圈。只要经过正确的引导，走对路，走正路，他们一定会跨越时空造成的文化断层。我对此并不悲观。

文化积累和农作物的成长是一样的道理，有一段"有效生长期"，过了这个有效生长期再给它浇多少水、施多少肥、用多少技术都已经无效了。

时间造成的文化断层也同样需要由时间来弥补，不能用浮躁的方法来解决。

2000年以来，我一直在清华大学新闻与传播学院教书。有一位大学生曾经很诚恳地在信中对我说，希望学院能增加人文知识的教学。他说："我再过两年就要毕业了，水木清华留在我们记忆里的，不应该只是郁郁葱葱的校园和古老优雅的建筑，而应该是王国维、陈寅恪等前辈那样又深又广的知识海洋和文化积淀。"

清代诗人龚自珍有两句诗："虽然大器晚年成，卓荦全凭弱冠争。"文化积累和农作物的成长是一样的道理，有一段"有效生长期"，比如一个玉米要150天成熟，但关键的时候是在60天到80天，过了这个有效生长期，再给它浇多少水、施多少肥，用多少技术都已经无效了。

我常常说，我们年轻人的脑子像一张宣纸，滴一滴墨就会全部渗透吸收了。到了我这样的年龄，脑子就变成一张蜡纸，滴水不透了。（全场笑）从过目不忘，到转身就忘，从来日方长，到去日苦多，中间并没有明显的时间界限。所以，希望年轻同志们静下心来好好做点学问，把自己的文化功底打得牢牢的。

最后我写了几句"歪诗"：

生命之树长青，
文脉之源永恒。
文化品质是媒体的灵魂，
文化复兴的希望寄托在你们一代的年轻人。
我虽然老了，
还想抖起精神和你们一起好好拼一拼！

这里第三句的著作权是属于刘长乐先生的——特此声明！（全场笑，鼓掌）

（原载《解放日报》2007 年 7 月 20 日；选自《范敬宜文集》（新闻教育文选），清华大学出版社 2011 年版）

评析：

　　这是范敬宜 2007 年 7 月 16 日在解放日报报业集团第十届"文化讲坛"上的讲话。这篇演讲实录，鲜明地反映了范敬宜"新闻要有文化"的理念。作者首先从自己踏入新闻行业讲起，抒发对新闻充满文化的时代的怀念。接着，作者很自然地从身边的两件小事来阐述当前新闻媒体和新闻从业者缺少文化的现实。作者尤其指出群众对新闻媒体三个问题的不满意："炒""造""搞"泛滥，工作作风漂浮，媒体宣传水准滑坡。在分别论述原因后作者总结媒体的浮躁在于文化的缺失。通过对近百年中国新闻史新闻大家的盘点，作者铿锵有力地指出：新闻本身是一种文化，新闻人本身就应该是文化人，不论是被称为瞭望者还是守望者，新闻工作者都应该是有社会责任感、有学问、有道德、有能力的文化人。作者一生从基层记者做起，一路坚持对新闻文化的追求和对社会的负责，退休后仍孜孜不倦地投身于新闻研究和新闻教育事业中。对于年轻的新闻学子，作者不仅寄予厚望，同时也提出了严格要求，可见他对待新闻事业的一颗赤诚之心和热爱之心。他是这么说的，更是这么做的，他给中国新闻事业指明了方向，留下了宝贵的财富。

（编撰：陈建凤）

范敬宜（1931—2010）

心系海防 情聚报端 **丁星** （1931— ）

　　丁星（1931— ） 1948年加入中国人民解放军，1949年任新华社苏南军区支社编辑，1951年担任苏南军区《战士报》代总编辑，1952年参与华东军区《人民前线》报复刊工作，1982年任该报社长。曾先后被评为全国优秀新闻工作者、全军军史编研工作先进个人、全军军史编研工作先进组织者、南京军区先进离休干部。荣获国务院颁发的政府特殊津贴、中央军委颁发的胜利功勋荣誉章。著有《追寻铁军》《航头残梦》《海防线上》《编辑生涯》等军史研究和新闻作品集。

## 心系海防　情聚报端

丁　星（1931—　　）

这是一份丁星新闻生涯年谱简编：

——1945 年 14 岁，在《衢州日报》上发表处女作《桥》。

——1949 年 18 岁，参与创办苏南军区《战士报》并任记者。

——1952 年 21 岁，参与《人民前线》报复刊工作，自此 36 年间从该报助理编辑成长为报社社长。

——1988 年 57 岁，参与并主持《新四军》等历史资料丛书的编纂工作。

……

他的一生与办报、编书紧紧联系在一起，与军队、战士深深团结在一起。

### 小小年纪针砭时弊，以笔为戈指点江山

丁星，1931 年 11 月 3 日出生，浙江杭州人，原名裘诗嘉。1937 年抗日战争爆发后，丁星全家离开杭州，在浙东、浙西农村辗转避难。

1943年，12岁的丁星到寿昌县航头村的回春堂中药店当学徒。中药店的老板曾在北京上学，回乡继承祖业时带回的许多文学书籍杂乱地堆放在中药店阁楼上。村间的黑夜四野寂静，寂寥夜长，一人守店的丁星伴着一盏桐油灯如饥似渴地阅读。所读之书既包括《三国演义》等古典名著，也不乏《七侠五义》之类的通俗小说，但读得最多的是新文学运动初期鲁迅、茅盾等人的作品。读得多了，丁星萌发了动笔的念头：他在包中药的纸上创作了一篇又一篇习作。1945年9月抗日战争胜利，丁星偶然读到创刊不久的《衢州日报》后，立即投去一篇控诉日军暴行的散文《桥》。这是他在报纸上刊登的第一篇作品。那年，他14岁。

1946年1月，丁星迁回杭州为《天行报》这张隔日出版的小报编辑《新闻集纳》专栏和文学副刊。9月，他以同等学力考入高中后，一面上学，一面为《大同日报》编辑每周一期的副刊《艺文线》。两年多时间里，丁星积极参加中国共产党领导的反内战反迫害反饥饿学生运动，并在杭州、上海、南京的报纸副刊和文学杂志上发表了多篇短篇小说和四十余篇散文。他的散文不仅记录生活，还含有新闻信息。如《清凉寺的叹息》记述了"物价涨得像跑马""米都过了三十万大关了"；《马车》披露了一群国民党退役将军到中山陵哭陵的政治事件；《菩提寺记》等则描写了学生运动的片段。

新中国成立前后的江苏省长江以南地区，有许多国民党军溃逃时留下的小股部队和散兵游勇，他们与原有土匪勾结，四处抢劫，袭击乡镇政府，杀害工作人员，严重扰乱社会治安。丁星多次到太湖、茅山等地的剿匪部队采访，并在军内外报刊上发表了多篇新闻。《太湖人民的辛酸》《不讲话的群众工作》《剿匪功臣王福仁》等通讯，宣传了剿匪的必要性和必胜信念，在当时影响极大。

## 步履不停心系海防，幸福岛上唱遍赞歌

1953 年 12 月，丁星到驻守舟山群岛的部队采访。他和"人民英雄连"的战士们一起迎接新年，又在海岸炮兵连和战士们一起欢庆春节，还和正在前沿岛屿打坑道的工兵连战士一起，在海滩上搭帐篷，听涛声，畅谈中国日新月异的进步。海防战士对祖国和人民的真挚热爱，对守卫海防的强烈责任感，克服种种困难在荒岛上安营扎寨的奋斗精神，深深感染了丁星。在近两个月的采访中，他写了《祖国，我们忠诚地保卫着你》《海岛为家》《海防线上的日日夜夜》《海防战士的心》等八篇通讯介绍祖国东大门的守卫者。这些通讯连续在军内外报纸上发表，有的由新华社播发通稿。

此后的许多年里，丁星多次到守岛部队采访。有一次他去洞头岛，因海上风大，船艇不能出海，在温州停留了四天。不久，他从北麂山岛回温州，又因海上没有风，飘荡一天后，才靠上大陆南边的港口瑞安。这样的经历，使丁星对守岛部队的艰辛有了越来越深切的体会。他不仅写了多篇反映海防战备的新闻，还经常编发来自守岛部队的稿件，并对重要来稿予以点评，还依托来稿撰写了多篇社论，如《以岛为家，人在心在》《筑起真正的铜墙铁壁》等。

1963 年 5 月，丁星克服浪大涌高的危险，登上了中国最东端濒临公海的东福山岛，并对这个小岛的守备连进行采访。详细调查后，丁星决定把这个守备连作为守岛连队的先进典型突出宣传。为了保密，丁星在报道中将这一守备连改称为"幸福岛守备连"。7 月起，丁星陆续在《人民前线》报上发表通讯《幸福岛上英雄歌》，调查报告《牢固地树立以岛为家以苦为荣的思想》，一组幸福岛上军民共建的故事，多幅摄影作品以及两篇社论《向幸福岛守备连看齐》和《再论学习幸福岛守备连》。其中，通讯《幸福岛上英雄歌》被《解放军报》和许多地方报纸转载，《解放日报》和《浙江日报》在转载时也发表了评论，号召各行各业向幸福

丁　星（1931—　）

177

《幸福岛上英雄歌》原载版面

岛守备连学习。

丁星深感自豪的是，他到过从黄海到东海所有驻有连队的岛屿，就连只有两个战士守卫的白节岛，他也曾乘着舢板访问过。

丁星更为自豪的是，他最早在消息、通讯和评论中提出的"以岛为家，以苦为荣"口号，在守岛部队中广泛传播，真切表达了海防战士忠于祖国、忠于职责的坚定决心，至今仍绽放着那个年代特有的光彩。

## 十年浩劫不畏责难，苦尽甘来感慨万千

十年动乱，军队亦未能幸免。"文化大革命"开始后，时任人民前线报报社军事后勤科科长的丁星被造反派在大字报上点名批判为"资产阶级军事路线的鼓吹手"。丁星虽有不解，但这却使他对"文化大革命"

的是非颠倒察觉较早。1967 年 7 月，《新华日报》发表了一篇要在军队批判"带枪的刘邓路线"的文章。临时负责报社工作的丁星认为这是一个由三名军队干部发起的、企图搞乱军队的错误口号。他顶住方方面面的压力，坚决不同意《人民前线》报转载这篇文章。为此，他不止一次受到了造反派的责难。1972 年以后，丁星以报社编辑科科长的职务协助总编辑工作。这个时期的《人民前线》报，常常以"版面较小"为借口，拒不转载"四人帮"炮制的长文。江青、张春桥气急败坏，点名指责，江青甚至提出"要将军队的办报权夺回来"。1982 年 4 月 29 日，在纪念《人民前线》报复刊三十周年的集会上，南京军区司令员聂凤智代表军区党委讲话，认为《人民前线》报对"四人帮"的倒行逆施"有保留有抵制"，"保持了距离"，在"文化大革命"十年动乱中经受住了考验。这个评价，让《人民前线》报所有编辑人员倍感欣慰，丁星也为这个特殊时期的办报经历感慨万千。

丁　星（1931—　　）

## 大胆改革创新为上，办报编书笔耕不辍

　　1982 年，丁星任人民前线报社社长。"文化大革命"结束后的一段时间，《人民前线》报恢复党的优良新闻工作传统，贯彻以战士为主要读者的办报方针，端正文风，改进版面，小报小办，用读者喜闻乐见、通俗易懂的报纸语言，宣传国家和军队的重大改革，办出了新时期军队报纸的特色和风格。1982 年 5 月，在全军报纸工作会议上，丁星代表人民前线报社介绍的办报经验，得到总政治部和兄弟报社的一致肯定。

　　这一时期，丁星根据国家、军队改革开放的新形势，主持制定了人民前线报的改革创新规划，把"更全面地贯彻党的办报方针、更及时地宣传党的意图、更广泛地报道部队生活、更有效地维护新闻真实、更密切地联系作者读者"作为报社自身的改革目标，提出了"以改革精神宣传改革"的办报思路。他要求编辑、记者以新的新闻观念、新的宣传

形式、新的报道技巧、新的写作语言，适应新闻改革的需求。丁星还就改革会议报道、改革典型宣传、办好报纸专版专栏，写了多篇研究文章。这一时期的《人民前线》报，从形式到内容发生了很大变化，更贴近形势、更贴近部队、更贴近读者，报纸的引导力、影响力、说服力明显提升。1982年至1985年间，大量体现时代特色、反映军区改革创新成就的报道不断出现在《人民前线》报上。其中，以学习科学文化知识、培养军地两用人才、军民共建精神文明、干部能上能下制度、分编分训等项改革的宣传最为著名。一些新闻作品，如反映军民共建活动的长篇通讯《春满大陈岛》，某师培养军地两用人才的调查报告《两用人才四满意》，推广守备某师干部制度改革的调查报告《一场挖掘动力的改革》等，在全军、全国都产生了广泛的影响，《人民前线》报也因此更受军区广大官兵的喜爱。

1985年3月，丁星应邀到全国军工企业报总编辑进修班演讲，以《小报的特点和使命》为题，进一步总结了专业报纸的办报经验。丁星提出的"以战士为主要读者对象，并不等于只以战士为报道对象"观点，把宣传党的主张和动员群众统一起来，把办报方针和办报形式统一起来，体现了丁星一贯的办报思想和新闻理念，是他长期从事军队新闻工作的重要心得，也是"小报小办"的经验之谈。

1986年起，丁星开始参与并主持《新四军》历史资料丛书的编纂工作。1988年离休后，更是集中精力投入这项工作，陆续主持撰写了《新四军战史》《新四军征战日志》《新四军英烈志》和《第三野战军战史》《第三野战军征战日志》，历时14年，完成了中央军委赋予的军史编撰任务。此后，丁星曾任中国新四军和华中抗日根据地研究会学术委员会主任，主编了《抗日战争中的新四军》《新四军在华中》《新四军和华中抗日根据地人物辞典》等书。

丁星在《编辑生涯》一书的自序中说："我这一辈子，只做了两件事：一件是编报，一件是编书。"的确，从药铺学徒到军队战士，从普通编辑到报社老总，他一生所做的这两件事，因有定力有担当，而做得踏实；因有情怀有所为，而做得完美。

# 作品选编

## 幸福岛上英雄歌

丁　星　　杨文明　　任斌武

丁　星（1931—　）

　　幸福岛，是一个新的名字。这个小岛位于东海最前线，远远望去，宛如一根青铜色的擎天柱，从万顷波涛中挺拔而起，直插云霄。岛下危礁林立，恶浪腾天；岛上峭岩嶙峋，就连生命力最强的小树也难以植根生长。解放前，海上的渔民曾为这个小岛编过这样一首歌谣：

　　　　荒山孤岛少人烟，云雾半年风半年；

　　　　东有土匪西有关，大雾拦船浪翻山。

　　　　家有三餐薄米粥，不来此滩捞鱼鲜。

　　就在这远离祖国大陆、生活条件异常艰苦的小岛上，某部一个守备连队在辛勤经营，警惕地为祖国执勤，从1955年到现在，已经整整七年了。战士们以顽强的革命斗志，忍受了千辛万苦。他们艰苦奋斗、守岛建岛的动人事迹，在守岛部队中广泛传诵。首长和战友们称他们是"幸福岛上四好连"，是"东海前哨好八连"。这里的环境虽然和繁华的上海绝不相同，但是他们和"南京路上好八连"一样，高举毛泽东思想的伟大红旗，继承和发扬了人民军队艰苦奋斗的革命传统，不论在阶级敌人或是在狂风恶浪的自然界敌人面前，都能站得稳，顶得住，过得硬，坚守阵地，以岛为家，以苦为荣。

### 风雨云雾只等闲，生活越苦心越甜

　　七年前的秋天，连队接受了保卫祖国的任务，以战斗姿态来到了小岛。

上岛的第二天，政治指导员李加升就把大家带到山上。战士们清楚地看到，美帝国主义的军舰在我国领海线上游弋，有时，它的潜水艇侵入我国领海，舰载飞机更为疯狂，竟在小岛山峰哨棚侧下方擦着海面作挑衅性飞行，带来一阵又一阵刺耳的怪啸声。这种粗暴露骨的侵犯我国主权的罪行，引起战士们的无比愤恨，有的战士气得浑身发抖。李指导员激动地喊道："同志们，看清楚了没有，它们在干什么？"

就在山头上，李指导员讲了上岛后的第一课。他告诉大家：如果把这一带的海岛比作祖国的大门，那么这个突出在最前沿的小岛，就是大门口的哨兵。当年，日本帝国主义侵略我国，就曾经从这里把战火引向我国内地。在中华人民共和国成立以后，美帝国主义强盗和蒋介石匪帮，常常在这一带海面活动……这些事实使大家深深感到，岛子虽小，位置十分重要！为了六亿五千万人民的安宁，一定要在小岛上安下家来，长期坚守。

要在这个小岛上安家，困难真是不少啊！战士们劈山凿石，在陡峭的岩壁上搭起帐篷，有的班干脆找个山洞，过起穴居生活来。隆冬，帐篷上积着厚厚的寒霜，帐篷里灌满彻骨的冷风，战士们挤在一起，背靠背相互取暖，熬过一个又一个寒夜。炎夏，帐篷里热气灼人，又像闷在蒸笼里一般。岛上风大，帐篷里连灯也点不起来。夜晚，战士们就四面围拢来，挡住风，把灯点在中央，坚持工作和学习。碰到大风雨之夜，不但无法睡觉，战士们还得轮流出去拉住绳索，不让大风把帐篷掀掉。

在岛上要吃上饭更不容易。炊事班先是在山崖下搭了个草棚，没风没雨还能凑合，风雨一来，就常常半天点不着火。最伤脑筋的是吃的东西都得靠大陆和大岛派船运来。连队上岛的第一个秋天，台风一刮，接连二十七天不通航，岛上储存的蔬菜吃光了，咸菜也吃光了，战士们只得满山去找野菜、山葱。但是，生活越艰苦，战士们越发表现了革命的乐观主义精神。有一天，李指导员领着炊事员上山弄了点地瓜蔓回来，摘下叶子煮了一锅汤，剩下的梗子炒了菜。战士们风趣地把这汤叫

作"翡翠汤",把这菜称为"清炒鲜芹菜"。大家正吃着,李指导员高声问道:

"同志们,这菜好吃不好吃?"

"好吃,可香哩!""这是我们岛上的特产!""比红军吃草根吃皮带好得多啦!"战士们你一言他一语地说着,引起了阵阵哄笑。李指导员吃着碗里又苦又涩的地瓜梗,一股强烈的自豪感涌上心头,多好的战士啊!有这样的战士,还有什么克服不了的困难,还有什么忍受不了的艰苦!

就在那住帐篷、吃野葱的日子里,连队党支部高举起毛泽东思想红旗,组织全连同志学习了毛主席的《纪念白求恩》和《为人民服务》等文章。还出了题目,要全连干部战士讨论"什么是甜,什么是苦,应该怎样对待今天的艰苦生活"。

夜已深沉,海风早已把油灯刮灭了,但是,帐篷里的讨论会还在继续着,阶级弟兄聚集在一起,是那样地推心置腹。老班长朱德太慢条斯理地说:"干革命嘛,就得吃苦!一个革命战士看问题,不能光在生活的苦和甜上打圈圈,得看吃苦有啥意义。意义大,就值得吃,越苦就越光荣。"他顿了一顿,又反问大家:"当年毛主席领导工农红军坚持井冈山斗争,难道不比这艰苦?当年八路军坚持敌后抗战,难道不比这艰苦?"老战士沈文龙也说:"我们在小岛上站岗,是为了保卫祖国社会主义建设。每当想到祖国,心头就甜滋滋的,吃点苦又算得了什么!"

当时的排长、今天的连队政治指导员许荣池,曾经在1951年参加过解放这个小岛的战斗。他向大家讲了解放这个小岛的经过,讲了他的同班战友高庆云,在那次战斗中牺牲的情景。高庆云临终的时候,还惦念着岛上的残匪是否已经肃清,渔民是否安全。许荣池激动地说:"为了解放这个小岛,高庆云烈士献出了自己的生命。今天,党和人民把这个小岛交给我们守卫,我们只应该感到责任重大,任务光荣,要是嫌累怕苦,怎么对得起牺牲了的烈士!"

一场讨论,使全连上下更加坚定了守岛建岛的思想。战士们说,路是人走出来的,高楼大厦是人盖起来的,任何困难难不住中国人民的

丁 星(1931— )

子弟兵。我们一定要在这荒山孤岛上安家扎根，长期驻守下去！

## 一把泥土一把汗，海上家园双手建

对待艰苦困难，忍受也是克服。但是我们的海防战士更勇敢，更积极。他们说：要长期坚守下去，就要自己动手，克服困难，把荒山孤岛建设成海上家园。

一场征服大自然的斗争开始了。排长许荣池写信去老家山东要来了大白菜种，军医李峰杰托他弟弟从四川寄来了辣椒籽，副排长贾天华从远在陕西的故乡捎来了韭菜根。来自四面八方的信件，差不多都是装得饱鼓鼓的，不是菜种，就是瓜籽。从这些邮件里，可以看到战士们征服荒山的雄心壮志，和蕴藏在心头的丰收愿望。

但是，要在这个"石头的世界"和"风的天下"播下种去，赢得丰收，是极不容易的。战士们跑遍全岛，借着山角石缝，好容易开出大一块小一块的薄土瘠地，把种子撒了下去，哪知菜芽刚一露头，就被大风连根拔走了。有些冲着风口的地方，甚至没等到发出芽来，就连土带种子一起被刮光了。四班的一块小白菜地，连播了八次种，到头来一无所获。三班弄来足足一斤多萝卜籽，想尽种种办法种了下去，结果只收到二三十斤萝卜菜，没收到一个萝卜。

第二年春天，战士们从失败中吸取经验，用勤劳和智慧同大风展开了斗争。他们有的垒起墙，有的挖成坑，有的索性把泥土运到避风处，来了个人工造地。菜芽刚一露头，他们就在旁边撮一堆土保护，或者编上草被子盖起来。这一次，播下的种籽终于长出了嫩绿的幼苗。不久以后，机枪班在石头缝里种出了一个斤把重的大萝卜。这是小岛上生长的第一个萝卜！战士们就像母亲得了头生娃娃，兴奋地给大萝卜系上红布条，从一排传到二排，从二排传到三排，最后又把它送出岛去，参加了上级机关举办的生产展览会。趁着这个机会，李指导员还给大家上了生动的一课。他说："谁说这小岛长不出菜来？能长一个萝卜，就能长千个万个萝卜！大陆好，大陆上的一切，也是一点一点地建设起来的。只要我们不怕困难，努力建设，将来不但能吃上自己种的菜，而且还会有自己盖的营房，自己开的操场，自己装的电灯！"

这一年，他们终于打破了小岛的历史纪录，种出了十二两一个的马铃薯，八斤多一个的地瓜，还有四十三斤一个的大冬瓜……从此，他们吃上了自己种的蔬菜，而且自给的部分一年比一年多起来。

但是，战士们没有满足。他们像燕子垒窝那样，一点一滴，艰苦经营，使这个小岛上有了营房，有了操场，有了道路，有了码头，还有了成群的鸡兔牛羊。千年的荒岛逐渐改变了旧日的模样，越来越像个"海上家园"了。伟大的革命导师马克思说过：斗争就是幸福。正是从这个意义出发，战士们给小岛取了个寓意深远的新的名字：幸福岛。

## 赤胆忠心把国保，战士爱家更爱岛

丁 星（1931— ）

小岛越来越美好，战士们对这个小岛的感情，也越来越深厚了。为祖国看好大门的崇高责任感，激励着他们把自己的一切都贯注在这个战斗岗位上。连长梁志忠几年来一直在岛上勤勤恳恳地工作着，除非去上级机关开会，极少离开岛子。他的爱人和孩子不在岛上，领导上每年都给他安排休假时间，让他回去团聚，然而他总是一推再推，不肯离岛。去年梁连长又把假期一直推到冬天，而且一个月的假期，只在家里住了七天。战士们问他为什么不在家多住几天，他回答得很简单："在外边，心老放不下！"

梁连长的话，反映了全连上下共同的心情。

副连长孙开忠已经很久没有离开岛子了。去年春天，他的孩子生病，组织上让他回去看看。孙副连长刚跨进家门，听说岛上有新的战斗任务，急忙简单地向爱人交代了几句，搭上一条小渔船，第二天一早就赶回到岛上。

老战士娄显培在岛上已经是第三次超期服役了。六年来，他在连里先后担任过炊事员、给养员、军械员和副排长，后来又改任班长。不管在哪个岗位，他都是兢兢业业，工作得十分出色。去年夏天，领导上批准他回家结婚的时候，却传来了美帝国主义唆使蒋匪帮窜犯大陆东南沿海地区的消息。娄显培毅然地向组织上表示："保卫祖国要紧，结婚的事以后再说。"为了照顾工作需要，他主动地一推再推，把婚期推延了五次之多。直到年底，在连长和指导员的"命令"下，他才请假离岛。回到家里，未婚妻问他："是什么事情忙成这个样子？"娄显培回答说："我是为国家守大门的，敌人时时刻刻都想从那里伸进手来破坏我们国家的建设，你说，我怎么能说走就走呢？"

是的，在战士们的心里，祖国的安宁高于一切！

让我们再说一个普通战士的故事吧！

这个战士叫岭尧初。在他入伍的第一年里，父母都不幸病故了，家里剩下两个妹妹、一个弟弟。领导上准了他的假，要他回去料理一下。岭尧初一回到家里，弟弟妹妹就哭哭啼啼地不让他走。岭尧初开了个家庭会议，向弟妹们叙述了不幸的家世：解放前，他们家一直过着牛马不如的苦日子。1943年，国民党反动派平白无故地把爸爸抓去关进了监牢，折腾得死去活来。妈妈急得日夜哭泣，一年后也折磨病了。第二年春上，他们卖掉了仅有的两亩地和一幢破房子，才把爸爸"赎"回来。从那以后，爸爸妈妈就没断过病……一段家史，说得四个人热泪盈眶。

岭尧初问道："你们说，新社会好，还是旧社会好？"

大妹妹菊琴回答说："当然是新社会好。"

"既然新社会好，那就应该让阿哥去保卫这好日子。"岭尧初同弟弟妹妹商量好了，又在生产队的帮助下，把家里的生活安排了一下，就回到岛上来了。


## 练出杀敌真本领，创建东海"上甘岭"

幸福岛守备连的同志们都知道，要把小岛守好，不但要建岛，更重要的是要练好守岛的本领。在这"地无三尺平，天无三日晴"的小岛上，没有场地练投弹，战士们就以石头代替手榴弹往海里投；没有场地练瞄准，就把靶子设在海边礁石上，从山上往下瞄；风大靶子竖不起来，就索性弄点石灰，在岩石上画个靶子。最难对付的是雾，练着练着，骤然间大雾弥漫，十步开外看不见任何物体。雾小的时候，战士们就在雾中坚持练习；雾浓得实在看不见了，就跑进房子里，把门窗关得严严的，在墙上画个缩小靶，照样练瞄准。

寒冬来了，迎着从太平洋刮来的凛冽的冷风，守备连的冬季大练兵也就开始了。为了苦练出硬功，他们不戴手套，也没人放下过帽耳。学生出身的新战士陈业雨，还专爱找个风口，顶着风硬碰硬地练瞄准；眼睛被风刮得流泪，手也练得直打颤。班里同志劝他换个地方，暖和暖和，他回答说："不在风里练，打起仗来敌人顺着风从这里上来怎么办？"

去年夏天，又一场严峻的考验摆在幸福岛守备连的面前。为了应付美蒋企图窜犯，准备顶住十倍几十倍的敌人，党支部组织全连同志学习了毛主席关于人和武器作用的论述，介绍了上甘岭战役、黑山阻击战和东山岛守备战等顽强死守、以少胜多的光辉战例，又组织大家和岛上人民一起控诉了美蒋反动派的血腥罪行。他们写信向上级党委表示："头可断，血可流，阵地不能丢，只要有一个人在，决不让敌人在幸福岛踏上一个脚印！"

丁星（1931—　）

阵地上，练得更加紧张了。时值盛夏，火辣辣的太阳烘烤着，山上的岩石晒得人卧不下身去。然而谁也没顾得这些。他们白天练，夜里练，风里练，雾里练，就连炎热的中午，战士们也成班成排地到阵地上练个不休。一个漆黑的夜晚，五班长张达松带着全班同志，沿着陡峭的山坡练习反击，一失脚摔进了十多米深的山沟。他爬起身来，顾不得浑身的疼痛，也顾不得手上在流血，依然两手紧握冲锋枪，带着战士们继续往海边冲去。

为了实现豪迈的誓言，战士们尽一切努力作了战前的准备。弹药准备得足足的，刺刀擦得亮亮的。守卫在敌人可能登陆点上的黄关祥，选好了爆破敌人登陆艇的出击道路，而且抱着大石头反复演练了爆破动作。全连上下一个意志：如果敌人胆敢来冒犯，决心要把幸福岛变成东海上的"上甘岭"！

幸福岛守备连在这次紧急战备中，又一次显示了顽强的革命意志和过得硬的战斗作风。年终评比，他们光荣地被评为四好连队。然而，他们丝毫没有停歇前进的脚步。在上岛的第八个年头，他们又唱出了一首新的战歌：

> 我们永远站在东海最前线
>
> 为六亿人民把岗站，
>
> 一片忠心为祖国，
>
> 千难万险只等闲，
>
> 创造英雄岛，巩固四好连，
>
> 乘风破浪，永远向前！

（原载《人民前线》报 1963 年 7 月 5 日）

评析：

　　《幸福岛上英雄歌》是作者在 1963 年 5 月登上我国最东端濒临公海的东福山岛后，通过采访调查，细心观察守备连战士们工作、生活状况撰写而成的通讯。在作者的职业生涯中，他尤为关注祖国东南海防战备情况，在恶劣的环境中仍牢记守卫海防使命的守备连战士们更是他新闻工作聚焦的对象。在这篇通讯中，作者便通过对岛上艰苦条件和战士们在面临困难时的典型言行以及各种细节的描述，刻画出了守备连勇敢无畏、爱岛爱国的形象。

　　这篇文章采用"纵横交叉"的方式，将时间和空间相结合，利用文章中"征服困难""建设家园""爱岛爱国""苦练本领"四个类别不同而内容又有所穿插的部分有序展现了战士们的精神风貌。而以全知视角对"挡风点灯""饱鼓鼓的信件"和"在风口下训练"等一系列细节的提及，以及对真诚朴实的人物对话的记录都鲜明地凸显守备连吃苦耐劳、忠诚无私的品质。作者运用多样的表现手法，结合叙述，兼以描写、说明、抒情等，以小见大，向读者传递细微而又感人的力量，字里行间皆是对海防战士们的深切敬意。

作者为海防战士们的精神深深感动，通过不懈的寻觅、采访和挖掘，得以向世人呈现其人格魅力，可以说，这是对"铁肩担道义，妙手著文章"的一种恰当写照了。

# 雾夜枪声

夜，没有月亮也没有星星。海上浓雾弥漫，好像下着细雨一般。

小岛在沉静中。战士们经过一天的操课和修补工事，都疲倦了，熄灯哨子刚刚吹过，就已经睡得很熟。渔民们也从船上回到家里，关上了门。只有值勤的战士，还在警惕地了望或者巡逻。只有永不停息的海水，还在哗哗地冲击岩石和沙滩。

突然，从海岛的南端，"叭——叭——叭——"地传来三下枪声。紧接着，西边也响起了断断续续的枪声。196高地的观察哨上，立刻呜呜地吹起了小喇叭。

这是战斗的紧急警报！

睡在前沿148高地的战士们，一跃起床，提起武器。副班长施瑞芝轻声督促着："快些，轻些！"只不过两分钟的时间，他们已经全部进入阵地。

在靠近村庄的营房里，战士们也听到了枪声和喇叭声。他们迅速穿上服装，背起武器，熟练地把子弹带、手榴弹、铁锹、水壶、消毒包和雨布，一件不缺地带在身上，往自己的阵地冲去。就连正在生病的战士陈长基，也没有留在营房里。跑在一班最前面的，是扛着轻机枪的战士徐宝根。他知道自己的阵地在最前沿，必须尽快赶到。排长缪满宝紧紧地跟着徐宝根。缪满宝今天下午刚从集训队回到海岛，晚饭后打篮球又撞伤了腿；但是现在，他完全忘记了腿上的疼痛。

从营房到前沿阵地，要翻过三个山头。道路很窄，弯弯曲曲，高低不平，有的且在悬崖边上。何况又是这样一片漆黑的雾夜！但是，战

丁 星（1931— ）

**作品原载报样**

士们已经熟悉这条山路，他们早就准备着这种突然投入的战斗，因此仍能以最快的速度跑步前进。山上山下，只听得沙沙的脚步声。

如果说上山吃力，那么下山更艰难。为了跑得更快一些，许多战士都是不顾危险滑下山去的。从第一个山头往下跑时，战士潘敬科一脚踏在路边的一块石头上，连人带石头滑了下去，把左手跌肿了。后面的班长徐荣生正要赶去拉他，潘敬科已经站起来，继续往前猛跑。插入堑壕以后，潘敬科又被石头绊了一跤，扭伤了脚腕。但是他仍旧哼也没哼一声，迅速起来，一直跑到自己的战斗位置。

在143高地附近，一班的战士们遇见了四班重机枪手刘良亮。刘良亮背着两箱重机枪子弹，还有步枪、手榴弹和各种装备，这时已经累得喘不过气。他心里着急，步子却渐渐慢了起来。一班战士沈兴文连忙赶上一步，拿过他的步枪，背在自己肩上。于是刘良亮加快了脚步。

战士们一到阵地，顾不得松一口气，就用同样迅速的动作上子弹，修整工事，全神贯注地监视着前方。班长们低声派出通讯员，去向指挥员报告"战斗准备完毕"。在一班阵地的最前面，徐宝根把轻机枪对准了山下的岙口，心里对自己说："敌人要是敢从这里上来，我就坚决把他们打下去。"

当步兵战士们占领阵地的时候，在炮兵阵地上，一切战斗准备也做好了。一炮手打开瞄准镜，装上了夜间照明装置。二炮手打开了护闩套。

190

装填手双手抱起了炮弹。只要一声令下，炮弹就能飞向前面的海洋。

也是在这短短的几分钟里，卫生员朱耀生扛着担架，炊事员们挑着柴米油盐，一齐到达196高地上。

整个海岛都在战斗状态中。但是枪声没有再响。不一会，指挥所吹起了集合哨。战士们退下子弹，走出堑壕。他们这才知道，刚才的枪声不是发现敌人，而是一次夜间战斗演习。

从阵地上回来时，战士们虽然个个汗水湿透了衣服，但是都很兴奋。因为他们已经用行动证明：即使在熟睡的时候，他们也好像睁着眼睛，能够随时投入战斗，不让敌人踏上祖国的土地。

（原载《人民日报》1957年8月2日）

丁　星（1931—　　）

**评析：**

这篇通讯发表于1957年，当时年仅26岁的作者对驻守浙江半屏山的部队进行采访。在一个海面上弥漫着雾气的夜里，战斗警报突然拉响，作者跟随战士们翻过三个山头，从营房奔向前沿阵地。虽然最终得知并没有外敌入侵，只是一场夜间战斗演习，但作者却通过细节描写，在对缪满宝、徐宝根、刘良亮等普通战士的描写中以小见大，将海防战士对祖国和人民强烈责任感与奋勇拼搏、保卫家园的精神刻画得淋漓尽致。

文章语言朴实无华，没有任何华丽的辞藻加以辅助，却仍将最真实、最浓烈的情感传递给读者。作者善于营造氛围，其以"雾夜"为渲染，营造了"枪声"下的紧张气氛，让读者的精神处于高度紧绷状态。随着行文的推进，越来越多的战士在雾夜从各个高地奔向战斗一线。战士们的井然有序与读者的心急如焚形成了强烈对比，直至最后作者才点破原是一场虚惊。作者笔法娴熟，在调动读者情绪的同时，让读者感受到海防战士的顽强与艰辛。

作为最早在文章中提出"以岛为家，以苦为荣"口号的新闻工作者，作者将其对海岛的热爱、对海防战士的敬佩付诸笔端，让海岛阵地上特有的光彩即使跨越战火纷飞的岁月、历经沧海桑田的变迁，依旧呈现在人们眼前。

# 太湖人民的辛酸

太湖是个好地方。周围八十余里，纵横一百五十里，位置在丰饶的江浙两省中间。大小港口达七十九个之多，往来商轮帆船，随眼可以见到。湖中群山叠嶂，东山、西山、马迹山、冲满山等都是人口众多的地方，东山的莫厘峰则是历代有名的胜迹。有肥沃的稻田，也有鱼塘、矿山，山上还常年出产杨梅、栗子、水蜜桃等水果，"洞庭（东山）枇杷"更是江南驰名的产品。然而恰恰相反，太湖人民，多少年来一直受着痛苦折磨，多少年来生活在水深火热之中。太湖人民有着满肚子辛酸！太湖是个好地方，这好是太湖人民一年到头的辛苦换来的，但是太湖人民分享不到一丝半毫的好处。太湖人民，在解放以前，一直过着苦难的生活。

我们且以东山、西山两个区来作例子。东山、西山的农民，每年起早带晚，下种耕收。雨季里，日夜担心着湖水上涨怕遭水灾，他们舍着生命，防水筑坝，抢救禾苗，然而田是人家的，好容易盼到秋收，地主从上海或者苏州，派个账房下来，算盘一拨，一年血汗的果实大都归了他们！靠鱼塘生活的呢？每天不分阴雨天晴，赶在出太阳前到湖中去，扫水草，喂鱼食，巴巴地望着鱼能上市了，但是鱼却一定要经过鱼行手里，又受到鱼行老板的重重剥削。许多年轻人因此丢下他们祖传的生涯，到西山煤矿上去了，给人家开采石灰石去了，但是做工依旧是牛马般的生活啊！

然而，国民党统治区人民所受的苛捐杂税、征夫拉丁等等，给太湖人民更带来了无止境的灾难。

"剿不清的太湖匪"，太湖人民是沉痛地这样说着的。多少年来，太湖的匪踪一直没有断过。远的不说，从日本鬼子到国民党反动派，就装模装样来剿过几次，但是太湖人民依旧生活在土匪的欺压掠夺下。为什么"剿不清"？我们试看国民党反动派是怎样剿的？太湖人民，已经给他们有了很好的描写："兵来匪去，兵又是匪；兵去匪来，匪也是兵。"这已经很生动地说明了反动派剿匪的真相。一个湖中居民曾经这样向我们申诉："他们一来，且不说要粮要草，敲诈勒索这些。白天出去转一圈，说是剿匪去了。晚上自己就动手抢劫，尽管用黑布蒙上脸，其实大家全认识他们，只是谁敢说一个不字。我们做小百姓的，还不是只好哑巴吃黄连，苦在心里。"而"剿匪"的这边才走，那边匪就来了，也一样公然要粮要草，征捐征税，兵跟匪又有什么不同！

这还是放在面上的事，我们要是把它翻开来看看底子，事实就更明白了。太湖土匪，除了少数散匪，成股的，不是蒋匪帮的武装特务，就多少都有一点勾结；另一面，则又常有地方恶霸。流窜于太湖东南线一带的著名惯匪金阿三，就曾经挂了国民党"苏嘉湖别动总司令"的招牌，盘踞东山，招兵买马，公开绑票抢劫。而另外，金阿三曾经在东山镇上开过茶馆、赌场、烟窑，有一大帮拜兄拜弟是有名的乡镇保长地方恶霸，也都是人尽皆知的事。蒋匪帮和土匪不仅互相勾结，而且是自己家里人，"剿不清的太湖匪"，这又有什么奇怪呢？

苦的只是农民渔民！

我们在这儿再举一个事实：民国三十六年，在湖东，曾经有三个年轻渔民向国民党"剿匪部队"检举了一个惯匪首领胡某。胡某捕去后不到几天，就用一斤金子买放出来了。当天晚上，立刻把三个渔民枪杀在湖边。太湖人民尝够了这些苦。东山区淑庄、金沟浜一带群众，就曾经这样反映："抢了就只好抢了，有什么话说啊！""土匪手段辣，要干就要你的命啊！"就这样，太湖人民忍受着，心中有说不出的痛恨！

太湖人民在重重的欺压迫害下已经透不过气，太湖人民希望着有一天，太阳会照到他们门前！

现在这一天终于来了。人民解放军解放了广大的江南，来到了太湖。为了保护太湖人民的生命财产，保护太湖人民的生产，人民解放军正进行着大规模的清剿匪特。由于蒋匪帮长久的黑暗统治，在最初，太湖人民对人民解放军有一定的顾虑。但是每一个连队都有这样的故事：当人民战士在水灾中冒生死替他们抢救，在烈日下不顾疲倦替他们生

丁　星（1931—　）

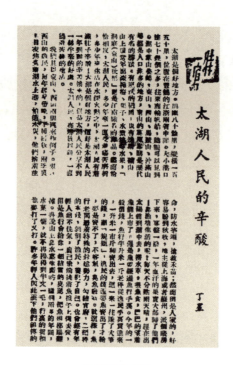

**作品原载报样**

产，诚心诚意帮助他们解决困难以后，太湖人民以新的态度看待军队。太湖人民起来了，他们为生产而努力着，为了帮助清剿匪特而努力着。检举匪特的信一封封地往人民政府送。在横泾镇，金保英、徐寿生等五个老年的农民，从远远的村子里，赶到驻军那儿检举暗藏的匪特。这样的例子是举不尽的。

事实将证明：人民自己的军队，和人民结合起来，是能够剿清"剿不清的太湖匪"的！

一九四九年八月二十日晨写

（原载《战士》1949 年 8 月 26 日，第 2 期）

评析：
．．．．．．．．．．．．．．．．．．．．．．．．．．．．．．．．．．．．．．．．．．．．．．．．．．．．

1949 年，18 岁的丁星调任《战士报》记者，并参与创办这份报纸。为了更好地了解太湖等地的剿匪情况，作者深入长江以南的太湖、茅山等地区进行采访，《太湖人民的辛酸》一文便写于这个时期。

太湖是个好地方，但在中华人民共和国成立以前，太湖人民却多年生活在水深火热之中。本文以溃败的国民党散兵逃亡到长江以南地区，勾结原有地区土匪，扰乱乡里，残害百姓为历史背景。在太湖匪盗猖狂的情况下，1949 年 7 月，苏南区党委、军区发出《关于开展太湖地区肃清残匪，发动群众建设政权工作的决定》，成立太湖剿匪指挥部着力扫除太湖匪患。《太湖人民的辛酸》作为当时影响极大的一篇通讯文章，宣传了太湖剿匪的必要性和军民团结一致下的必胜信念。

文章写作上，作者采用第三人称表达手法，实地采访太湖人民，通过大量的举例描写，将太湖人民受到压迫的状况以及"剿不清的太湖匪"的原因客观并且形象生动地表达出来。除了运用实例外，作者以前后对比的手法呈现出解放军到来前后太湖人民的心态与生活的改变，展现出太湖人民对人民解放军的信任与支持，体现了人民军队为人民服务的宗旨，这也是人民解放军之所以能够成功击溃国民党反动派，赢得最后胜利的原因。作者以笔为戎，运用客观事实的新闻写作语言，将太湖的情况展现在世人面前，也为后世留下宝贵的历史资料。

（编撰：白铁平　时已卓　邱悦彤　管彤）

丁　星（1931—　）

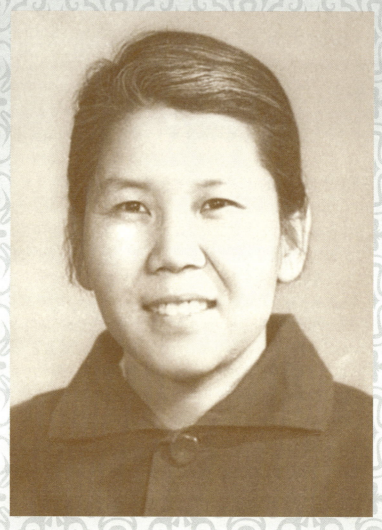

**顾迈男**（1931—　　）新华社高级记者。在三十余载的新闻生涯中长期担任专职科学记者，以新闻和通讯，报道了中国科教界发生的许多重大事件，以及当代许多著名科学家（包括美籍华人科学家）的成长道路和先进事迹。曾荣获全国"三八"红旗手称号，作为有突出贡献的专家，享受国务院颁发的政府特殊津贴。是首都女新闻工作者协会常务理事之一。著有《华罗庚传》《丁肇中》《中国当代科学家的奋斗之路》《炎黄之光》《非凡的智慧人生》《报国》等。

# "科学家的代言人"

顾迈男（1931—　）

　　顾迈男，曾用名顾迈南，1931 年 11 月 29 日出生于山东省章丘县，1950 年离开学校参加革命工作，做过干事、秘书。1953 年调入新华社，不久便开始在报刊上发表文章。从 1962 年起担任专职科学记者，一直在中外科技界采访，与中国科学事业以及科学家结下不解之缘。她以科学的精神、非凡的智慧、执着的追求，撰写了在国内外科技界产生较大影响的通讯、特写和消息、述评等稿件百余篇，讴歌了中国科学事业的辉煌成就及创造奇迹的科学家们，被誉为"科学家的代言人"。

## 一个鸿志：确定人生方向

　　20 世纪 60 年代初，顾迈男在新华社社长办公室担任机要秘书。在周围环境的熏陶下，她不再安心终日坐在办公室里管文件、听电话，逐渐产生了一个强烈愿望：要当一名记者。

　　在一个秋天的夜晚，快下班的时候，值班社长朱穆之从社长办公室走到秘书的办公室里来随便翻看报架上的地方报纸。顾迈男鼓足勇气走到他面前，用胆怯而又急切的语气说："穆之同志，我都29岁了，我很想到国内部当一名记者！"

听了顾迈男的这番话，朱穆之立刻放下报纸，沉吟片刻，说："噢，我给你问问，看看人家要不要你。"

大约过了一两天，值夜班的朱穆之笑吟吟地对她说："小顾，我给你问了，人家国内部他们要你！"① 就这样顾迈男被朱穆之社长推荐，调入新华社国内部当了一名科学记者。

进入新华社国内部，从某种意义上说，顾迈男成为"自由人"。平时，她除了交稿子和报选题去编辑部外，其余时间便深入北京三里河（中国科学院和国家科委的所在地）和北京西郊的各个研究所，调查研究，寻找选题，进行采访。

1962年一个晴朗的夏日，顾迈男怀着兴奋的心情，走进了北京西郊中关村中国科学院动物研究所，这是她的第一次采访。在著名昆虫学家马世骏的实验室，她边听边看边记，采写的第一篇通讯《揭开蝗虫生活之谜》，详细记述了中国科学院动物研究所著名昆虫学家马世骏的实验室里种种研究东亚飞蝗的见闻。

此后，她接连采写了通讯《盐碱地上好庄稼》等，还报道了北京科学讨论会等中国科技界发生的一些重大事件。科学家严谨细致的工作作风、精益求精的职业精神、顽强拼搏的工作意志，潜移默化地影响着顾迈男。她采写每篇稿件，都字斟句酌反复推敲，直至殚精竭虑才出手。

1963年夏天，中国科学家在陕西蓝田发现了猿人头盖骨化石。为了使报道真实、准确，顾迈男怀着一颗甘当小学生的心情，就一系列问题向裴文中、贾兰坡等著名科学家虚心请教，同时阅读达尔文的《物种起源》和恩格斯的《劳动在从猿到人转变过程中的作用》等论述。为了全方位、多角度、全面客观地反映事件的本末及其重要影响，她除采写消息稿外，还把一篇五千余字的通讯稿送给中国科学院院长郭沫若和著名地质学家李四光审阅修改。1965年1月7日，《人民日报》头版头条刊登了她采写的消息，并在第三版以通栏篇幅刊登了她写的长篇通讯《蓝田猿人化石出土记》，引起轰动。

## 毕生追求：科技梦·中国梦

1949 年 11 月 1 日，伴随着中国科学院的成立，在北京中关村聚集了一大批中国科学事业基础学科的开拓者和奠基人。如华罗庚、邓稼先、钱三强等，他们坚定追求科学真理，甘于贫苦，敢为人先，乐于奉献，淡泊名利，甘为人梯，把毕生的才华和精力奉献给了祖国。

顾迈男爱岗敬业，深入采访，长期扎根中国科学院，一心扑在工作上，走近一个个爱国敬业的科学巨擘，走近他们的科研成果和精神世界，亲身感受到百年以来中国科学事业的艰难与梦想、奋进与辉煌，引发对中国科学家的历史命运、历史责任和历史担当的深深思考。她接连采写的通讯和特写《毛主席和科学家》《"中国居里"的道路——核物理学家钱三强的故事》等稿件，经新华社播发，在国内外产生强烈反响。

20 世纪 60 年代，当中国科学家们正秣马厉兵加快研究工作，准备迅速改变国家科学技术落后面貌之时，"文化大革命"开始了。顾迈男亲眼目睹了这场灾难对中国科技事业的摧残和对科学家的迫害，每次采访回来心情都很沉重。直至 1973 年，顾迈男报道了中国年轻的数学工作者——陈景润。

在数学的基础理论研究发展史上，有三个没有解决的大难题：费尔马问题、孪生素数问题和哥德巴赫猜想问题。围绕哥德巴赫猜想问题，世界各国的数学家们都在孜孜以求，就像一场激烈的国际比赛那样，不断地刷新世界纪录。数学家们认为，完全解决哥德巴赫猜想，将被作为数论中一块划时代的里程碑与解决困难问题的突出代表，而载入数学史册。②

1972 年，《中国科学》杂志全文发表了陈景润的论文《大偶数表为一个素数及一个不超过两个素数的乘积之和》，在国际上引起了强烈反响，国内外数学家高度评价"陈氏定理"的研究成果，发出一片赞叹声。

199

1973 年 4 月的一天，顾迈男在中国科学院参加一次报告会，时任科学院负责人的武衡在报告中提到一位年轻的中国数学工作者在数学的基础理论研究方面，取得了一项具有世界先进水平的研究成果。

凭借记者的职业敏感，顾迈男当即询问坐在身旁的一位科学院负责人，获得有关信息后，她决定采访"怪人"——陈景润。第二天，她来到中关村数学研究所。时值暮春时节，陈景润却"全副武装"——穿一身厚厚的棉裤棉袄，戴着蓝棉布做的鸭舌帽出现在众人面前。当时，陈景润正患结核病，发低烧。顾迈男第一次访问了陈景润的小屋，一间不到十平方米的小房间，桌上、床上、地上、窗台上都摆满了书。

在以后的大约一周时间里，顾迈男蹲点中国科学院数学研究所，深入采访陈景润及与陈景润一起工作过的乔立风等人，获得了大量的第一手素材，随后，她写了两篇内参报道，一篇题为《中国科学院数学研究所助理研究员陈景润做出了一项具有世界先进水平的成果》，记述了陈景润似痴若愚地钻研哥德巴赫猜想取得的成就；另一篇题为《助理研究员陈景润近况》，叙述了华罗庚发现并提携陈景润的故事。在报道中，顾迈男还真实地记述了陈景润的困苦处境：患有严重的结核病，过着极为简朴的生活。呼吁有关部门能关心陈景润的身体健康，为他医治疾病，让他专心致志地把哥德巴赫猜想继续研究下去……

两篇内参得到新华社领导及中央领导同志的高度重视。在毛泽东、周恩来、邓小平等国家领导同志的关怀下，4 月 25 日凌晨 3 时，正在全神贯注埋头演算的陈景润，被送进北京 309 医院接受治疗。

## 此生甘愿同依

春回大地，万物复苏。1978 年 3 月 18 日至 31 日，全国科学大会在北京隆重举行。这次大会是在"文化大革命"结束不久、国家百废待兴的形势下召开的一次重要会议，是中国科技发展史上的一个里程碑。

在大会开幕式上，邓小平作了重要讲话，他在讲话一开始就宣告："四人帮"肆意摧残科学事业、迫害知识分子的那种情景，一去不复返了！祖国大地迎来了"科学的春天"，一个尊重知识、尊重人才的新时代到来了。

全国科学大会吹响了科技界向四个现代化进军的号角，经历严冬的人们倍感春天的温暖。科学工作者肩负伟大历史使命，做埋头苦干事，创惊天动地业，中国的科学技术事业进入了一个崭新的发展时期。

作为一名科学记者，顾迈男迎来了事业的黄金时代。③ 她以兴奋的心情，全身心地投入采访报道中。采访前，顾迈男进行充分准备，针对不同的采访对象、不同的形势任务周密计划，步步深入。写作中，顾迈男字字句句反复考证、细心推敲。她接连采写了通讯和特写《李政道教授在中国讲台上》《访陈景润》《丁肇中教授谈科学实验》《中国现代妇产科学的开拓者——林巧稚》《"两弹"元勋邓稼先》等在国内外引起较大反响的稿件，报道了全国科学大会的盛况以及北京正负电子对撞机国家实验室奠基等科技界发生的大事。

在一次次深入采访中，顾迈男与中外科学家的交往也逐渐深入，成为一些著名科学家的知心朋友。她与著名科学家华罗庚的交往，堪称一段佳话。

顾迈男与华罗庚的交往，可追溯到 20 世纪 60 年代初期。当时，华罗庚是举世闻名的著名数学家，而顾迈男是一个刚涉足科技界的年轻记者。起初，他们只是一般的工作接触，顾迈男报道华罗庚在科技界的公开活动。

1982 年秋天，顾迈男在一次采访中遇见华罗庚。在攀谈中，华罗庚传奇般的人生经历和鲜为人知的故事吸引着她，随着采访日益深入，一个念头愈发强烈：为华罗庚写一本书。在撰写《华罗庚传》过程中，顾迈男一有空就登门拜访华罗庚以及他的家人、助手和学生们，多次交往后彼此成为好朋友。此外，顾迈男还跟随华罗庚到全国各地推广优选法、统筹法……积累了大量扎实的素材，一部数十万字的长篇传记文学《华罗庚传》问世，并以中、英、日语出版或连载。

《科技新闻通讯选》

1985年6月12日，蜚声国际数学界的一颗明亮巨星陨落了。华罗庚教授实践了他生前的意愿：工作到生命的最后一刻。闻讯后，顾迈男连夜撰写了长篇通讯《死生甘愿同依——悼华罗庚教授》，字里行间充满了对这位数学伟人、朋友的深切怀念。

在完成新闻报道任务的同时，顾迈男利用业余时间与他人合作编写了六集电视剧《华罗庚》剧本，出版了《中国当代科学家的奋斗之路》《炎黄之光》《丁肇中》《非凡的智慧人生》《报国》等个人专著。1992年，顾迈男退休后，著作等身的她仍笔耕不辍，思维敏捷，向世人传播着科学家们的非凡智慧人生和科学成就。

**注释：**
........................................................

① 新华通讯社离退休干部工作局编：《老年生活》2014年第6期。

② 顾迈南:《华罗庚传》,复旦大学出版社 1997 年版,第 112—113 页。
③ 顾迈南:《科技新闻通讯选》,新华出版社 1988 年版,第 176 页。

作品选编

顾迈男(1931— )

# 李政道教授在中国讲台上

暮春五月,一个风和日丽的日子,来自全国三十三个科研单位和七十八个高等院校的数百名研究生、教师和科研人员,齐集北京科学会堂报告厅,兴奋地在等待着听讲。

钟声响了。著名美籍物理学家李政道教授笑吟吟地走上了讲台。他身穿灰色的中山装,含笑向在座的人们点头问好,把讲义放在投影仪下,就讲起课来。

课堂上,一片静谧的气氛。投影仪映在墙上的讲义写的是:

"Ⅲ:互相作用

目前的所谓基本粒子

媒子:光子,万有引力子,中间玻色子,……

轻子:中微子,电子,……

夸克:下,上,奇,粲,底,顶……。"

再往后,就是密密麻麻的方程式。李政道教授用带上海口音的普通话说:"今天讲粒子物理。大家请看这张表,在这里看都是些数目字、符号,这都是前辈和近代科学家经过长期的探索得来的……。这中间有一大部分已成为历史上的东西,科学是发展的,最重要的不是过去,是现在跟将来,进入 70 年代以来,基本粒子物理的研究发生了革命性的变化……"

时间一分一秒地过去。他不停地讲，不停地写，讲得实在太累了，就手按着教鞭，把头伏在上面歇一会儿。他满头大汗，干脆把外衣脱掉继续讲。在长达三个小时的时间里，从强作用、弱作用的发展史，讲到粒子物理的过去、现在和将来。台上台下，课堂内外，讲课的人着了迷，听课的人也着了迷，人们进入了奥妙无穷的粒子世界。

这是记者目睹的一次讲学的片断。李政道教授为新中国培养科技人才的一片深情，溢于言表，深深地留在人们的记忆中。

应中国科学院的邀请，李政道教授越过太平洋，不远万里来我国讲学，共讲授了"统计力学"和"粒子物理"两门课程。李政道教授在国外每年平常只讲二十八至三十个小时，这两门课一般要讲二三年。这次，他感到中国实现"四个现代化"急需科技人才，决定用两个月的时间讲完几年的课。为了搞好这次讲学，早在一年以前他就开始做准备工作，为了把粒子物理的最新成果加到讲稿中，从去年到今年三月一直就埋头于这件事，尽量使这些讲稿能包括近年来的主要新成就。他还给中国同行寄来了大量参考文献和书籍。

七个星期以来，北京科学会堂的报告厅里座无虚席。为了听得清，弄得懂，不少人干脆挨近讲台席地而坐；后排座位上的人还举着望远镜看投影仪映在墙上的讲义。在报告厅的地下室和中国科技大学研究生院，人们围着一台台转播电视机认真地听，认真地思索，认真地记。听讲的人中，有李政道教授早年的老师、同学、好友，也有新中国成立后培养的新一代年轻物理学家。还有粉碎"四人帮"以来入学的第一届研究生。大家对李政道教授讲学的评价是：学识高深，方法科学，治学严谨，诲人不倦。

"他的功夫很深，讲得很好。"一位对基本粒子物理有造诣的老科学家说。

"用物理学中的术语来说，李政道教授讲课走的是'短程线'，迅速把人们带到了现代科学的最前沿。"一位教授说。

"作为一个教授，他和学生的心是相通的。他时时都在关注着听讲人的理解程度。"一位研究生说。

大家举了这样一个例子。有一天，他讲"孤粒子"这一课，由于独具一格的教学方法，把公认的最容易讲玄的问题，讲得画龙点睛，深入浅出，既使专业科技人员和教授从中获得收益、启发，又使研究生们能够听得懂。

关于"孤粒子"的缘起是这样的：1845 年英国物理学家斯科特·罗素作了一个关于"波"的学术报告。他在报告中说："1834 年 8 月，我第一次有机会看到了一个美丽的现象。我看到一只船，这只船由两匹马拉着沿着狭窄的运河前进。后来船忽然停下来，这时从船头上翻出一股激浪，很激烈地翻滚着，突然离开船头，向前运动，速度很快。它的形状是固定的、圆截面的、光滑的水堆，它在前进时不改变形状，也不降低速度，我坐在马上跟踪前进。以大约每小时八、九英里的速度跟着跑，这水堆一直保持原来的形状，有三十英尺长、一英尺半高，后来高度逐渐降低，追逐了一两英里以后，在运河转弯处就看不见了。"

顾迈男（1931—  ）

自从罗素发现了"孤立波"，一百多年来各国物理学家反复讨论过产生这种现象的原理。直到 1895 年才得到了正确的解释。1973 年开始，有人试图以此解释基本粒子物理。但是，过去研究基本粒子物理用的都是线性方程式，而研究孤粒子，必须用非线性方程式，难度很大，都视为畏途。

从 1973 年起，李政道教授开始研究这个问题，在基本粒子物理的研究中，他第一个引进了非拓扑性孤粒子的概念，先后发表了十多篇论文，对这方面的一些根本性的问题作了理论上的探讨，为这个领域的研究开辟了新的途径。在这以前，他还发展了反常核态理论。他在这个理论中预言，当两个铀的原子核发生碰撞时，核的密度超过正常状态，也许有可能发生反常核态现象，而这种现象过去在自然界中还未发现过；并强调，真空并不是什么都没有，真空是一个实实在在的东西，是具有洛伦兹不变性的一种介质，它的物理性质是可以通过基本粒子的互相作用表现出来的。目前美国有一台加速器正在为验证李政道教授的上述理论作准备。

李政道教授的讲学在听众中博得一致好评，并非一日之功。1972年以来，他四次回国，周恩来总理通过和他的交往，曾作出过"李精于学"的赞誉。李政道教授是当之无愧的。他不满二十岁离开中国去美国求学，由于刻苦勤奋，年纪很轻就取得了卓越的学术成就，获得诺贝尔奖金。他和杨振宁教授合作，发现著名的宇称不守恒定律以后，继续向高能物理的纵深处挺进，数十年如一日，进行着高度紧张的脑力劳动。

谈到李政道教授的教学态度，大家也十分钦佩。课堂上，他一遍又一遍地亲切地询问大家听懂了没有？他注意每讲一句话不仅让学生听得清，而且使学生听得懂。他还利用休息时间和午餐时间征求大家对讲课的意见，不断改进教学方法，调整教学进度。在讲学期间，他每天讲三个小时，可是备课常常需要五六个小时。他说："我每天睡得不很多，中午不休息，这倒是习惯。"人们见他人瘦了，嗓子哑了，担心他累垮，劝他休息。他笑笑说："有这么多人认真听课，我花些劳动是值得的。"就连"五一"节他也照常上课。人们说，从李政道教授的教学中不但学到了知识，而且学到了当教师的好思想、好作风。

李政道教授对于他出生的祖国有着深厚的感情。在讲学期间，他随时随地都流露出这种感情。一天，他和夫人到中国科技大学研究生院参观，看到研究生院的一排排木板房。他说："这最像我们西南联大的房子了。我离开昆明西南联大是1946年，那时候，物质条件是很差的，住的是草房子，十五六个人睡一间房子，过几个月就要把床搬出去煮臭虫。那时联大的条件只有一间煮床的小房子，所以每过一段时间只能煮一个床，臭虫不能同时消灭。"大家听了，都笑起来。

"我还记得上物理课时，老师带来一个小的电子仪器，我出于好奇心，用手捅了一下，把一根线弄断了。"他打着手势风趣地说："所以，以后我就改学理论物理了。"大家又笑，他也笑了起来。

"我们那时从来没有感到因为仪器不好，设备不好，就比别人差。杨振宁、朱光亚、唐敖庆和我等等，都是在那时培养出来的。"他说："重要的是人，不是物质条件。仪器、设备都是人造的。只要大家肯学习，把基础打好，把人培养出来，就可以创造一切。这次回来深深感到，大家都想使中国尽早实现现代化，海内海外的有志之士都很关心这个问题。"

李政道教授一向关心我国科技人才的培养。早在 1974 年访华时，他就向毛主席、周总理建议过：理科人才也可以像文艺、体育那样从小选拔培养。这次回来，他听说科技大学试办了少年班，很高兴。在繁忙的教学活动中，利用周末休息时间，专程到合肥访问了少年班，就如何培养青少年学科学、爱科学的问题同学校领导和教师们作了广泛交谈，并亲自到了少年班，送给孩子们大批适合青少年阅读的科技读物，给孩子们讲科学故事，讲许多著名大科学家在青年时代对人类所作的杰出贡献，并题词："青出于蓝，后继有人。"鼓励青少年们敢于突破前人的框框，在科学上闯出新路。这次讲学期间，还从科大研究生院为哥伦比亚大学亲自选拔了一批研究生。

"政道变了。"今年 4 月 15 日，邓副主席会见李政道教授时，他的夫人秦惠箬说："政道过去对这类事（指组织和联系工作）从来不感兴趣。去年为了给中国培养高能物理人才，他在四个月的时间里，亲自打了很多、很多个长途电话，联系培训问题。别人都说政道变了，就连讲课政道也变了，过去他从来没有这样集中讲过。"

一个阳光灿烂的下午，记者问李政道教授为什么会发生这种变化时，他兴奋地说："我感到，大家都被中国的'四个现代化'推动起来了，这是很了不起的！我不应该袖手旁观。"

顾迈男（1931—　）

（原载《人民日报》1979 年 5 月 18 日；选自《科技新闻通讯选》，新华出版社 1988 年版）

评析：

1978 年全国科学大会开辟了科技事业发展的新空间，许多久居海外的科学家纷纷来华，或讲学，或进行学术交流。这篇通讯既真实记录了诺贝尔物理奖得主、著名美籍华裔科学家李政道在中国讲学的情景，又客观记述了李政道怀着对祖国的深厚感情，为中华民族振兴倾注满腔热忱，不辞辛劳，致力科教、奖掖青年的感人故事。

作者充分发挥在"新闻现场"的优势，捕捉听到的、看到的、感觉到的典型细节，令读者宛如身临其境，目睹科学家的风采，感受其真心、真诚、真意，体验"科学之旅"的魅力。

"统计力学"和"粒子物理"……这些艰涩高深的专业术语，对于普通读者而言存在理解障碍。作者以讲故事的叙事方式，运用简明朴素的语言，深入浅出地讲述深奥复杂的物理理论，在潜移默化中普及了科学知识，传播了科学思想，弘扬了科学精神。

这篇通讯经新华社播发后，在美国华人中产生"轰动效应"，发挥了积极示范作用，诺贝尔奖得主美籍华人物理学家丁肇中等纷纷来华讲学或进行学术交流。

科技兴，须人杰。周恩来赞誉李政道"李精于学"。李政道在接受采访中曾分享他的人生哲学："细推物理须行乐，何为浮名绊此身。"一个国家综合实力的核心是技术创新，而科技人才只有掌握了科技强国之本，才能使人类文明持续进步。

## 死生甘愿同依

### ——悼华罗庚教授

1985 年 6 月 12 日下午 4 时，全国政协副主席、著名数学家华罗庚精神矍铄地出现在东京大学的讲台上。日本数学会会长把他向听众作过介绍之后，华罗庚教授开始了他访问日本的学术演讲。

起初，他用中文讲，然后翻成日语。等讲到数学的专门问题时，他征求了会议主席和听众的意见之后改用英语讲。会场上鸦雀无声，在座的日本学者们全神贯注地听着这位满头银发的世界著名数学家的精粹论述，不断地用掌声向华罗庚表示敬意。日本朋友听说他的身体不好，为他准备了轮椅，但他几乎一直是站着发表演讲的。讲着讲着，华罗庚兴奋起来。中间，他讲得满头大汗，脱掉了上衣、解下了领带，擦了擦额头上的汗水，继续侃侃而谈……

日本数学界期待华罗庚的这次访问，已有三年之久，早在1982年日本亚洲交流协会就向他发出了邀请。华罗庚很重视这次访问，行前多次对代表团的成员们说，要认真学习日本同行把数学方法用于经济管理和决策的经验，当然也要报告自己的工作，和日本朋友们进行学术交流。到达日本后，他一直在考虑和准备这次学术报告，9日他从箱根到达东京以后，谢绝了一切活动，用了整整两天时间闭门专心准备，11日直到深夜两点钟才睡觉。由于认真地做了准备，学术报告取得了很大成功。

原定报告的时间不超过四十五分钟，他见会场上听众反应十分热烈，看了看手表，时间已过，于是对会议主席说："规定的时间已经超过，我还可以延长几分钟吗？"得到允许后，他又继续讲，一直讲到下午五点多钟才结束，共讲了一个小时零五分钟。在长时间的热烈掌声中，他坐在椅子上准备再讲几句话，但刚讲出一句在场人未听清的话，就突然从椅子上滑了下来，他的心脏病发作了。在场的中日两国医生和教授们赶紧跑过去扶他躺下，并立即送往东京大学医院急救。日本的心脏病专家们尽了一切努力，华罗庚教授却再也没有清醒过来。

1985年6月12日晚10点零9分，蜚声国际数学界的一颗明亮的星陨落了。华罗庚教授实践了他生前多次表示过的意愿：工作到生命的最后一刻。

华罗庚教授曾有过多次心肌梗塞，他一次次战胜了死神的威胁，每次稍事休息和治疗后，就精神抖擞地奔赴社会主义现代化建设的第一线，他已到垂暮之年，仍然抱病为国家、为人民的事业奋斗不息，是什么力量使他把生死置之度外？1982年冬，他从淮南煤矿考察回来犯了心脏病，在病榻上写下的诗句作了这样的回答：

祖国中兴宏伟，

死生甘愿同依。

在华罗庚教授的一生中，有一半多的时间是在旧中国度过的。

顾迈男（1931—　）

1910 年 11 月 12 日，他出生在江苏金坛县一个贫苦家庭。童年时代，由于交不起学费，他只念到初中毕业就失学了。为了能谋求个会计之类的职业，后来他又到上海中华职业学校念了一年书。还是因为交不起学费，没有毕业就回到了家乡，一面帮助父亲在小杂货店里干活、记账，一面继续钻研数学。他回忆自己的童年时辛酸地说："那正是我应当受教育的年月，但一个'穷'字剥夺掉我的梦想：在西北风口上，擦着清水鼻涕，一双草鞋一支烟、一卷灯草一根针地为了活命而挣扎。"回忆当时他刻苦自学的情景，他的姐姐华莲青说："冬天，罗庚在账台上看他的算学书，清水鼻涕流下时，他用左手在鼻子上一抹，往旁边一甩，右手还在不停地写……"他就这样顽强自学到 18 岁。这一年，金坛瘟疫蔓延。他染上了可怕的伤寒，在死亡线上挣扎了半年多，总算活下来了，却留下了终生的残疾——左腿瘸了。

"我别无它择，干别的工作要到处跑，或者要设备条件，我选中数学，是因为它只需要一支笔、一张纸。"他就这样开始了数学家的生涯。当时，他仅有一本代数、一本几何和一本 50 页的微积分。功夫不负有心人，他 19 岁小小年纪就写出了那篇著名的论文《苏家驹之代数的五次方程式不能成立的理由》。著名数学家熊庆来教授发现了一颗有希望的新星，华罗庚被调到清华大学一面干助理员，一面学习、旁听。

中国古代数学曾为人类作出过杰出贡献，由于长期处于封建社会，后来渐渐落后了。我国现代数学研究是从本世纪 20 年代开始的。华罗庚教授是中国解析数论，典型群，矩阵几何学，自守函数论与多个复变数函数论等许多方面研究的创始人与开拓者，也是我国进入世界著名数学家行列最杰出的代表。

华罗庚到清华大学后的最初四年中，在数论方面接连发表了十几篇论文，自学了英文、法文、德文。不久，他就由助教被提升为讲师、教授。

1936 年夏，他作为访问学者到英国剑桥大学工作两年。他的勤奋和才华，博得了世界各国数学家的赞誉，称赞他在剑桥大学的研究成果

"将他欧洲同事的工作包罗殆尽"。

华罗庚不仅是一位杰出的数学家，而且是一位有着炽热爱国之情的知识分子。抗日战争爆发的消息传到英国，他立即风尘仆仆地回到祖国。在昆明郊区的小村庄里，他一家七口人住在两间小厢楼里，吃饭、睡觉、读书、做研究工作都在这两间小房子里。楼下是牲口圈，不时传来马的嘶鸣、牛的嚎叫，而他的一家则与之共作息。白天，他拖着病腿到西南联合大学讲课，挣点微薄的薪水养活全家；晚上在如豆般的小油灯下埋头钻研数学。

在山河凋蔽、民族危亡的痛苦日子里，共同的爱国热忱把他和闻一多教授紧紧地连结在一起。闻一多教授得知他家住的危楼快要倒塌，无处栖身时，毅然把自己的一间房子用布单隔开，分出一半给华罗庚一家住。两位在危难中邂逅的大学教授，从此结下了"通家之好"。

就在这样艰难的环境里，华罗庚写出了名著《堆垒素数论》。战乱中，谁关心一个数学家的心血呢，他万万没有想到，饿着肚子呕心沥血作出的成果不但得不到出版的机会，把手稿交给国民党中央科学院数学研究所后，竟弄得无影无踪了。回忆昆明的生活，他曾愤然写过这样的诗句：

顾迈男（1931—  ）

> 寄旅昆明日，
> 金瓯半缺时；
> 狐虎满街走，
> 鹰鹯扑地飞。

1946 年秋天，华罗庚应美国普林斯顿大学的邀请，离开昆明。途中，爱国民主人士闻一多被国民党特务暗杀的消息传来，他难过得痛哭流涕，悲愤交集中他写了这样一首诗：

> 乌云低垂泊清波，
> 红烛光芒射斗牛；
> 宁沪道上闻噩耗，
> 魔掌竟敢杀一多。

闻一多的壮烈牺牲，猛烈地震撼着华罗庚的心灵。他由此认识到，在黑暗的旧社会，知识分子不但没有工作的条件，就连生命也没有保障。

这次出国前夕，华罗庚对上海《东南日报》记者赵浩生说："在昆明为了躲警报，家住在乡下，每次跑进城里讲课，整天愁着一家人的生活……如果不是不得已，绝不愿意出国。如果有那么一天，我们的梦想实现了，中国真正开始和平建设，我想科学绝不是太次要的问题。"

他，怀着这种恋恋不舍的心情离开了苦难的祖国。

新中国诞生的消息传到美国，华罗庚听了兴高采烈，回到家里，他一进门就对妻子喊道："筱元，快把酒拿出来，今天吃饭要喝酒！"接着，又兴奋地说："祖国解放了，叫我们快回去！"当时，他已是美国伊利诺大学的终身教授。为了回国参加建设新中国的伟大事业，他毫不犹豫地放弃了这个职务，丢下优厚的薪俸、汽车和洋房，怀着热烈思念祖国和亲人的心情，带领全家登上一艘邮船。1950年春，海外赤子横渡太平洋归来了。

新生的祖国给华罗庚这个历尽坎坷沧桑的知识分子带来了无限希望。到了香港，他写了一封告中国留美同学的公开信。他在这封长达万言的信中，情真意切地动员爱国的知识分子放弃国外优越的物质生活，投入祖国的怀抱尽一分力。他真诚地呼唤说：

"朋友们，梁园虽好，非久居之乡。归去来兮！为了抉择真理，我们应当回去，为了国家民族，我们应当回去，为了为人民服务，我们也应当回去，就是为了个人出路，也应当早日回去，建立我们工作的基础，为我们伟大祖国的建设和发展而奋斗！"

在公开信问世的三十五年漫长岁月中，无论是中国天空晴朗的时候，还是风雨如晦的年月，他都始终坚定不移地恪守当初的诺言，为祖国的繁荣富强奋斗不息。

回国不久，毛泽东主席在中南海怀仁堂抚摸着他的肩膀，殷切地说：华罗庚同志，你也是苦出身，多为我们培养些人吆！周总理要他负责中国科学院数学研究所的重建工作。

创业维艰，一时人力物力都极端匮乏。华罗庚兢兢业业，终于很快建立起了基本理论数学、数理逻辑、力学、数学物理、计算及计算机等几个研究室，为新中国数学科学的发展奠定了基础。他给新中国培养了大批数学人才。发现并培养了王元、陈景润、陆启铿这样一些出类拔萃的著名数学家，在中国建立起了国际上公认的"中国数学学派"。

50年代末期、60年代初期，国民经济遇到严重困难，华罗庚在研究所里再也坐不住了。他想："学数学的我，能为国家做些什么呢？数学方法能不能用到国民经济中去呢？"他毅然走出研究所的大楼，年复一年地到城镇、乡村，深入群众推广"优选法"和"统筹法"。二十多年来，他夏去江汉斗酷暑，冬去松辽傲冰霜。他以病残之躯，时而奔走在祖国大西南的层峦叠嶂中，时而颠簸在茫茫草原上，为把国民经济搞上去尽心尽力。他领导的推广普及"双法"小分队走遍了全国二十多个省、市、自治区，到上千个工厂、矿山、农村、部队和医院，给百万群众传授"双法"，为国家创造了巨大的物质财富和经济效益。

华罗庚长年深入生产第一线，受到党和人民的高度评价。1982年4月1日，胡耀邦同志在写给他的一封长信中，把这种为"四化"献身的精神比喻为"修筑通天塔"，信中希望我国广大科学工作者都像华罗庚一样"投身到新技术、新工艺攻关的行列中去"。

在一生中，华罗庚共发表了学术论文约二百篇，专著十本，其中有八本被国外翻译出版，有些被列入本世纪经典著作之列。

华罗庚是美国科学院历史上第一个当选为外籍院士的中国人，法国南锡大学与香港中文大学授予他荣誉博士学位。他的名字进入了美国华盛顿斯密司—宋尼博物馆，被列为芝加哥科学技术博物馆中当今八十八个数学伟人之一。国际上一些著名数学家赞扬说，华罗庚的"工作范围之广，使他堪称世界名列前茅的数学家之一"。他是"绝对第一流的数学家，作出特多贡献的人"。

华罗庚是新中国数学科学的拓荒者、奠基人，新中国为他充分施展聪明才智提供了广阔的用武之地。在这片国土上，他成就了辉煌的业绩而名扬海外，政治上也找到了最后的归宿。

顾迈男（1931— ）

1976 年，周恩来、朱德、毛泽东同志相继过世了。在举国哀悼的日子里，在那年深秋的一个月夜，华罗庚独自一人伫立在寂静的庭院里，深为党和国家的前途担忧。回到房间里，他含着热泪写下了入党申请书。

1979 年冬天，当得知自己终于成为中国共产党的一员时，他兴奋地写道："五十年来心愿，三万里外佳音，沧海不捐一滴水，洪炉陶冶砂成金，四化作尖兵。"

华罗庚和许多正直的知识分子一样，十年动乱中也受到了迫害。谈起自己那时的遭遇，他不仅对党没有任何怨言，反而更加坚定了对共产主义的信念。他自豪地说："现在，我可以公开地答复更多关心我和不理解我的人：回国后数十年来，几经沧桑，华罗庚不但坚定了爱国立场，而且成为中国共产党的一员了，我要为共产主义事业献出自己的一生！"

入党后，他感到自己肩上的担子更重了。粉碎了"四人帮"，他以古稀之年欢欣鼓舞地东奔西跑着。近年来，他一次又一次病倒了又爬起来，重上前线，再试宝刀。他冒着酷暑三下两淮煤矿，寒冬腊月又奔向井架林立的大庆油田。人们劝他多加休息，他不以为然地说："生产若能长一寸，何惜老病对黄昏！"

华罗庚教授在既往病重的日子里，也想过自己的身前身后事，他是以一个唯物者的态度对待生死的。1984 年 8 月 25 日，他写了这样的《述怀》："即使能活一百年，36524 日而已。而今已过四分之三，怎能胡乱轻抛，何况还有老病无能为计，若细算，有效工作日，在二千天以内矣。""少说闲话，休生闲气，争地位，患得失，更无道理。学术权威似浮云，百万富翁若敝屣，为人民服务，鞠躬尽瘁而已。"

他还曾这样表示过自己的遗愿："力竭矣，但斗志未衰，战士死在沙场幸甚。甚盼尸体能对革命有用，俟墙可作人梯，跨沟可作人桥。"

如今，华罗庚已经走完了自己漫长、曲折的人生旅途。在 74 年的岁月里，他从偏僻的乡村走进了金碧辉煌的知识的殿堂，从满目疮痍的旧中国漂泊到海外，又从海外归来，为了寻求中国的富强之路，作了无数次的探索，最后终于实现了从民主主义到共产主义的伟大转变，走进了共产主义战士的行列。

安息吧，华罗庚同志，在人类为实现美好未来的征途中，你永远是一颗把人引向光明的、闪亮的星。

（原载《人民日报》1985 年 6 月 20 日；选自《科技新闻通讯选》，新华出版社 1988 年版）

## 评析：

这篇通讯以深刻的思想、厚重的事实和精当的写作，真实记述了著名数学家华罗庚为国家、为人民的事业奋斗不息、鞠躬尽瘁的一生，书写了中国当代知识分子学识、成就、贡献、情怀和品格的光辉篇章。

字字句句总关情。处处流淌温馨的语言，处处出现感人的画面，是对华罗庚最全面、最准确、最真实的再现。"那正是我应当受教育的年月，但一个'穷'字剥夺掉我的梦想：在西北风口上，擦着清水鼻涕，一双草鞋一支烟、一卷灯草一根针地为了活命而挣扎。""回国后数十年来，几经沧桑，华罗庚不但坚定了爱国立场，而且成为中国共产党的一员了，我要为共产主义事业献出自己的一生！""1982 年冬，他从淮南煤矿考察回来犯了心脏病，在病榻上写下的诗句作了这样的回答：祖国中兴宏伟，死生甘愿同依。"

一次震撼心魄的回顾，一次净化心灵的洗礼。全国政协副主席、著名数学家华罗庚与世长辞。作者当时正在撰写《华罗庚传》，闻讯含泪撰写了长篇通讯《死生甘愿同依》，以此悼念华罗庚，寄托哀思。作者选材精当，行文韵律感强，叙述中细致描写，贯穿抒情，夹叙夹议，读来荡气回肠，催人奋进。通讯经新华社播发后，国内外主流媒体纷纷转载，产生了巨大轰动。

（编撰：郑艳华）

顾迈男（1931—　）

心系环保访河山

张天来
（1932—2016）

张天来（1932—2016）《光明日报》高级记者。工作四十余年间，采写了大量人物报道、传记文学、纪实文学，记录了那些为国家建设辛勤耕耘的知识分子的生动事迹，出版了《黄河的儿子》《同死神决战的劲旅》《院士的足迹》等作品集。记者生涯的中后期，他将目光投向了当时还不为人关注的自然保护区，成为我国第一位走遍全国300多个自然保护区，进行实地采访的记者，完成了360余万字的鸿篇巨著《中国自然保护区探秘》《亲历大自然》。

# 心系环保访河山

张天来（1932—2016）

　　张天来，1932年2月生于天津市蓟县的一个农民家庭。1945年参加革命，在新闻岗位工作四十余年。曾任《光明日报》记者，特派记者，总编室副主任，机动记者部、政治经济部主任，高级记者。由于对中国新闻事业的特殊贡献，于1991年7月起，享受国务院颁发的政府特殊津贴。

　　张天来早年主要从事教育领域的报道。他以饱含深情的笔触，描绘了大量时代鲜活人物的精彩人生。作品多以报告文学、通讯、传记形式呈现，收录在《黄河的儿子》（1988）、《同死神决战的劲旅》（1992）、《院士的足迹》（合著）（2004）三部书中。

　　后期，着力于生态环境方面的报道，用20年时间深入300多处自然保护区，访问300多位专家学者和保护区的工作人员，以游记、散文的笔法和日记的形式，写成300万字的《中国自然保护区探秘》（1999）。该书展示了中国自然保护区丰富多彩的自然景观，为环保宣传做出了巨大贡献，张天来也因此成为中国自然保护区报道的先驱。2010年12月，出版了《亲历大自然——中国自然保护区奇趣录》（共3册）。他的丰硕成果为中国新闻事业留下了宝贵财富。

　　2016年3月10日，张天来因病逝世，享年84岁。

# 四十余年新闻生涯跌宕起伏

出生于动荡年代的张天来，接受的教育非常有限。最初的启蒙，是父亲常念的名著故事。小学还没毕业，他就参加了革命。1947年，机缘下，进入《察哈尔日报》工作，从一名校对员开始了新闻生涯。五年时间里，《察哈尔日报》的优良作风对他影响深刻。在那里，老同志对青年的爱护、群众观点的良好贯彻，他都记在心里，并成为一生恪守的准则。

张天来不怕吃苦，爱学习爱钻研，由于家与单位有半小时路程，他常利用途中的时间读书，阅读了大量中外文学作品。1952年进入《光明日报》后，他慢慢由记者、特派记者，做到了机动记者部、政治经济部主任，最后成为享受国家特殊津贴的高级记者。张天来刻苦奋斗、自学成才的经历，在很长一段时间内，都成为年轻人的精神楷模。

从1953年到1992年离休，张天来在《光明日报》工作了近四十年。他勤于笔耕，采写了大量的通讯、人物专访、报告文学和纪实文学。以饱含真情的笔触，记录了新中国一路走来的风风雨雨，留下了近百篇厚重的新闻作品，其中《黄河的儿子》《华山抢险记》《大漠风流》《划破夜幕的陨星》《"伯乐"和"千里马"之间》等，更是成为新闻写作中的经典篇章。

硕果累累的背后，张天来的记者生涯却并非一路坦途。1958年，因为"敢言"，一顶"严重右倾"的帽子扣在张天来头上，他被开除了党籍。这一决定直到1978年才被撤销。

从高峰到谷底，20年间，社会愈混沌，他的思想愈清晰。因有着切身的经历，他笔下的人物更显沉痛、深刻。

20世纪80年代初，《光明日报》计划通过大通讯的方式，为"文化大革命"期间的遇罗克冤案平反，张天来与王晨负责此次通讯的写作。这次任务沉重而艰巨。他们奔波于最高人民法院、北京图书馆等地，搜集了大量的档案、卷宗材料，翻检、摘抄有关遇罗克的审讯笔录，以及逝者遗下的诗文、日记。他们还走访了遇罗克的父母弟妹、亲朋故友，获取了大量第一手资料。

1980 年 7 月 21 日、22 日，连续两天，长达两万多字的《划破夜幕的陨星——记思想解放的先驱遇罗克》在《光明日报》上连载，终于让"这位思想解放的先驱，这位捍卫真理的勇士，通过历史的凯旋门，重新回到了我们中间"①，引发强烈社会反响。此文后荣膺 1977—1980 年首届全国报告文学奖。

## "当代徐霞客"：心系环保遍访河山

张天来（1932—2016）

张天来的新闻生涯中，还有一座不能不提的丰碑，就是他的著作《中国自然保护区探秘》。

自然保护区，在当时的中国还是一个崭新的领域。当张天来把目光投向它的时候，已年近半百。然而，他不仅开始了，并且一直做了 20 年，很多工作甚至延续到离休之后。1978 年到 1998 年，张天来走遍了大江南北的 300 多个保护区，访问了 300 多位专家学者和自然保护区的工作人员。这项工作总共花销约 50 万元，为此他还欠了 6 年的账。但他只说了一个字：值。

这一切，缘起于 1979 年夏天的一次采访。当时，张天来应邀去长白山自然保护区采访生态学家王战，宣传中国自然保护区生物多样化奇观，以唤起社会各界对自然保护区事业的重视。那时，张天来对自然保护区还不甚了解。当他乘车由吉林省东部山区驶入长白山保护区时，窗外原本浑浊的河水，骤然一清。这种对比带来的惊喜和愉悦，激发了张天来走访更多自然保护区、宣传水资源保护的愿望。

这一念，成了支撑他 20 年自然保护区采访写作的强大动力。

张天来的足迹从中国最东端的山东日照县益鸟保护区，横跨到最西端的新疆塔城巴旦杏自然保护区；从最南端的西双版纳勐腊自然保护区，穿越到最北端的大兴安岭呼中自然保护区。

其间少不了风餐露宿，风雨兼程，也因此受了不少伤。最严重的一次，发生在江西井冈山。当时，张天来去井冈山西面的大院看冷杉，下山时不慎滑倒，胸口撞在竹桩上，立时剧痛起来。夜里回到住处，他检查发现没有伤到骨头，就用热水敷过伤痛处，打起精神写了整宿的采访日记。

为了更好地宣传自然保护区，写作中，张天来不断尝试创新和变化报道文体。《中国自然保护区探秘》全书都是以随笔、散文、日记的形式完成的，不仅体现了采访过程和资料来源的真实性，也提高了文章的可读性。

他在接受采访时，曾特意说明自己为什么要采取日记的方式写作："那时在云南采访，由南部的自然保护区到西南部的自然保护区去，路上要走两天。夜晚整理书籍，突然感到日记这种形式，可能较好。为什么？因为每天考察中看到的新鲜事物太多，而且常常并不相同，只有每天用日记形式整理出来，才能够比较充分表现考察中所看到的各种新鲜事物。但怎样叫读者感到亲切可信呢？日记的形式、游记的笔法可能好些。日记，有具体的时间、地点，人们会有确切的感觉。游记的笔法，就是让读者同作者一起进入现场……"[②] 正是在这样的写作理念下，才诞生了《中国自然保护区探秘》，这样兼具科学性与趣味性的传世杰作。

在生态保护方面，张天来还留下了颇多新闻佳作。1989 年到 1990 年间，他曾与张义德远赴西北，深入荒漠野岭，以《大漠风流》为题采访报道了 36 个深居荒漠、与沙漠抗战的英雄典型。治沙专家施及人、郭普，林场工程师李守箴、李琰林，治沙夫妻韩泽民、吕爱香等专家学者、教育工作者、归国华侨、外国专家、农民群众的形象跃然纸上。系列报道长达 5 万多字，共 10 篇，成为《光明日报》的又一出"重头戏"。

1990 年，谢超美在《塞上行——访〈大漠风流〉采写者张天来、张义德》一文的结尾处这样说道："采写大漠风流的这两位记者，他们

《中国自然保护区探秘》　　　《亲历大自然——中国自然保护区奇趣录》

的采访活动不是也反映了'记者的风流'吗？"③ 的确，治沙英雄勇毅可敬，而张天来的采访作风也值得嘉许，他们的"风流"，正是人民记者的精神所在。

　　离休后的张天来，依然笔耕不辍，2010 年 12 月出版了一套 3 册的《亲历大自然——中国自然保护区奇趣录》。苦行万里路，勤写万页书。张天来老当益壮，遍历河山，这种坚强意志和求索精神，被称赞为"当代徐霞客，中国记者第一人"④。

### 工作体悟："舍得下深海，才能捞得到大鱼"

　　在职业生涯中，张天来一直非常注重学习和经验总结，除了大量优秀的报道外，他还写作了一系列关于新闻工作实践经验的文章。有人问他做记者最大的特点是什么？他说："脚踏实地，肯下工夫。"

　　这种学而不厌的精神伴随了他一生。当他 82 岁高龄时，仍然每天坚持收看科教频道的《百家讲坛》节目，用以增长知识。

2007 年，张天来因为家中装修，重新整理了书籍资料。一天，他无意中翻出了一些资料，原来是自己多年来零碎写的关于新闻业务的总结。他觉得似乎有益于后人，于是将它们结集成一本小册子，取名《半爪一鳞，滴滴点点》。

收录在这本小册子中的文章，集中体现了张天来求真务实的新闻思想。他提出，记者应具备一定的新闻素质，如扎实的基本功、敏锐的新闻嗅觉，以及思想的深度。这些文章，没有艰涩虚空的理论，全是一个老记者工作多年的思考和经验之谈。

其中一篇文章叫《到大海的深处去捉"大鱼"》。在文中，张天来回忆了自己的新闻生涯，并以一位老前辈的口吻，告诉青年记者，"大鱼在哪里？在深水，用小网浅浅地捞，是捞不到大鱼的。舍得花工夫，舍得下深海，才能捞得到大鱼。"

张天来还特别强调，采访时需有"真感情"，要对被采访对象有一颗理解、悲悯、肝胆相照的心。他在写作《人生的大树——记工程师刘葆华》时，与刘葆华有过多达七次的交谈。两人推心置腹，在谈到人生的曲折苦难时，常常一起泪流满面。他始终致力于展现出那些饱受挫折却不改初心的知识分子的故事。正是这份真情，使得他笔下的人物，格外真实、动人。

张天来还十分重视记者的个人品德。在他看来，一定要把个人的事业与国家的命运联系在一起，并保持独立的品格，这样才能敢于说真话、写实事。

他通过自己一生的经历，为后人总结出做好新闻工作的关键：深入生活，嗅觉敏锐，注重质量，真实可信，善于合作。这是老一辈新闻人留下的最珍贵的财富。

**注释：**

① 王晨、张天来:《划破夜幕的陨星——记思想解放的先驱遇罗克》，《光明日报》1980 年 7 月 22 日。

② 赵德水:《二十年考察真实，三百万字经典之作》，见赵德水:《名流生涯》，作家

出版社 2008 年版。

　③ 谢超美:《塞上行——访〈大漠风流〉采写者张天来、张义德》,《新闻战线》1990 年第 4 期。

　④ 金燕侠:《"当代徐霞客",中国记者第一人》,《老人天地》2005 年第 6 期。

作品选编

张天来 (1932—2016)

# 我国最大的自然保护区

原来打算今天上山,因为天阴怕下雨而没有去,保护区管理局科研室主任刘子德同志,整整花了一天时间,给我们介绍情况,讲了好多有趣的故事。

长白山自然保护区有多大?目前,在全国自然保护区中,它的面积首屈一指,南北长为 78 公里,东西宽为 53 公里,共 20 多万公顷,跨安图、抚松、长白三县。它的南部和东南部,跟朝鲜民主主义人民共和国紧紧相连。这里自古以来人烟极为稀少,交通更是不便,所以森林未遭到破坏。直到今天,绝对保护区内,只在天池边上有一个气象站,温泉附近开辟了一个冰上运动场,再没有其他设施了。

长白山自然保护区从最低到最高处,相差 1902 米。山下桃杏花开,一派盎然春意;山上还是银装素裹的隆冬世界。它有高山、高原、台地,又有河谷、沼泽地带,植物种类繁多。

我国老一辈著名的植物学家中,有一位刘慎谔教授,在长白山南坡找到长白侧柏。这种植物趴在地面上向前长,最大能长到 10—20 米。世界上哪儿也没有这样的侧柏。刘教授生前还多次上长白山找偃松,但

作品原载报样

终未找到。临终前他对他的学生王战教授说："长白山一定有偃松，你们要找到它。"王战对长白山也非常熟悉，1977 年他在长白山南坡终于找到了偃松。

偃松在高大挺拔的松科植物中，可以说是个太矮太矮的小弟弟了。它几乎是伏在地面上，向四外伸展着自己的枝条。一株株矮小的偃松，组成了茂密的灌木林。在世界上，它只分布在大、小兴安岭和长白山的上半部。日本的高山上也有。高山上，气候更寒冷，风雪更大，对于植物来说，生长条件更恶劣。松科植物中，那些大个子在这里是无法生存的，而偃松却顶着风雪，冒着严寒，顽强地扎下根来。它才是真正的"劲松"。冬天，偃松林成了各种高山兽类的乐园。

王战教授还上长白山找过一种名叫并儿的小草。他 50 年代来过几次，没找到；1977 年又来，在温泉那儿转了 3 个多小时，也未找到，很失望；1985 年又来，找到了，非常高兴，但只采了两棵作标本。

为什么要找这无名的小草呢？因为过去人们只知道它分布在我国温暖的南方一带，不知道长白山也有这种蕨类植物。它个头特别矮小，趴到地面上才能发现。并儿草能治蛇咬、毒疮。

这是一个丰富多彩的天然博物馆，一个非常巨大的生物物种宝库。

许多专家、学者来到这里考察后，都说这里是地球上温带地区保存最完整的原始林区。整个保护区内，植被的垂直带十分明显：海拔 710 米到 1000 米的地段内，生长着阔叶、针叶混交林。阔叶树主要有柞、椴、水曲柳；针叶树主要有红松、落叶松。“美人松”也分布在这个区域。海拔 1000 米到 1800 米的地段内，全部生长着针叶树，是红松、云杉、冷杉、落叶松的一统天下。由于天气寒冷，阔叶树在这里无法长大。海拔 2000 米以上，没有高大的树木，各种矮小的灌木、小草、地衣、苔藓，在高山上铺下了一块大极了的地毯。人躺在上面，十分舒服、惬意。

老一辈的专家、学者中，有些人终生劳碌在长白山上，为探索它的奥秘而贡献出了全部智慧。青年一代的科学工作者，也一批又一批地来到这里，踏着前辈的足迹，研究、探索，为揭示长白山自然规律而辛勤劳动。外国的专家们不远万里而来，在这座宝库中观察各种自然现象，赞美大自然神奇的造物能力。

长白山植被的四个垂直带，植物不同，动物也不同。动物最丰富的地区是针阔叶混交林带。

1978 年春天，老刘和研究鸟类的赵正阶工程师等人，连续 5 天早上 3 点跟鸟儿一块起床，去寻找鸳鸯生儿育女的地方。会爬树的小张，硬是爬了 800 多株大树去找鸳鸯。他们真的把鸳鸯繁殖后代的地方给找到了。这个举动，起码在我国还是第一次。原来，鸳鸯生儿育女是在大青杨树洞里。

6 月 4 日，一大伙人清早 5 点钟就赶到了小鸳鸯将要出窝的大青杨树附近，电影摄影师做好一切准备，等着雏鸟向外飞。

天下着蒙蒙细雨。大伙儿估计要等到 7 点钟太阳出来温度高些，鸳鸯雏鸟才会出窝。可是 6 点刚过，树洞里就有了动静，先是慢慢地从树洞里伸出一个头，那是抚育子女的鸟妈妈。它细心地向周围张望了一阵，看到没有什么危险，就嘎嘎地低叫了几声；又过了几分钟，它便吻噜一声从洞中飞出，落到林间小溪中。它游来游去，不停地朝着洞口低声地鸣叫。叫了一会儿，雏鸟一个个从巢里爬到洞口，探出毛茸茸的小头，用那双小眼睛望着它们的母亲。妈妈见到了孩子们出现在洞口，便

一声紧似一声地唤起来。于是，有一只黄茸茸的雏鸟，伸开两个光秃秃的翅膀，从空中降到水面，欢快地围着母亲游起来。接着，第二只，第三只……都在鸟妈妈亲切的啼唤中飞落下来。不好，有只小鸳鸯没有落到水里，而是摔在地面上，它似乎被摔痛了，歇了两三分钟后，才一扭一扭地走到小溪边，下水游到妈妈身边去了。

几天以后，人们又在这里拍下了中华秋沙鸭的出窝情景。对中华秋沙鸭的研究，过去也是很少的，赵正阶和他的伙伴们在这方面提供了珍贵的科学资料。

长白山是东北虎的故乡。大概是在故乡的缘故吧，这里的虎不大伤人，它们吃野猪、牛犊等等。

有一位钓鱼爱好者在保护区里的二道白河边上钓鱼，正好看到两只东北虎幼崽在那里蹦。不一会儿，一只大虎也来了，可能是两只小崽的妈妈吧，两只小虎围着妈妈玩了好半天，钓鱼人离它们只有四五十米远，虎没有伤害他，他可被吓得不敢动弹了。过了三四个小时，太阳快落山的时候，小老虎进了洞，虎妈妈趴在洞口向外望。钓鱼人一点点地向后退，退了好半天才敢站起来。他逢人就说这段虎不伤人的故事。但从那以后，他再也不敢到二道白河边去钓鱼了。

对野生动物的观察十分艰苦。夏天，蚊子、蚂蚁、小咬和瞎蠓（牛虻）轮番地咬人，大瞎蠓能把衬衣咬透。冬天，风雪中，干粮冻得梆梆硬。考察队员常常背着被子，带着干粮，一出去就是三五天。有一次，何敬杰工程师跟踪东北虎，天忽然下起雪来，虎的爪印找不到了，没办法，只好找个暖和点的草窝蹲了一夜，第二天接着找。

（原载《中国自然保护区奇趣录——森林奇观》，
安徽少年儿童出版社 1988 年版）

评析：

张天来撰写了大量关于中国自然保护区的文章，单是《中国自然保护区探秘》就有 300 万字，再加上已完成的《中国自然保护区奇趣录》《亲历大自然》及后来撰写的《大自然采撷集》，总字数在 400 万字以上。

这些文章，语言活泼自然、描写生动细致、体例灵活多变，多以日记、散文的形式写成，真实性、可读性、画面感极强。这篇《我国最大的自然保护区》，就是他探访长白山自然保护区过程中的日记。

文章数据精准，语言生动细腻。在描写一位钓鱼爱好者险遇野生老虎时，故事一般的叙述中，仿若情景再现，惊险之余，令人莞尔。"过了三四个小时，太阳快落山的时候，小老虎进了洞，虎妈妈趴在洞口向外望。钓鱼人一点点地向后退，退了好半天才敢站起来。他逢人就说这段虎不伤人的故事。但从那以后，他再也不敢到二道白河边去钓鱼了。"可以看出，张天来在写作这一系列自然保护区的文章时，既怀着一颗追求真实的记者之心，也有一腔对大自然由衷而生的热爱和敬意。

张天来 (1932—2016)

# 划破夜幕的陨星（节选）

## ——记思想解放的先驱遇罗克

### 王　晨　张天来

几千年来，我们中华民族的英雄豪杰，似群星灿烂，彪炳于历史的太空。

那些扭转乾坤、功昭日月的巨星，那些有创造发明、能利国福民的名星，将永远被人们称颂。然而，人们也不会忘记，当银汉低垂、寒凝大地，我们民族蒙受巨大苦难的时候，那拼将自己全部的热，全部的力，全部的能，划破夜幕、放出流光的陨星。虽然看来它转瞬即逝了，却在千万人的心头留下了不熄的火种。

恰似长夜的十年动乱中，被残酷杀害的青年遇罗克，就是这样一颗过早陨落了的智慧之星。

……

## "从《出身论》一发表，我就抱定了献身的宗旨"

"1966年9月×日：今日释放回家。小屋洗劫一空，破破杂杂，收拾干净，重读《共产主义运动中的左派幼稚病》1—75页，并记了笔记。

壁上鲁迅的笔墨不禁使我扪心自问：

难道，人们就此屈服了吗？

回答是：不。

如果我自欺了，或屈服于探求真理以外的东西，那就是我一生中最难过的事。我要做一名马列主义的忠实信徒，为共产主义事业而献身！"

这是遇罗克从工厂"学习班"回来写的第一篇日记。就在这天晚上，他开始撰写《出身论》。过去长期存在的唯成分论的左的倾向，现在已经发展到赤裸裸的封建血统论了，批判它，澄清它，具有极大的现实意义。

小屋里静寂无声，一股沉闷的空气压得人透不过气来。从小小后窗望出去，只见月落星稀，茫茫一片，长夜难消，曙色尚迟。罗克立起身，走了几个来回，一首慷慨悲壮的《夜半散步寄怀》脱口而出：

> 人生时刻夸豪杰，此心愿与廖廓同。
> 海思阔兮涛裂岸，人须达兮闷填胸。
> 有限聊当充无限，多情应是最钟情。
> 风雪一扫环宇赤，火热需销两极冰。

十多年来，埋藏在心底的怅惘、不平、愤慨、觉醒，此刻像地下运行的岩浆，终于找到了突破口。他决心向戕害青年的反动的封建血统论宣战！

"家庭出身问题是长期以来严重的社会问题。"他的第一句话就是这样写的。

"这个问题牵涉面很广。"他作了一个粗略的统计，指出"非红五类出身"的青年是一个庞大的数字。"由于形'左'实右反动路线的影响，他们往往享受不到同等政治待遇。特别是所谓黑七类出身的青年，即

'狗崽子'，已经成了准专政对象。""出身几乎决定一切。""多少无辜青年，死于非命，溺死于唯出身论的深渊之中。面对这样严重的问题，任何一个关心国家命运的人，不能不正视，不能不研究。"

他剖析了流毒极广的一副对联"老子英雄儿好汉，老子反动儿混蛋"，指出："这副对联不是真理，是绝对的错误。""它的错误在于：认为家庭影响超过了社会影响，看不到社会影响的决定性作用。说穿了，它只承认老子的影响，认为老子超过一切。实践恰好得出完全相反的结论：社会影响远远超过了家庭影响，家庭影响服从社会影响。"

他在论述："人是能够选择自己的前进方向的。这是因为真理总是更强大，更有感召力。你真的相信马克思列宁主义是无比正确的吗？你真的相信毛泽东思想是战无不胜的思想武器吗？那么，你就不应该认为老子的影响比什么都强大。"

当笔锋转向"重在表现问题"时，罗克首先论证了出身与成分完全不是一回事，驳斥了"唯出身论"，指出"究竟一个人所受影响是好是坏，只能从实践中检验。这里所说的实践，就是一个人的政治表现"。"在表现面前，所有的青年都是平等的……谁是中坚？娘胎里决定不了。任何通过个人努力所达不到的权利，我们一概不承认。"他痛斥血统论的卫道士："依照他们的观点，老子反动，儿子就混蛋，一代一代混蛋下去，人类永远不能解放，共产主义就永远不能成功，所以他们不是共产主义者。依照他们的观点，父亲怎样，儿子就怎样，不晓得人的思想是从实践中产生的，所以他们不是唯物主义者。"

文章列举大量事实控诉了血统论对青年的毒害，最后发出呼号："同志们，难道还能允许这种现象继续存在下去吗？我们不应当起来彻底肃清这一切污泥浊水吗？不应当填平这人为的鸿沟吗？""彻底的唯物主义者是无所畏惧的！"

这不是一篇墨写的文章，而是一位勇敢捍卫真理的战士用泪用血用生命写成的战斗宣言。

10月深秋的北京街头。被一片"打倒"声弄得头昏目眩的人们，忽然在许多公共场所读到一份油印的《出身论》，仿佛漫天阴霾中透出

张天来 (1932—2016)

229

一片晴日，多少人在阅读，在抄录，在沉思，在议论。

原来，《出身论》完稿后，他先寄给党中央，没有回音，继而准备发表。但是当时的小报不肯刊登这篇文章，怎么办呢？这时，一个在广州串连的弟弟来信告诉罗克一种最简便的用刮板油印的方法，他立即从每月16元学徒工的工资里拿钱买来纸张，借来钢板，和妹妹弟弟一起油印了几百份。

"哥哥，你为什么要用'家庭出身问题研究小组'这个名义呢？"罗锦问。

"因为我不喜欢战斗队一类浮而不实的名称，我希望这个名称能使每个家庭都来认真地研究一下家庭出身问题。"

《出身论》引起的反响，甚至出乎遇罗克的意料。深为赞同《出身论》观点的北京四中学生牟志京、王建复等人，按照油印稿上的联系地址，找到遇罗克的弟弟遇罗文，商议办起一份《中学文革报》，全文刊载《出身论》。第1期3万份小报，一抢而空。很快重印6万份，又立即售尽。

围绕出身问题，遇罗克又一鼓作气写了十多篇文章，发表在《中学文革报》等小报上。他在文章中说，反动对联是"从封建社会的山大王窦尔敦那里借来的"，特别点出了血统论的封建根基。他还推荐刊登了一篇几位初中学生支持《出身论》的文章，因为文章分析了封建社会里世袭制度、科举、宗教等与血统论的关系，他认为写得很有道理。刊登这些文章的《中学文革报》为此声名大振，《出身论》在许多地方不胫而走。

难以数计的来信从全国各地飞来。开始，邮递员每天送来一大堆来信，不久，邮递员"拒绝"送了，因为，实在多得他拿不动，编辑部便每天派人用麻袋去装。来信中恳切的支持，愤怒的控诉，热情的希望，无时不在激动着罗克的心。来信人不仅有所谓"黑七类"子女，也有"红五类"的后代。贵阳一位青年在来信中说，他在街上读到《出身论》，触文伤情，痛哭失声，无法读下去，跑回家待一会儿再来读，又哭得读不下去。几次读，几次哭，才把全文读完。遇罗克被深深地感动了。他觉得这些来信不仅使他了解到人们对《出身论》的反应，还给他提供了许多血统论猖獗的情况，就与同伴一起记下了一些来信人的地址，还同一些人进行通信联系。谁能料到，到后来这也成了他"组织反革命小集团"的"证据"。

当然，《出身论》也招来了强烈的反对和咒骂。报纸被撕碎，被抢走，卖报的和读报的被围攻，被殴打，是常有的事。1967年4月14日，"中央文革"成员戚本禹出来表态，公然说《出身论》是反动的。面对来自权力顶峰人物的强大压力，年轻的罗遇克始终坚强不屈。四五月间，他五次上书毛主席，明确表示：戚本禹"在4·14的会上说我（一个最普通的学徒工）写的《出身论》代表了反动的社会思潮，我不同意。"他诚恳地汇报了《出身论》的主要论点，驳斥了对方的诬陷，光明磊落地申明"家庭出身研究小组"就是自己，表示还希望向中央系统汇报写这篇文章的大量依据和情况。但是，五封书信，均无下文。罗克忧思万千，他在5月8日给弟弟罗文的信中说："只恐血统论根除旷日，革命前途受挫，多少青年不能发挥积极性，终成我国隐患！诚可痛矣！"一次，一群人把他整整围攻了一下午，名为"辩论"，其实是又推又打。正当家人着急时，罗克斗志昂扬地回来了，他对家人说："有了今天的锻炼，我以后不会叛变了。"

局势对他们越来越不利。不久，他上街去，发现有人老跟着他。

对于未来的危险，遇罗克早有准备。他在给广东一同志的信中说："我只有一半自由了，我的身后总有人跟踪，我的朋友开始受到讯问，我的信件都被邮检了。""尽管我们不是阴暗角落里的跳蚤。不过，……整个一部历史也并非一册因果报应的善书。罚不当罪的决不是没有。"

这时，中学红代会压《中学文革报》发表声明承认《出身论》是反动的，遇罗克和绝大多数同志坚决反对，报纸只好被迫停刊。也有好心的朋友劝遇罗克低头认个错，罗克坚决地回答："我不能背弃自己的信念……我的小市民家庭算得了什么，我个人的生命又算得了什么。即使为此而进了监狱，若干年后也总会有人回忆起：在那样危险的暴风雨的岁月里，他发出了维护真理的勇敢的声音！"

231

处境虽然险恶，罗克泰然自若，又研究起经济学方面的问题来了。1967年下半年，他撰写了一篇《工资论》。他建议建立新的工资制，由工龄形成工资里最基本的不变部分，其余部分按本人的贡献发给。他还曾以自己的工厂为例，这样对同伴说："工厂想要一部新设备，先要由技术员向厂领导提出，工厂再向市里申请，市一级再转部一级，一个部再通过几个部，转来转去，一部设备批下来就需要几年，机器到手也算不得先进了。这种计划经济，很有必要改善。"一个青年在当时就能看出这些问题，他的思想是多么锐敏啊！

　　尽管遇罗克旗帜鲜明地批评了某些社会弊病，但他对我们党和社会主义制度的信念是从不动摇的。他对《中学文革报》的女同学小陶说："社会主义制度的光明面毕竟是多的。"他在一份材料中还写道："我是准备将自己的一生全部投入到最后消灭了剥削制度的共产主义社会中去的，这个志向我是很坚定的。""我热爱党，是因为她解放了千百万被压迫的人民……我向往党所领导的战争年代。"

　　1967年年底，罗克像往常一样，作了"1967年的总结"，写了"1968年的读书计划（104册）"。在长达7000字的"总结"中，他写道，血统论横行"是'社会主义'时期一个奇怪的现象。以中国之大，竟无一人大胆地抗议、强烈地控诉，实在是时代的耻辱。我尽了历史必然规律性所负（赋）予我的任务，或者说由于主观的努力，比别的人先走了一步。即使我不做这件事，也会有别的人做的"。他回顾了《出身论》以及前后写成的十几万字文章，自豪地写道："这些文章遍及大江南北，长城内外……翻印的估计有一百万份以上，不知影响了多少人。"他深知与封建主义做斗争的艰巨性，他写道："我知道与强大的传统势力宣战不会有好结果的，但我准备迎着风浪前进。""假使我不是把生命置之不顾，我就绝不能写出这样的任何一篇来。从《出身论》一发表，我就抱定了献身的宗旨。我想，历史是会把我的这一段活动当作注脚的，它是会估价我的功过的。历史会看到，在跃进了一个时代的社会主义社会中，封建的意识形态还怎样广有市场，和它战斗还会有多少牺牲。"最后，他深情地写道："这就是战斗。任何惩罚是压不倒那些为正义而斗争的战士的。他相信真理，他就不怕牺牲。战斗的甘与苦全部在这里。"

一天深夜，几个年轻伙伴正聚集在罗克的小屋里，罗克进来了。那天他谈话的兴致很高，当谈到一些青年思想混乱，有的甚至想出国时，罗克讲了几句令人铭心刻骨的话——多少年后，同伴们一想起罗克，耳边就响起了他那正气凛然、斩钉截铁的声音："我早就想好了，第一我永远不会背叛祖国，第二我永远不会自杀，什么时候你们听说我自杀了，那准是谣言，第三我绝不会承认我是反革命，我永远说我是无产阶级的革命战士。"

## "未必清明牲壮鬼 乾坤特重我头轻"

就在写完总结的第 5 天，遇罗克被捕了。捕前他曾请一位好友给自己用李大钊的名句"铁肩担道义，妙手著文章"写个条幅。条幅还未写来，他就上了囚车。他把革命先烈的诗句铭刻在心底，开始了更为艰苦的斗争。

在狱中，遇罗克实践了自己在 1966 年 8 月 26 日日记中的誓言："我想，假若我也挨斗，我一定要记住两件事：一，死不低头；二，开始坚强最后还坚强。"

当晚 7 时 45 分至 11 时 35 分，进行了第一次"预审"。遇罗克一开始就申明"我不知道为什么叫我到这里来"。他说，"几年来，我没有做过任何一件对不起党和人民的事"。"我的日记是表达我对党的热爱的，我永远跟着共产党。"

"你不要在这里演戏，我们把你抓到这里来就了解你的问题，你早就在我们的视线之内了。"然而，近 4 个小时的审讯，他们什么也没得到。

"烈，豪杰！铡刀下，不变节。"在频繁进行的几十次审讯中，遇罗克大义凛然，唇枪舌剑，同封建法西斯专制展开了不屈不挠的斗争。预审庭宣布："你公开点名攻击姚文元就是攻击无产阶级司令部。"遇罗克

233

说："我不知道姚文元是无产阶级司令部的人。"当预审庭说他攻击中央首长时，遇罗克说："我认为陈伯达是左倾教条主义者"，"陈伯达用封建时代的词句歌颂毛主席是不合适的。"预审庭又问："你为什么攻击江青××？"罗克毫不掩饰地回答："我认为我们这样大的国家，不应该只有八个样板戏。"预审员气得大骂："混蛋！无产阶级司令部的人让你攻击遍了，资产阶级司令部的人，你一句也没有批判……"

对强加在自己头上的"恶毒攻击"罪，遇罗克绝不接受。他多次在法庭上、自述里，倾吐了对党的深厚感情，同时也无保留地陈述了自己的一系列观点。他在材料中写道："我过去认为，59年到63年期间，如果没有错误，就不会那样困难。"他还在法庭上说过："我对无限崇拜、无限信仰毛泽东思想的提法，有不同的看法。我认为各种理论都不是绝对的，是发展的。对群众学习毛主席著作，我认为占时间太多。"这些当时被看作"恶毒攻击"的话，其实不是现在人们公认的真理吗？

身陷缧绁之中，遇罗克还是非常渴望读书。他给家里写了一张纸条，开列了十几本马列著作和鲁迅著作，还要一本俄文本《毛主席语录》。哪知狱中除了《毛选》，别的什么也不准看，更不用说读外文了。

"咱们聊天吧！"遇罗克向也是受迫害的几位难友提议。他同在水泥厂工作的青工聊水泥生产过程，同在美术学院学美术史的学生聊美术，无形中又学到许多知识。狱中学习时，罗克有机会就给大家讲毛主席诗词里的典故，有时还引申到唐诗宋词、平仄规则等等。他讲时的神态，哪里像个囚徒，俨然是个"教授"。他还给大家讲黑格尔等人的哲学著作，可惜大多数人认为太抽象，难听懂。

"你能听懂吗？"罗克问学美术的大学生。

"能。"

"你对哲学有兴趣吗？"

"不大感兴趣。"

"不行。学哲学不单是对客观世界了解的过程，也是对自己的思维进行锻炼的过程。学哲学能使你对周围事物的看法有所提高。"

后来，他们两个又一起搜集古典诗词，从《诗经》直到清代，能记起来的都抄在撕成条条的用来写检查的纸上。两个多月功夫，积累了不少诗词。不料，在一次查号中被没收了。

由于违犯狱规和"态度不好"，遇罗克多次被戴上背铐和重铐。这是很紧的铐罚，吃饭时打开，血液刚开始循环，毛细血管又胀又痒，疼痛钻心。饭后刚好受了一点，铐又被立即扣上，更加难受。不可名状的痛苦，折磨着这个纤弱的书生。背已经微微驼了，顶开始渐渐秃了，脸色更白、更黄，看不到一丝血色。但是，"丹砂粉碎丹仍在，铁链锻成铁愈铮"。在他躯体内为真理而斗争的烈火还在熊熊燃烧。

虽然"恶毒攻击"和"组织反革命小集团"的罪名根本不能成立，在林彪、"四人帮"把持下的法庭还是决心以"思想反动透顶""大造反革命舆论"等罪名置遇罗克于死地。在第 44 次审讯中，当审讯人员骂他是"死反革命"时，他听到话音里的杀机，起初有点愕然，难道凭这点材料就定死罪吗？继而他镇定下来，冷冷地说："我还年轻，还没有对党和人民有所贡献，死了不好。"在之后的又一次审讯中，罗克再次强烈地抗议："不能把我没有的东西加在我头上，我是拥护社会主义的，要相信在解放后成长起来的新中国青年是有觉悟的。"

谁能听进他的话呢？在又一次审讯中，审讯人员恐吓道："遇罗克，你顽固透顶！你的下场可想而知。给你两分钟考虑后果！"

审讯人员和记录员都出去了，屋里只剩下遇罗克一个人。两分钟后，呼拉拉涌进十几个人，围着他坐了一圈。气氛骤然紧张起来。

"遇罗克，考虑好了吗？"

"考虑好了。我的牙膏用完了，请让我家给我送一袋牙膏来。"

在真理即死亡面前，遇罗克像我们民族的无数英雄一样，昂起了高贵的头。

"罗克，你为一篇《出身论》去死，值得吗？"那位学美术的大学生问他。

"值得……你对家庭问题没有体会，而我两次高考，成绩优异，都没有考上。像我这样的并不是一两个啊。可以说，从我们能奋斗的那天起，就是被社会歧视的。"

"我没有想到一篇《出身论》会影响这么大，全国各地那么多感人肺腑的来信，常使我读着流泪。我永远忘不了，有姐妹俩，哭着找到我们一再说'收下我们吧！哪怕整天给你们端水扫地都愿意'。为了他们，值得一死。"

但是，世界上哪有一个无辜的人愿意含冤死去呢？遇罗克向法庭提出："希望政府能将某些检举材料核实一下，并听一听我个人的申诉。"这个最起码的要求，也被拒绝了。在这种人妖颠倒、是非混淆的情况下，遇罗克被判处死刑。

在生命的最后时刻，遇罗克没有恐惧，没有悲伤，有的是惊天地泣鬼神的凛凛正气，有的是不怕死不变节的耿耿丹心。生死早已被他置之度外，唯一遗憾的是还有许多书未读，还有许多文章未写，还有许多事情未做，那只有留给朋友、弟妹，留给后来的青年同伴去完成了。让我们永远记住他在狱中的诗篇吧！这是一个共产主义战士的真实写照，是一位思想解放的先驱者的临终遗言。

### 纪行

淮河黄河与海河，风尘万里泛浊波。

人生沸腾应拟是，歌哭痛处有漩涡。

恶浪恶浪奔驰速，风雪日夜苦折磨。

认定汪洋是归宿，不惧前程险阻多，

多少英雄逐逝波。

### 赠友人

攻读健泳手足情，遗业艰难赖众英。

未必清明牲壮鬼，乾坤特重我头轻。

1970年3月5日，北京工人体育场。在一阵疯狂的口号声中，在一片高高举起的"红海洋"里，遇罗克被"宣判死刑，立即执行"。认识遇罗克的同志亲眼看到，被剃光头发、身挂大牌的遇罗克昂然挺立，不肯低头。当警察来押他时，他拼命挣扎，不肯把戴着脚镣的双腿向前迈出一步。为了坚持真理，藐视专制，遇罗克就是这样威武不屈，壮烈献身。

　　一颗罪恶的子弹夺去了他的生命。一颗正在升起的新星陨落了。那一年，他才 27 岁。家人去领他的遗物，看到有一副眼镜，一支钢笔和一件从未穿过的新背心，直到死他也没舍得穿这件背心。

　　十年之后，我们到北京东四附近的一个四合院，探访遇罗克的遗迹。他的一家人已经迁走了，他的小屋也改建他用。真正是"物去人飞"，一切都似乎不存在了。但是，作为思想解放的先驱者的思想又怎么能够消灭得了呢？看今日，他生前痛恶的现代迷信，他坚决反对的封建血统论，正在受到日益深入的彻底的批判；他的那些经济主张，正在化为现实；他所热望的社会主义民主，正在大力发扬，他用自己的鲜血在人们心头播下的火种，终于映红了祖国的长空和大地。

　　1979 年 11 月 21 日，北京市中级人民法院为遇罗克平反，正式宣告"遇罗克无罪"。

　　"历史是会估价我的功过的。"遇罗克的预言完全得到了证实。被钉在历史耻辱柱上的不是英雄的遇罗克，而是万恶的"林彪、四人帮"一伙。这位思想解放的先驱，这位捍卫真理的勇士，通过历史的凯旋门，重新回到了我们中间。他的短短一生迸射出的光辉，将永远闪耀在人民的心中！

（原载《光明日报》1980 年 7 月 21、22 日）

张天来（1932—2016）

评析：

　　十年浩劫，留给人们太多苦涩的记忆、沉痛的反思。这篇报道引发的强烈反响，体现了记者深入调查研究的重要意义。张天来和王晨秉持着还原真相的理念，查看卷宗、资料、死者遗物，四处走访，掌握了大量生动的细节，让报道有了真实可读的基础。

　　然而，真正为它注入灵魂的，是作者对笔下人物发自内心的敬意、热爱和惋惜。这份炙热的感情注入笔端，才流淌出了这样饱含深情的文字。

不难看出，细节的选取，是这篇新闻还原出丰满人物形象的关键。在对遇罗克庭审的描写中，作者节选了遇罗克与审讯员对话的几个来回，犀利而正气凛然。"我认为陈伯达是左倾教条主义者""陈伯达用封建时代的词句歌颂毛主席是不合适的""我认为我们这样大的国家，不应该只有八个样板戏"，几句话，就将遇罗克刚烈不屈的性情，描绘得淋漓尽致，令人肃然起敬。这篇洋洋洒洒二万余字的文章，让遇罗克长存于人民心中，对于记者，这也是最高的荣光。

（编撰：李苑　唐晓清）

　　**时盘棋**（1932—　　） 著名摄影记者。1948年参加中国人民解放军，先后在第二野战军、川东军区、西南军区任摄影记者。抗美援朝期间，担任中国人民志愿军第三兵团摄影组组长。1955年后历任新华社北京、天津、河北、山东分社摄影记者。拍摄了大量有影响的照片。作品曾在全国摄影公开赛获大奖。1986年被评为首批高级记者。1990年举办《时盘棋新闻摄影40年作品展》，出版同题作品集。2006年被中国摄影家协会授予"突出贡献摄影工作者"称号，2012年荣获中国摄影金像奖终身成就奖。

# 用跑步的精神去工作

1949 年 4 月，16 岁的时盘棋当上战地摄影记者不到两个月，正随二野三兵团部队快速南下渡江。行军途中休息，兵团政治部主任阎红彦把时盘棋叫到身边，问了问工作情况，说了让时盘棋受益终生的一段话："学会照相容易，学会照什么不容易，你要照部队生活，照战斗，照有政治意义的东西……"① 时盘棋一辈子都忘不了这段话，一生都在琢磨。

## 17 岁拍了一生中最重要的作品

1932 年 6 月，时盘棋在河南长葛出生。16 岁时投身革命，原本想扛枪，却意外端起了相机。

那一年，时盘棋的父亲被国民党保长、恶霸地主杀害。不久，他的家乡河南长葛解放。听了解放军宣讲的革命道理，国难加上家仇，第二天时盘棋就约上 13 个从未出过远门的男女同学，步行 3 天，走了 240 多里地，在开封参军，进入中原军区青年政治学校学习。次年 2 月，淮海战役后部队扩大，战地摄影记者袁克忠到学校为二野招摄影员，时盘棋被学校推荐过去，还当了训练班班长。经过一个月培训后，时盘棋被调到第三兵团政治部工作，正式开始了他干了一辈子也爱了一辈子的摄影记者生涯。

时盘棋后来回忆当时的自己，十六七岁，身体好，什么也不怕。拿着相机，哪有事往哪跑，老想跟着连队走，想方设法往前冲。部队向西南进军时，时盘棋想着这是解放战争最后一仗了，为了拍到打仗的照片，他找到兵团司令陈锡联，"磨"他同意自己跟着"前指"走。进川后又请兵团政治部副主任钟汉华写了介绍信，跟着第 12 军 103 团走，这才有机会成为第一个进驻重庆的解放军摄影记者，在他还是一个17 岁少年的时候拍了一生中最重要的作品。

重庆解放前三天，歌乐山发生了惨绝人寰的惨案——国民党特务把三百多名关押在重庆渣滓洞集中营的革命志士集中在囚房中用机关枪扫射，并浇上汽油焚尸。12 月 7 日，时盘棋来到与世隔绝多年刚被打开几天的人间地狱渣滓洞，经历了他一生中最难受、最感动、最惊心动魄也最难忘的一次拍摄。

时盘棋至今记得那个恐怖惨烈的场面：一片被烧毁的房子，由高高的白墙围着，周围是岗亭和碉堡。一进去就看到不大的院坝里到处是烈士遗体，血迹未干，硝烟犹存。死在牢房里的烈士，头和手脚都烧成灰烬，一块块尸骨好像乌黑的木炭。②

时盘棋满腔怒火，不停地拍摄。一个多月里，他五次来到歌乐山。卫生员每次给他身上洒上消毒水，可每次拍完回去身上全是臭味。

当时重庆刚解放，潜伏特务很多。时盘棋随陈锡联到渣滓洞时，无意中顺嘴喊了声"陈司令员"，陈锡联赶紧示意别叫，说这里有很多特务。后来听说，陈锡联曾两次被特务打黑枪，幸好没伤着。时盘棋就在那样的情况下拍了五十多幅照片。拍摄这些照片是任务，但时盘棋如同面对自己亲人受害一样，也是在用情感拍摄。

当时时盘棋并不知道拍摄的照片做何用途，就是觉得这件事必须要记录下来，要把国民党的残酷暴行揭露出来。他在白公馆、渣滓洞拍摄的照片，除当时重庆出版的一本小册子《如此中美合作所》用过外，很少发表。1963年《红岩》出版，勾起时盘棋心中波澜，他马上写了拍摄回忆，在《天津日报》《大公报》发表。新华社摄影部葛力群立刻拿走相关的现场照片发稿。

时盘棋把一些照片交给了重庆歌乐山革命纪念馆。1996年，中组部、总政等联合主办的"红岩魂——白公馆、渣滓洞革命斗争史实展览"在北京中国革命博物馆展出，后来又在五十多个大中城市巡展，震撼了千万观众的心灵。重庆红岩革命历史博物馆馆长厉华对时盘棋说："没有您拍的这些照片，我们这个展览就搞不成。"

## 见证解放大西南

第三兵团接管重庆，时盘棋作为第一个进驻重庆的解放军摄影记者，拍摄了国民党对重庆实施大爆破后成千上万人无家可归，21兵工厂大爆炸，工人保护电厂、抢修工厂、恢复生产，群众欢迎解放军进城等场景，这些照片成为重庆解放的第一批资料。

当时，被击溃的国民党整师整团地潜伏下来，和当地的恶霸惯匪勾结起来，盘踞一方，捣毁县、乡政府，恐吓老百姓，杀害革命干部。1950年3月开始，时盘棋连续9个月跟着部队在四川、贵州的崇山峻岭、平坝乡村之间奔波，拍摄了围剿、夜战、押俘、公审、土匪投降、土匪悔过、农协建立、农民献粮等一系列照片。

18岁生日那天，时盘棋正在黑夜剿匪的队伍中。刚下过暴雨，山路湿滑难行，他在黑暗中滑下山崖，幸好被一棵树拦住。时盘棋爬上来后忍痛前行，第二天才发现左腿膝盖肿得高高的（后来三个月才好）。他在日记里写：这是我经历的一次严峻的生死考验。

年轻的时盘棋被革命热情感染着，主动到最艰苦最危险的第一线，那里才能拍到好照片。剿匪、土改、成渝铁路、康藏公路、入朝……那段时间，是时盘棋一生做记者最有干劲、最辉煌的时刻。时盘棋参加了土改报道，拍摄了发动群众、访贫问苦、农民斗地主、分地分房、烧地契、庆祝土改胜利的照片，见证了农民翻身做主人的过程。完成成渝铁路通车报道后，时盘棋又到康藏高原，拍摄解放军在藏族民众支援下修筑康藏公路通车昌都的图片。在一个叫"石门"的地方，战士们腰上拴着绳子悬空打着炮眼，两边是高山，中间是深渊，时盘棋被感染并记录下了眼前的情景。公路通车那天早上，在海拔 4600 米的达马拉山上，时盘棋向当地领导要了几匹马到 20 公里以外的山上选好拍摄点，拍了数百辆汽车在蜿蜒的公路上行驶的照片。

1953 年 1 月，时盘棋又接到调令到朝鲜换班。在朝鲜，什么感动自己，他就拍什么。先到东海岸拍了部队登陆设防备战，又到 60 军拍夏季反击战活动。7 月，朝鲜停战，时盘棋被调到《解放军画报》开城记者组工作，报道板门店谈判、遣返俘虏。

后来回忆自己从参军拿起相机到 50 年代前期这段经历，时盘棋感慨自己幸运地记录了中国历史上的重要事件。几十年后，再看那些照片，仍然会动情。

## 在社会变革一线真实记录历史

1955 年，时盘棋转业到新华社摄影部。时盘棋的体会是，做好摄影记者，战争时代要不怕死，建设时期要不怕苦。记录历史，必须到社会变革第一线去，报道人民群众最关心的问题、实际生活中急需解决的问题。为此，时盘棋满腔热忱深入工厂农村，见证了年轻的共和国经历的风风雨雨，真实地记录了合作化、公私合营、公社化、"大跃进"、大炼钢铁、干部下放……

1956 年，时盘棋拍摄北京市崇文区手工业者申请加入合作社的照片时，真实地记录了现场情景：几个申请入社的人感到前途未卜，多是愁眉苦脸。可现场有新闻记者嫌场面不够热烈，就把旁观者拉到一起排长队"申请入社"。时盘棋拍的照片气氛没有别人的好，受到了编辑批评。几十年过去，时盘棋仍然认为自己的那张要好于摆拍的那些。

1958年，时盘棋随中国文联代表团到张家口地区访问时，一路上看到郭沫若处处表现出虚心向工人农民学习，就在郭沫若给涿鹿县水库工地上的农民讲话作揖时，时盘棋拍了《郭老拜师》。2005年《郭老拜师》被选为20世纪华人摄影经典作品。

20世纪60年代初，时盘棋先后到开滦、井陉、峰峰煤矿采访，下井几十次，在井下要弯着腰走路，满身是汗和煤灰。他发稿九十多张，其中《矿工一日》《矿工颂》均被《人民日报》成组刊用。

1963年河北大雨成灾，时盘棋从天津坐船出发，三天三夜才到保定，和军队官兵、群众一起吃住，拍摄了他们蹚水抢救物资、在泥水里拉铁轨、打桩保护津浦铁路等照片。

在几十年的职业生涯中，时盘棋"以跑步的精神去工作"③，用照相机反映现实、记录历史，拍摄了数万张照片，在社会变革一线忠实记录了历史。1988年，时盘棋从几十年拍的照片中选了10幅，命名为《起步——1949—1958》，参加了《艰巨历程——全国摄影公开赛》。他的照片被认为"真实地记录了共和国建国初期起步年代的艰难历程"，获得大奖。1989年，新中国成立40周年前夕，时盘棋带着1949年重庆解放初期拍摄的一系列照片重访重庆，又在同样地点拍摄，进行了新旧对比。《重访重庆》系列被《经济日报》头版头条连续登载，并配发报社时任总编辑范敬宜执笔撰写的评论员文章《没有共产党就没有新中国》。

回顾自己的经历，时盘棋的体会是，摄影记者必须忠实于生活，忠实于历史。对生活中的事物可以选择，但绝不能弄虚作假。自己在其中沉浮几十年，有欣慰有反省，有骄傲有无奈，有坚持有迷惘。说到底，想做一名优秀记者，就必须站在第一线。反思为什么后来的照片不如50年代的那么激动人心，时盘棋后来分析，每当自己真正走到第一线挖掘题材，发自内心非拍不可，深深投入感情心血拍出的照片现在仍然是好照片。那些照片离百姓真实的生活很近，有历史价值。而那些宣传的、为政治服务的、只为发稿而拍的东西就很表面化。摄影记者必须忠实于生活，忠实于历史，对社会上发生的重大事件不论赞成与否、理解与否，都要尽可能地拍下来，否则对摄影记者而言就是失职。

**注释：**

① 时盘棋口述，陈小波整理：《时盘棋：永远站在第一线》，《摄影世界》2008 年第 5 期。

② 时盘棋：《用照相机记录历史》，《新闻战线》1988 年第 9 期。

③ 时间：《用跑步的精神去工作——我的父亲时盘棋》，《中国摄影家》2008 年第 9 期。

时盘棋 (1932— )

中·国·名·记·者

# 罪证

　　1949 年 11 月重庆解放前夕，美蒋特务在中美合作所杀害了大批共产党员和革命人士。重庆解放后，人民政府组织力量，挖掘烈士遗体，进行安葬。（照片来自中国照片档案馆）

评析：

　　这张照片的画面让人触目惊心：一块块尸骨好像乌黑的木炭，群众正为烈士遗体裹上白布，背景是一片被烧毁的房子。照片记录的正是人间地狱渣滓洞发生的惨绝人寰的惨案——三百多名关押在此的革命志士被国民党特务杀害。

　　1949 年 11 月 30 日重庆解放。12 月 7 日，时盘棋来到歌乐山下国民党特务盘踞10年的"特区"——渣滓洞、白公馆，用相机记录下了国民党军队撤离时犯下的滔天罪行，这些照片成为揭露国民党特务的罪证，从而具有高度的历史价值。1996年，北京举办《红岩魂》展览，重庆红岩革命历史博物馆馆长厉华拉着时盘棋的手说："没有您拍的这些照片，我们这个展览就搞不成。"而这也正是摄影留存历史、见证时代功能的最佳体现。

## 烧地契

1950年四川省合川县南坪乡农民在土地改革庆祝大会上烧毁地主地契。

（选自《时盘棋：永远站在第一线》，《摄影世界》2008年第5期）

时盘棋（1932—　　）

评析：

中间是燃烧的地契，周围是兴高采烈、举臂高呼的人民群众。照片极具感染力和代入感，瞬间将观片者带入那个特定的历史时刻。

摄影作品对现实生活的反映是再现与表现的统一。这张形象生动地记录农民翻身做主人的精彩照片，展现了中国共产党领导人民夺取全国政权，带领人民走向新时代的历史瞬间，具有高度的历史价值和美学价值，而这也是对摄影者最高的褒奖：在历史洪流和时代巨变中见证一个时代的精彩瞬间。

## 战井喷

　　1987年9月10日，山东胜利油田营12-11井在大修时突发井喷，油田干部和工人奋不顾身冲上井口战井喷。

（选自《新华社80年摄影作品选》，新华出版社2011年版）

评析：

　　这张照片动感十足，人物面部表情真实而传神，有效地传递了井喷现场的紧张气氛，具有强烈的视觉冲击力和视觉吸引力。时值 1987 年，时盘棋在胜利油田突然听说一口油井发生井喷，立刻赶到现场拍摄，拍完后他本人也几乎变成"油人"。后来编辑说时盘棋是新华社第一个拍到"战井喷"的记者。这张照片的精彩正反映了摄影记者应尽可能接近新闻现场，反映新闻真实和现场真实的铁律。

　　时盘棋在几十年的工作中，逐渐坚定了新闻摄影必须忠实于生活，忠实于历史的信念。对生活中的事物可以选择，但绝不能弄虚作假。一个好记者只有站在第一线，把镜头对准老百姓，才能拍出好照片。这张照片也正好印证了这一点。

（编撰：罗婷）

时盘棋（1932—　）

看世界 话中国 叶志雄（1932—　）

**叶志雄**（1932—　）新华社派往联合国的首位文字记者。曾任新华社伦敦分社、联合国分社、内罗毕分社记者、首席记者，非洲总分社社长，《经济参考报》副总编辑。报道了中华人民共和国恢复联合国合法席位后出席联大会议等重大新闻事件，并初创新华社联合国分社，后又创建新华社非洲总分社。担任《经济参考报》副总编辑后，曾在该报开辟个人专栏《看世界·话中国》。21世纪初任厦门大学、中山大学客座教授多年。

# 看世界 话中国

叶志雄（1932—　）

叶志雄青年时代从团中央干部转为新华社记者，从事国际新闻采访、中英文写作、编辑、办报、教学与研究达 60 年。勇于拼搏开拓、长于独立思考，为人低调自律。受命完成中国恢复联合国席位后出席联大会议的历史性报道，在公开报道、参考报道和分社建设方面均做出成绩。退休后仍从事新闻教学工作，研究跟踪国际局势。

## "两支笔" 的激励

叶志雄祖籍广东，1932 年 8 月生于上海。1946 年参加中共上海地下党领导的进步学生运动。1950 年在上海光华大学附中入党并调团中央。参加湖北土改后，返团中央任办公室（后改为办公厅）速记组组长，为胡耀邦同志及团中央书记处服务四年。耀邦同志平易近人、踏实苦干、思想开放、淡泊名利等品质，深刻影响了他。

1956 年叶志雄考取中国人民大学新闻系国际新闻专业。尚未毕业，在毛泽东同志指示新华社要大发展的背景下，他和其他几位同学就提前毕业调入新华社。从此,叶志雄的一生与新闻为伴。

由于英文功底扎实,从 20 世纪 60 年代开始,叶志雄就从事国际新闻报道。近四十年里,长驻或短期采访去过欧美、亚非拉和南太平洋共40 多个国家和地区,采访的国际会议不计其数。

笔,是新闻工作者的武器,如何用笔记下历史?有"两支笔"对叶志雄一生的新闻工作影响深远。

1961 到 1962 年日内瓦会议,是当时大国博弈的重要舞台。1962 年7 月,陈毅副总理兼外长提起专门为他准备的羊毫笔、代表中国政府签字时,各国摄影记者纷纷把镜头对准了这支笔。

当时正在日内瓦大学进修的叶志雄,临时作为新华社人员支援现场报道。他看到了这一幕。

这支笔,代表了新中国在国际外交舞台上的一次重大胜利,叶志雄深刻感受到新中国在国际社会的重要地位,感受到新中国的新闻记者的价值和使命。

另一支笔,就是新华社著名记者、国际部原副主任、伦敦分社社长言彪的笔。为了写出好稿件,常常通宵达旦,一支笔改来改去。由于劳累过度,言彪后来患帕金森氏综合症,过早地离开了人世。但叶志雄经常追忆这位好领导、好同事如何敬业勤奋、如何指导他采写稿件。

这两支笔,一直激励着叶志雄,这两支笔,也象征着外交战线和驻外记者的荣光与艰辛。

## 在拼搏中创建联合国分社

1971 年 10 月 25 日,第 26 届联合国大会通过决议,恢复中华人民共和国的合法席位。毛泽东同志当机立断,立即派团出席联大会议。叶志雄和新华社摄影记者钱嗣杰、报务员朱兴泉被指定随团前往联合国进行报道。

《欢迎您，七亿中国人民的代表》原载报样

　　出发赴联合国之前，周恩来总理接见代表团，他从"历史潮流不可抗拒"一直谈到代表团的工作方针与具体安排。处事缜密又平易近人的总理对照全团 52 人名单逐个问话，他问叶志雄在什么国家常驻过，对此次报道有没有信心。总理的接见长达 5 小时，叶志雄终生难忘。

　　11 月 11 日，中国代表团抵达联合国总部所在地纽约后，叶志雄强烈感受到联合国内外对中国的热烈欢迎气氛，写出第一篇通讯《欢迎您，七亿中国人民的代表》，后来被收入到人民出版社汇编的第 26 届联大恢复我国席位的相关文件集里。

　　11 月 15 日中国代表团正式出席联大会议。会上先后有 56 个国家的代表致词欢迎中华人民共和国恢复联合国席位。作为国内派出的唯一文字记者，叶志雄肩头的政治责任很重：要向全国人民和全世界通报新中国来到联合国的真实情况。根据国内的指示，还要将所有代表发言的全文发回国内，他和同事们每天只睡三四个小时也不觉得累。

叶志雄刚来联合国时，对联合国的开会情况不熟悉：大会期间，大会、安理会和六个专门委员会，一共八个会议，往往同时举行。随团只有叶志雄一个文字记者，他真是恨不得三头六臂。

但他多看多请教，很快掌握了联合国开会的规律，同联合国翻译处、文件处和新闻中心官员关系搞熟后，就游刃有余，可以单枪匹马地同时采访多场会议。

但是新的难题又来了：会议这么多，如何从冗长的发言稿和厚厚的文件里找到实质性素材？

过硬的外语水平、高度的政治敏感和新闻触觉是"大海捞针"的基本功：重要的会议，叶志雄自己一定到现场，听着各种辩论唇枪舌剑；但若等会议结束了再动手写稿，时效就慢了。他逼着自己边听边消化、边构思边写稿。会议结束后稍加删改便可成文发稿了。

整整50天，拉满弓，满负荷，直到当年年底第26届联大闭幕。他满腔激情写下通讯《中美人民的深厚友谊》，为这场史无前例的重大战役性报道画上句号。

叶志雄和中国代表团人员还要应对人身安全问题。有一次，近千名亲台分子把代表团所住的旅馆团团围住示威，甚至扔石子和鸡蛋，而美国警察只是不许这些示威分子进入宾馆而已，对宾馆外面的行动听之任之。

叶志雄认为：比起外交官，自己的记者身份更适合出来把情况摸清，向国内汇报。他独自一人走出旅馆，面对近千名暴力挑衅的示威者，他冷静沉着，不予理睬，缓步环行一周，把这些示威分子的标语和口号都默记下来，安全完成任务。次日，美国的报纸登出了叶志雄在示威者面前冷静以对的大幅照片。

第二年，中国代表团转入日常工作，新华社也陆续增派了人员，叶志雄和同事们也转入对联合国的日常报道。他们开始选发美国报刊文章，有系统地对美调研，同美国新闻界进行接触，去美国各地采访调研，并拜访了世界知名专栏作家李普曼等名流。努力之下，新华社联合国分社初步建成。

1972—1973 年间，叶志雄个人或与同事一起，应邀或随团，对美国各地做了大量调研性采访，发回参考报道，为国内了解和研究美国提供了一手材料。

后来，联合国环境规划署 1985 年邀请叶志雄出席在肯尼亚举行的沙漠化问题国际新闻界研讨会；1987 年联合国纳米比亚理事会邀请他出席在安哥拉举行的纳米比亚问题国际新闻界研讨会。1990 年联合国开发计划署邀请叶志雄出席在印度举行的国际经济新闻工作者协会年会。在这次年会上，叶志雄被补选为理事。

## 打开局面筹建非洲总分社

1981 年，叶志雄开始八年的非洲任期。

肯尼亚独立并与中国建交后，双边关系一度有所冷却。新华社内罗毕分社建社多年，始终未申办通讯专线，分社名额也仅限一人。叶志雄到任后，积极报道在肯尼亚召开的世界人口、环境、能源等全球性专业会议，打开与肯尼亚官方关系新局面，开通通讯专线，并逐步申请扩充分社人员名额。

1986 年，新华社批准叶志雄调研建议，在内罗毕创建非洲总分社，他被任命为总分社社长。

叶志雄既主持全面工作，也和普通员工一样参加总分社编辑部的日常值班和重要采访活动。总分社不要专职司机，也不要行政秘书，采购、付费、去邮局取信和接送过往人员等杂事，都由全体会开车的同志承担，包括他自己。

叶志雄特别注意勤俭办社。为总分社购得新楼后，搬家、做窗帘、置办家具、加高围墙，叶志雄和同事们都是自己动手，流下大量汗水，却为国家和新华社节约了可观的资金。

独立思考和开拓精神也体现在报道上。1982 年，叶志雄因报道非

255

洲统一组织（即今非洲联盟前身）首脑会议去利比亚。当时中利关系恶化，中国使馆"坐冷板凳"，商务处被迫撤回。叶志雄经过走访与调研，发回参考报道，实事求是分析利比亚国情以及对中国态度。中央主要领导批示了这组稿件，中利关系改善，并实现了利比亚领导人访华。

叶志雄担任非洲总分社社长期间，大力促进新华社新闻在非洲"落地"。由于开通了专线供稿网络，增加了报道数量，提高了发稿时效，新华社新闻"落地"工作有了好开端。

## "我问心无愧，尽了全力"

1990—1995 年，叶志雄担任新华社《经济参考报》副总编辑。

面对社会上质疑改革开放"姓社姓资"的杂音，1991 年 10 月下旬，叶志雄应广州市委、深圳市委邀请分别向全市领导干部作形势报告，以国际视野和国外见闻阐述坚持改革开放、坚持"一个中心，两个基本点"的必要性、迫切性。

1992 年 8 月中韩建交，9 月叶志雄应韩国官方邀请访韩。韩国各电视台联合采访他时问：坚持改革开放与坚持四项基本原则，哪个是真的？他明确又通俗地回答：都是真的，因为世界上包括西方有许多好东西值得中国学习，又有许多问题中国必须避免！

1993 年 1 月至 1994 年 4 月，叶志雄在《经济参考报》开辟个人专栏《看世界·话中国》，发表 60 篇短文，以国际视野和大量事实与见闻作有针对性的进一步阐述。如：放眼世界看"翻番"，民工潮是"春潮"、贫困与小康、军转民（军民融合）、产学研三结合、接轨与国情、市场经济也重精神、开放意识与爱国意识、开放与民族文化、反腐败与"洋教员"、同老外谈基本点等。

1995 年，叶志雄退休。退休以后，他应新华社组织的亚太通讯社组织培训班的邀请，用英语对亚太青年记者讲授国际经济报道。2001—

2011 年，他受聘为厦门大学、中山大学客座教授多年，讲授国际形势与国际新闻学。近年仍继续关注世界战略形势及中美关系的演变，并受聘为华语智库高级研究员，发表多篇调研文章。

在新华社工作近四十年，有一半时间他都是在国外做驻外记者。做驻外记者，长年抛妻别子，工作辛苦，一言难尽。但是叶志雄不后悔从一个大有前途的团中央青年干部改行做了新闻人。他说，"我在国外工作 20 多年，但没有参加过一次舞会，也没有打过一次牌。对新闻工作，我可以问心无愧地说：我竭尽了全力。"

作品选编

叶志雄 (1932— )

## 欢迎您，七亿中国人民的代表

### ——记中国出席联大代表团抵达纽约

中华人民共和国出席联合国大会第二十六届会议代表团，肩负七亿中国人民的重托，于 11 月 11 日中午顺利到达联合国总部所在地纽约。

11 日上午，当得悉中国代表团要到达纽约的时候，联合国秘书处的代表，阿尔巴尼亚、阿尔及利亚和其他友好国家的常任代表以及来自各国、各地的几百名记者，很早就来到机场等候。12 时 30 分，中国代表团乘坐的飞机出现在纽约上空，徐徐降落。机场上，阿尔巴尼亚、阿尔及利亚等 23 个联合提案国和其他友好国家在联合国的代表，一个个露出了胜利的喜悦。中国代表团的同志们走下飞机，同他们一一亲切握手，互相致意。大家有着共同的心情：我们坚持长期的斗争，终于胜利了！

# 中美人民情谊深

美国人民由于受到美国反动派的阻挠，同中国人民隔绝了 20 多年没有来往。他们对于中国代表团的到来，感到格外亲切。美中友好协会的一份贺电说的好："恢复中华人民共和国在联合国的合法席位并驱逐蒋介石集团这个阿尔巴尼亚提案的胜利，不仅是中国人民的胜利，而且也是全世界人民的胜利。"

在旅途中，中国代表团就收到了美国友好人士埃德加·斯诺夫妇从瑞士伯尔尼发来的贺电："愉快的到达。万岁！良好的祝愿！"另一位美国友好人士格林从加利福尼亚州发来电报说："欢迎你们，最热烈地祝贺你们和你们的同事。"

听说中国代表团即将到达纽约，数百名美国友好人士马上赶到机场迎接。他们当中，有来自纽约市的，有来自华盛顿、波士顿、费城的，还有从远处的亚特兰大等地赶来的。当中国代表团的车队驶入纽约市的时候，沿途不少行人高兴地互相转告说："中国来的！""中国来的！"不少人招手说："欢迎！欢迎！"有的美国友好人士，其中有些是美国黑人，在机场迎接代表团之后，又赶上代表团的车队，不断向代表团欢呼、挥帽致意。

代表团住的旅馆门口围着不少人，正在观看高高升起的五星红旗。不少记者也早已等候在这里了。一封封电报、信件从各地寄到了代表团的住处，表示热烈欢迎中国代表团的到来，表示愿意提供协助，希望能约见代表团的同志，希望了解新中国的情况。一位几十年前曾在中国侨居过的美国老年妇女埃莉克斯激动地说，看到中国代表团就像看到久别重逢的亲人一样。她指着自己的心说："我从这里热爱中国。"说着便流下了兴奋的眼泪。有两位女青年追上电梯，要求中国代表团成员签名留念。住在同一所旅馆的一对夫妇说："非常高兴见到你们。祝你们胜利。"旅馆里的一位工作人员还亲切地称呼中国代表团的成员为"我的好朋友""我的兄弟"。

乔冠华团长在到达机场向美国人民致意时说："美国人民是伟大的

人民，中美两国人民有着深厚的友谊。我们愿借此机会，向纽约市各界人民和美国人民表示良好的祝愿。"二十多年来，美国少数反动派妄图孤立中国，但他们丝毫破坏不了中美两国人民之间的深情厚谊。许多美国友好人士都强调了这一点，他们指出，乔冠华团长这个讲话好极了。

## 喜气洋洋迎亲人

对久居在这里的爱国华侨来说，中国代表团的到来是一件大喜事。好几百名爱国华侨，喜气洋洋，很早就来到机场。他们有的举着伟大领袖毛主席的画像，有的打着红布横幅，上边写着："热烈欢迎祖国驻联大代表团！""中华人民共和国万岁！""团结起来，争取更大的胜利！"当代表团的车队在他们面前缓慢驶过的时候，他们热情地欢呼，高唱《歌唱社会主义祖国》。代表团的同志们不断向他们挥手致意。随后，一个个花篮送到代表团的住处，有华侨学生组织的，有妇女组织的，有商界的，有新闻界的。华侨来访络绎不绝。一位华侨说："毛主席为中国人民作出了重大贡献，毛主席领导下的中国政府是中国人民的真正代表。"这里的华侨报纸也连日发表消息、文章，欢迎祖国代表团的到来。他们为伟大的社会主义祖国而感到自豪。《华声报》发表的一份贺电说："我们衷心热烈欢迎毛主席从祖国派来的亲人。你们是中国人民的真正代表，第一次把祖国人民的真正意向带到联合国。"

## 携手并肩共斗争

五星红旗在纽约东河之滨的联合国大厦迎风飘扬。各友好国家驻联合国代表团正期待着中国代表团于星期一（11月15日）正式开始参加联合国大会这一隆重的日子。中国代表团在会见各友好国家在联合国的代表的时候，不少亚、非、拉国家的代表都表示，许多年来一直期待着中国代表的到来，为反对帝国主义、新老殖民主义和超级大国的强权政治而并肩战斗。各友好国家代表的勉励，大大地鼓舞了中国代表团。中国

叶志雄（1932—　）

人民将永远珍惜全世界人民和一切主持正义的国家对我们的信任和支持。

中华人民共和国政府 10 月 29 日声明指出："大小国家一律平等，任何一个国家的事，要由这个国家的人民来管；全世界的事，要由世界各国来管；联合国的事，要由参加联合国的所有国家共同来管；这是当前世界不可抗拒的历史潮流。"中国人民将同一切爱好和平和主持正义的国家和人民站在一起，为维护各国的民族独立和国家主权，为维护国际和平、促进人类进步的事业而共同努力奋斗！

（原载《人民日报》1971 年 11 月 16 日；选自《历史潮流不可抗拒》，人民出版社 1971 年版）

评析：

这篇通讯不仅被当时全国各大报突出刊发，而且被收入人民出版社关于中国恢复联合国席位的文件集《历史潮流不可抗拒》。原因在于新闻是见证历史的，新闻作品的价值根本在于其内容的历史价值。

新闻标题应该是画龙点睛之笔，很费思量。报道这样重大的历史事件，标题应该气势磅礴。当时，中国代表团以及记者本人，在联合国内外感受最深的是极其热烈的欢迎气氛。受欢迎者是谁？当然不仅是中国代表团人员，而是他们所代表的中华人民共和国，是伟大的七亿中国人民！于是，这个标题就这样顺理成章地确定下来。

通讯内容生动翔实。新闻见证历史的成功程度在于记者能否善于观察、善于分析、善于判断取舍。

这篇通讯另一特点是激情感人。新闻人应是观察家，但绝非无动于衷的旁观者。对报道的事物毫不投入是写不出好作品的。

这篇通讯的刊发正值中美关系长期僵局开始突破、尼克松总统即将访华的敏感时刻。通讯中有关中美关系的表述，体现了记者对外交政策拿捏的功底。

本通讯是记者在孤身日夜奋战的情景下匆匆写成的。这正是重大国际事件报道必须具备的基本功。

# 月宫行

## ——阿波罗宇航员登月记

在那万点繁星的夜空中，神秘的月亮是最令人寄怀的了。唐代大诗人李白留下了"举头望明月，低头思故乡"这不朽的名句，嫦娥奔月等美好的神话，更是千载留传，令人神往。古今中外又有多少感人的乐曲，通过一轮明月，倾诉着无限的深情。然而，在人类上百万年历史上，又有谁进过月宫，一睹真容呢？1969年一个夏夜，确切说是美国东部时间7月20日晚10时56分，美国阿波罗11号宇宙飞船的宇航员阿姆斯特朗，在松软的月球表面上，首次留下了人类的足迹。

## 决策和步骤

50年代，苏联在空间技术上遥遥领先。它在1957年10月发射了世界上第一颗人造地球卫星，11月又发射载狗的卫星。到1961年，美国虽已发射了33颗人造卫星，但总重量还不及苏联8颗的三分之一。1961年4月12日，苏联宇航员加加林乘"东方号"飞船遨游太空。他挑战说："现在就让其他国家设法赶上我们吧！"这时，美国当局已不安地意识到同竞争对手苏联在导弹和空间技术上的差距，美国科学家们也不甘落后。8天后，当时的美国总统肯尼迪在一份备忘录中正式提出："用火箭载人登月，再返回地球。"这个决策是美苏争霸加剧的又一表现，它有着深远的政治、军事和科学意义。

5月，肯尼迪为此向国会提出实质上是该年度的补充国情咨文："国家的紧急需要"。他呼吁加速空间研究，并加强1958年10月成立的美国国家航空与航天局。随后，佛罗里达州东南沿海的卡纳维拉尔角（现名肯尼迪角）被选为航天器发射场，控制中心则设在德克萨斯州休斯顿市东南郊（现名约翰逊航天中心）。从决策之日起，经过8年零3个月

叶志雄（1932——　）

261

的努力，美国终于后来居上，实现了苏联至今未得逞的载人登月计划。

在载人登月前，美国进行了一系列的技术准备工作。首先是发射"水星号"飞船，把宇航员送到大气层外的空间。首批宇航员年龄25至40岁，身强力壮，大学文化程度，并有驾驶或空战经验。他们要学习天文、月球地质以及火箭、航天和计算机等技术，并经过各种严格训练和模拟飞行。载人飞行前，先用猴子、猩猩试飞，时速1万英里，到达300英里高空，证实它们能承受58倍大气压力。还研制了安全系统，即在运载火箭上安装两枚小火箭，万一失事时，宇航员可以及时发动小火箭逃离。

1961年5月，"红石"火箭把水星号飞船发射到115英里高空，15分钟后溅落在大西洋，宇航员谢泼德在空间经受了失重5分钟的考验。次年2月，改用125吨的"宇宙神"火箭发射，时速达28200公里，水星号成功地在环地轨道运行3圈。

第二步是用"大力神"火箭发射"双子星座"飞船，计12次。1965年6月，"双子星座4号"的宇航员怀特，系上和飞船相连的金色保险链，跨出舱外在空间行走。由于地球引力和空气阻力非常小，他居然能和飞船并驾齐驱。体重70公斤的人，居然能推动3400公斤的飞船。次年5月，"勘测者1号"，不载人在月球着陆，发回数百张照片，探得了合适的登月点；7月，"双子星座10号"又完成了与两艘"阿吉纳"火箭的交会与对接，为将来"阿波罗"的月球之行作了必要的技术准备。

至此，美国已进行了14次空间载人飞行（苏联8次），参与的宇航员22人次（苏联11人次），飞行时间1661小时52分（苏联仅三分之一之久），在空间行走2小时56分钟（苏仅10分），进行了7次会合和2次停靠（苏无）。美国在空间技术上已全面赶上并超过苏联。

随后便是用"土星五号"运载火箭发射阿波罗飞船，把宇航员送上月宫。

## 在挫折中前进

1967年1月，"阿波罗4号"飞船在进行地面试验，宇航员格里索姆等三人坐在舱内。由于电路设计的缺陷，引起充氧的座舱起火，而打开密封门却需1分半钟，三位富有经验的宇航员在出事18秒钟后便窒息而死。悲剧发生后，1500名专家和技术人员对阿波罗作了全面检查，决定复盖全部电路，禁用易燃材料，改进通讯系统，提高宇宙服的防燃性能，并改善舱门启闭系统，使之可在7秒钟内开关。

经过一系列改革和不载人试射后，1968年10月11日发射了"阿波罗7号"载人飞船，在空间拍摄了能反映出地球全貌的电视纪录片，在大西洋溅落时离指定地点仅0.54公里。同年12月21日发射的"阿波罗8号"，首次飞到月球引力范围，宇航员看到了人类从未窥见的月球背面和那蔚蓝的地球从月球地平线上升起的奇景。重返地球时，有多层防热罩的飞船经受了时速4万公里产生的摄氏5千度高温的考验。

次年3月3日发射"阿波罗9号"，在环地轨道试验了飞船登月舱和指令舱分而又合的操作过程。5月18日发射"阿波罗10号"，指令舱在月球上空111英里的环月轨道运行接应，登月舱则降到离月面仅16公英里，对"静海"登月点作进一步探索。

叶志雄（1932—　）

## 梦想变现实

1969年7月16日，肩负着载人登月使命的"阿波罗11号"飞船即将踏上征途。70多万人从各地涌到肯尼迪角附近地区。旅馆满员，许多人就住自备帐篷或旅行车。发射场附近的巴纳纳河也聚集了几百艘船艇，静候发射时刻的到来。

整个阿波罗飞船约由200万个零件构成。它包括有指令舱、服务舱和登月舱三部分。飞船的3级运载火箭"土星5号"。高达110米，相当36层大楼。最大直径10米。第1级有5个主液体火箭发动机，推力3400吨。

这个银白色庞然大物，这时已从1.86公里外，相当于52层楼高的总装库内，用特制的超巨型运输车，以时速1.61公里的蜗牛步，垂直移到发射台，并加满了供92个大小火箭发动机先后使用的约2500吨液体推进剂，准备开始到月球的 30 多万公里的航程。

夜雨才过，万里无云。经过两个多小时准备，一切正常。上午 9 时 32 分，控制室的指令钟终于倒数到 0 秒。发射台上立即传出春雷般的轰鸣，冒出耀眼的火焰和棕黑的浓烟。9 秒钟后，红色支架松开了巨臂，火箭便拖着 240 多米火舌冲向天边，每秒钟吞食着 15 吨推进剂。同时，5 万加仑冷却水从四面八方喷向炽热的发射台，掀起白色的气浪。12 秒钟后，火箭略倾东南，逐渐化为光点，在大西洋上空消逝了。

飞船里，三位孤独的旅行者，却成为举世瞩目的人。世界各地有 5 亿人兴奋地观注着"阿波罗 11 号"发回的电视实况。委内瑞拉和巴西的教堂响彻着庆贺的钟声，哥伦比亚的足球迷毅然停止了比赛，西德慕尼黑铸币厂赶制了纪念金币，日本商店里畅销着阿波罗模型玩具，南斯拉夫某报悬奖请读者猜宇航员登月后第一句话说什么。

发射两分半钟后，阿波罗到达 65 公里高空，抛弃燃尽燃料的第 1 级火箭。11 分 53 秒后，抛弃第 2 级火箭，进入环地轨道。两个半小时后，再次启动第三级火箭，以近 4 万公里的时速，飞向月球，点火时比预定时间仅迟十分之 7.24 秒。

## 人类的飞跃

抛弃第三级火箭后，登月舱和指令舱已对接好的飞船继续前进。次日清晨，飞船已离地球 18 万 2 千公里，时速减为 4800 多公里。第三天下午 1 时许，飞船距月球 6 万 1 千公里，进入月球引力范围。过 24 小时，再次起动飞船动力装置，便进入环月轨道。20 日中午，飞船开始绕月球第 13 圈，"鹰"号登月舱便张开着陆架，脱离指令舱，鱼贯而行。从月球背面重现时，登月舱便启动减速火箭，靠自动导航仪徐徐下降。在最后一刹那，阿姆斯特朗操纵着蜘蛛状的登月舱，平稳降落在"静海"的一个月坑旁。这时是 7 月 20 日下午 4 时 18 分。休斯敦的控制室里，听到了从月球传来的激动人心的声音："这里是静海基地，鹰已着陆！"操纵着一排排电子控制仪的数百名工作人员，顿时沸腾起来，欢呼，鼓掌，热泪盈眶。

经过 6 个多小时技术准备，阿姆斯特朗穿着 21 层的白色宇宙服，背着氧气瓶和各种仪器，在晚 10 时 56 分，迈下登月舱的 9 级舷梯。当他的右脚踏上咖啡色的月球表土时，他感叹地喊出了第一句话："对一个人说来，这只是小小的一步；但对人类说来，这却是巨大的飞跃！"

17 世纪意大利天文学家伽利略制成世界上第一具天文望远镜，察观到月球的环形山和无数月坑，但误认为暗处是海。其实，静海和雨海、澄海一样，都是满布月坑的平原。月球既没有水，也没有空气，更没有生命，只有沉寂的荒漠，连续 14 天的长夜和摄氏 310 度的温差。月球引力为地球引力的六分之一，82 公斤的宇宙服，这时只有 13.6 公斤，行动起来还飘飘然，不过这难不倒训练有素的宇航员。

阿姆斯特朗和助手奥尔德林，在月面打开电视摄影机，竖起国旗，设置了月震仪、激光测距仪等仪器，挖取了 46 磅月岩和表土，还留下了 70 多国首脑题词的金属牌以及悼念逝世宇航员的纪念章。2 小时 15 分钟后，他们返舱，在月宫进入梦乡。

次日下午 1 时 54 分，他们发动了试验过 3 千次完善无误的上升火箭。7 分钟后，登月舱重新进入月球上空 111 公里的轨道，6 小时后便和柯林斯操纵的指令舱会合，随即抛弃登月舱，踏上归途。由于飞船和地球引力顺向，速度更快了，60 小时后便在太平洋的波利尼西亚群岛海域溅落。3 位宇航员平安回到人类的怀抱。时间是 7 月 24 日中午 12 时 50 分。往返全程共 8 天零 3 小时 18 分钟。

## 并非杞人忧天

载人登月成功标志着航天技术的突破，为认识天体、造福人类开辟了新的天地。1979 年 12 月 5 日，联合国通过协定，宣布月球及其自然资源是"全体人类共同财富"，任何国家不得"据为己有"，并"禁止在月球上建立军事基地、军事装置及防御工事，试验任何类型的武器及举行军事演习"。这不是杞人忧天之谈，而是戏剧性地反映了严酷的现

叶志雄（1932— ）

265

实：愈演愈烈的超级大国霸权争夺，是否将从我们居住的地球，扩展到月球甚至其他天体呢？战略家们不是已经在谈论"宇宙制空权"和在月球储存核武器了吗？

（原载《航空知识》1981年第7期）

## 评析：

这篇《月宫行》，可以说是晚到整整12年的"旧闻"。1969年7月20日晚，美国"阿波罗11号"宇航员登月无疑是人类历史的创举。但处在"文化大革命"封闭时期的国人却难以获得这一旷世大新闻。此文于1981年7月在中国《航空知识》杂志上发表，国人终于了解到这个信息。迟到12年的"旧闻"，对绝大多数国人说来，却是极有价值的"新闻"。

当年此文以《月宫行》作标题，因为作者联想到"嫦娥奔月"这一中国世代相传的民间故事。当今，令世界瞩目的中国探月工程也以嫦娥命名。可谓极佳的巧合。

记者，尤其是驻外记者的普遍难题是：专业要求既博又专。这是很难做到，却是他们一辈子的努力方向。如果记者自己都弄不明白，无论怎么写也难让读者看明白。当年，叶志雄着手写此文，唯有克服重重困难，一遍遍通读美国航天博物馆提供的专著，终于实现了外行人写航天科普文章，外行的读者能够看明白的目标。

《月宫行》一文，既在航天科技层面细述了登月来之不易及来龙去脉，又在国际政治层面反映出当年美苏争霸乃至核武器竞赛的情景。这对当时中国航天科普不无补益，对当今世人警惕与反对太空军事化也有现实意义。

（编撰：操凤琴）

中·国·名·记·者

姓党、姓晚又姓羊 **关国栋**（1932— ）

　　**关国栋**（1932— ）由一名普通记者成长为总编辑的著名报人。几十年的报业生涯中，见证了《羊城晚报》复刊、三次扩版以及日发行量达 176 万份的辉煌岁月；是"姓党、姓晚又姓羊"的办报理念提出者；任《羊城晚报》总编辑 8 年，晚报信息量、可读性等方面发生了巨大变化，使《羊城晚报》成为全国非常有影响力的省级报纸；笔耕不辍，出版了个人文集《杂拌集》《缺一不可》。2012 年获广东省首届新闻终身荣誉奖。

# 姓党、姓晚又姓羊

2012年4月23日下午，在省委礼堂颁奖现场，关国栋作为18位获奖者之一，获得首届广东省新闻终身荣誉奖。作为在报纸一线奋斗了几十年的总编辑，他对如何办好晚报有自己独到的见解。1986年，他提出《羊城晚报》要坚持"姓党、姓晚又姓羊"的理念，开启了《羊城晚报》的辉煌历史，也使新时代下的晚报更好地把握了自身定位，将大局意识与可读性相结合，提升了晚报质量。

## 吃苦耐劳的晚报记者

关国栋，祖籍广东南海，1932年出生于河北山海关。他自中学便爱好文科，幻想当一名新闻记者。1949年3月参加工作，几年后，作为调干生考入北京大学中文系新闻专业。在北大求学期间，先后担任校刊记者和校广播编辑，曾在《沈阳日报》与《中国青年报》实习。1958年9月从北京大学中文系新闻专业毕业之后，被分配于中山大学任教。一年后调入《羊城晚报》，担任新闻部记者。

1959 年，《羊城晚报》刚刚创刊两年，其社址位于广州市文化公园附近的西堤二马路，办公地点偏小，条件较差。由于人少事繁，包括关国栋在内的二十余名记者时常白天采访，晚上开夜车写稿，工作压力较大。关国栋当时负责科技与教育两条线，常常早上出门坐公共汽车去郊区的高等院校和科研单位，午餐随意应付，下午完成采访后赶回报社写稿。正如他所说："作为记者，关键要勤跑，而且要投入。"①

1961 年，关国栋被调入《羊城晚报》的两大副刊之一——《花地》担任编辑一职，主要负责文艺创作部分，与要闻部截然不同。他从头学起，深入生活，接触实际，与作家交流，同时也自己动笔写一些文艺作品，一并在《花地》刊发，在当时叫作"现场编报"。作为一名编辑，关国栋关心无名小辈，从不以名取文。他曾亲自编排还是高一学生的陈国凯的一篇小文《我从花地来》。据陈国凯回忆，关国栋手握一把旧红木尺，在版样纸上左右比划，像个裁缝。②1966 年，《羊城晚报》停刊，关国栋被调入《南方日报》担任夜班编辑。

1979 年 10 月 22 日，省委组建了羊城晚报社的领导班子，任命吴有恒为党委书记兼总编辑，进行《羊城晚报》复刊工作。复刊期间，关国栋被调回副刊《花地》，但因复刊人手不够，他又被调入一版编辑组参与复刊活动，成为"羊城晚报复刊诞生记"的亲历者。复刊初期条件十分艰苦，关国栋所在的一版编辑组借用危楼楼下的一个小房间办公，大家迎难而上，从零开始。1980 年 2 月 15 日中午时分，复刊首日的头版大样拼出，叶剑英同志题写了报头"羊城晚报"四个大字。下午 3 点左右，复刊后的第一张《羊城晚报》开印，当日发行量 204000 份。③

## 提出"姓党、姓晚又姓羊"的办报理念

1986 年 1 月，关国栋担任羊城晚报总编辑。1987 年 8 月，关国栋在第五次全国晚报经验交流会上，以《姓党、姓晚又姓羊，三者缺一不

关国栋（1932—　）

269

可》为题发表演讲，介绍了《羊城晚报》的办报经验。他说，这是根据当时的发展及面临问题，在前辈的探索实践基础上进行的概括。具体而言，首先强调作为晚报本身，"姓党"是第一位的，《羊城晚报》作为省委办的报纸，是党报，政治导向必须正确；"姓晚"则是与日报要有明显区别；"姓羊"，是跟其他地区的晚报相区别，要办出自己鲜明的特色。④1987年12月，在"姓党、姓晚又姓羊"的定位下，《羊城晚报》的日发行量达到176万份，为历史最高水平。

　　1987年1月，《羊城晚报》在关国栋的带领下开始逐步扩版。第一次扩版，每周五出8个版；1992年1月1日起，每周一、三、五出8个版；1993年1月1日起，每天出8个版。改版后的《羊城晚报》在报道内容与表现手法方面继续保持晚报特色，更加注重一些有重大意义、非常及时的消息，并对新闻事件多侧面地进行报道。在新闻的"新"与"旧"问题上，关国栋表示，要多动脑筋，妥善处理，做到"人无我有"，"人有我新"。

　　扩版之后的《羊城晚报》，在报道时更加注重运用新闻图片。1987年9月20日，人民路高架桥正式落成。对广州街坊来说，这可是一件新鲜的"大事"。当日，15万人涌上人民路高架桥参观。时任羊城晚报摄影记者的朱穗风，在新亚酒店天台往下向人民路高架桥拍摄，捕捉了这一历史经典瞬间。这张经典"人"字照片拍的就是剪彩仪式前，市民从南面和西面的匝道上桥，在南面起点等待剪彩的情景。⑤关国栋看了这张照片，当场拍板选用，并要求把此照片放大刊出。放大后的照片，读者反映良好，也被认为是《羊城晚报》新闻摄影历史上有标志性意义的照片。


## 善于抓独家的总编辑


　　1987年10月，关国栋作为中国共产党第十三次全国代表大会代表出席了会议。关国栋回忆说："那是我一生中参加的最高规格的会议，感觉非常神圣。印象最深刻的是，我在会上除了是党代表，还是个'兼职记者'！"当时，地方报纸不能派记者现场采写，会议报道统一由新华社发稿。但是，作为一名记者，在面对如此难得的大场面时，难免有职业冲动。关国栋主动请示时任广东省代表团团长的广东省委书记林若："晚报能否采写一些报道？"林若当即拍板："可以，写吧。"⑥ 于是关国栋在阅读和记录了小组讨论之后，向会务组请假两小时，并牺牲午休时间，将稿件赶了出来。之后他又主动请林若审稿，林若改了几个字便同意发稿了。这是关国栋在开会期间唯一一次请假，其余的报道都是他在会后利用休息时间写出来的。在报道中，他注重地方性，写了广东代表团的讨论情况以及一些有特点的广东代表团代表，并采访了来自特区的代表——深圳市委书记李灏和运动员容志行。

　　十三大期间，关国栋在认真参与各项活动、完成各项任务，做好党代表的前提下，充分发挥了一名记者的优势。11 月 3 日，关国栋与1900 多名代表一起排列成弧形队伍等待新当选的中央领导和一些老同志的会见。他在会见时间快到的时候，拿起自带的"傻瓜相机"，拉起闪光灯，目测好拍摄位置和角度，在邓小平面对广东代表团走来时，关国栋迅速举起相机拍下了第一张照片。在邓小平走近与广东代表团的代表握手时，关国栋把相机举过头顶，连拍了两张照片。在不到十分钟的时间里，关国栋按下了十几次快门，留下了许多珍贵、具有纪念价值的会议现场照片。关国栋在十三大期间利用自己既是代表又是记者的身份，在参会同时发回了《长征接力有来人》等多篇新闻稿件，使《羊城晚报》在十三大期间成为广东唯一有本报记者采写新闻的媒体，做到了"人无我有"。

　　1986 年 10 月 18 日晚，英国女王伊丽莎白二世及其丈夫爱丁堡公爵在广州黄埔新港码头的皇家游艇上举行告别晚宴，晚会聚集了中外各界人士二百余人，记者不允许上船采访。关国栋作为报社负责人，以来宾身份应邀登船参加招待会。他在不能拍照、不便记录的情况下，凭眼睛和耳朵，捕捉了许多现场素材。女王与叶选平省长交谈时，关国栋留心倾听，听不清的部分便找前面的朋友传话。当女王与广州几家大学的校长交谈时，关国栋抓住机会，找到他的熟人：华南农业大学的卢校

关国栋（1932—　）

《羊城晚报》

长，在女王与其谈话结束后，细心询问卢校长与女王的谈话内容。另外，在粤剧表演艺术家红线女与女王交谈时，围聚的人多了起来，关国栋则抓住机会，在交谈结束后趋前请红线女介绍谈话内容。关国栋通过抓住这些细微的机会，收获了许多内容。

为了让采访内容更加充实，关国栋抓住空隙，来到女王面前，先通过翻译简单介绍了自己的工作单位，然后告诉她，《羊城晚报》正在连载一部介绍女王生平的长篇作品《伊丽莎白二世》，并受到读者的欢迎。⑦女王听后，饶有兴趣地问关国栋："在中国，日报多还是晚报多？"关国栋说，日报比晚报多，但晚报也有不少家。女王点头微笑，与关国栋谈话时间虽然短，但关国栋巧妙地将女王与《羊城晚报》直接联系在了一起。在不能动笔和拍照的情况下，关国栋抓住可以利用的机会，在为时一个多小时的招待会上尽可能进行一些采访活动，当晚回家后便迅速将素材一一整理出来，写成一篇通讯，题目为《在皇家游艇上做客》，刊登于次日的《羊城晚报》。这篇描述宴会场景的通讯，成为当时广州全城的独家报道。

关国栋于 1990 年荣获全国晚报新闻摄影学会颁发的"总编辑慧眼奖"，2009 年获得中国晚报工作者协会颁发的"杰出贡献奖"，2012 年 4 月 23 日获得由省委宣传部、省新闻工作者协会和省新闻学会联合评出的广东省首届新闻终身荣誉奖。作为一名老报人，关国栋在从业过程中一直保持着严谨、认真的态度，敢想敢做，把读者放在第一位，为《羊城晚报》创造了不少值得纪念的价值。

**注释：**

①《关国栋提出〈羊城晚报〉"姓党又姓羊"办报理念》，《深圳特区报》2012 年 4 月 25 日。

②《名家云集佳作送出　花地如此多娇》，《羊城晚报》2007 年 9 月 20 日。

③《〈羊城晚报〉复刊了！》，《徽音忆旧》，见《羊城晚报通讯》2003 年第 5 期。

④ 邓绍根主编：《广东传媒风云人物访谈录 1》，经济日报出版社 2014 年版，第 50 页。

⑤《人民路高架桥：风雨三十载经典成绝唱》，金羊网新闻，2017 年 5 月 8 日。

⑥《党代会上，我当"兼职记者"》，金羊网新闻，2012 年 11 月 7 日。

⑦《相机行事——记在英国皇家游艇上的一次采访》，《记者生活》1987 年第 6 期。

### 姓党、姓晚又姓羊

羊城晚报创刊即将 37 载；历经十年动乱之后"春风吹又生"，复刊迄今也快满 15 年。在这个过程中，"晚报特色"是一直受到关注并在办报实践中孜孜以求的课题之一。对于这个重要课题，几代"晚报人"进行了探索，付出了代价，取得了若干成果。今后，还需要坚持不懈地探索下去。

一

《羊城晚报》创刊于 1957 年 10 月 1 日。它问世时就是一张由中共广东省委主办、而又不以党委机关报面目出现的晚报。这决定了它从创刊之日起，就必须在坚持党报原则的前提下，努力办出自己的特色来。为此，《羊城晚报》的奠基人、开拓者们，在当时的广东省委第一书记陶铸支持下，进行了大胆的探索。从创刊起，《羊城晚报》在版面安排、栏目设置、题材选择、报道角度，以及写作形式、文字风格各个方面，都在尝试走一条有自己的特色的路子。诸如精心采写新闻、着力经营副刊、开辟全国报纸第一个体育新闻版、设置批评性栏目"五层楼下"、推出"港澳台新闻"专栏，等等，都是围绕"办出特色"这个目标所进行的实践。经过锲而不舍的努力，逐步形成了自己的风格，得到了读者的认可。

1961 年年初，《羊城晚报》与《广州日报》合并。《羊城晚报》作为中共广州市委的机关报继续出版，历时四年多。即使在这个"机关报"时期，《羊城晚报》仍然注意保持自己的特色，继续在丰富多彩、引人入胜方面下功夫。1965 年 7 月，《广州日报》复刊。《羊城晚报》改由中南局领导。中南局对这张报纸的要求，仍然是陶铸同志的一贯主张："既能起机关报那样的作用，又能为群众所喜闻乐见"。"文化大革命"前羊城晚报存在的 9 年中，由于当时政治路线影响，使报纸不可避免地受到干扰。愈近"文化大革命"，愈加明显。直到在浩劫中首当其冲，横遭诬蔑，被迫停刊。但是，《羊城晚报》从我国的实际出发，千方百计开拓一条办社会主义晚报路子的努力，却没有就此停止。

1980 年 2 月，在十年动乱中受尽摧残的《羊城晚报》终于复刊。在十一届三中全会之后，作为中共广东省委主办的一张党报（不是机关报），又是晚报，怎样才能妥善地承担起自己的责任，恰如其分地发挥应有的作用，在坚持共性的前提下体现出自己的特色，这是复刊后的羊城晚报面临的一个重大课题。或者说，是同一课题在新形势下的又一次提出。

《羊城晚报》复刊后不久，在继承"文化大革命"前办报经验的基础上，经过探索和总结，概括出了"十六字"编辑方针——"反映生活，干预生活，引导生活，丰富生活"。它实际是陶铸同志当年对《羊城晚报》提出的"移风易俗，指导生活"八字方针的延伸和发展。"十六字"编辑方针以党报的基本原则为依据，以"生活"为核心。"生活"就是报纸所要反映的客观实际，而广大读者则是生活的主人。也就是说，《羊城晚报》要办成一张能够把传播党和政府的路线、方针、政策同反映广大群众的实践和呼声密切结合起来，与读者息息相关，为他们喜闻乐见的报纸。为此，《羊城晚报》在实践中努力做到：注意反映生活中本质的、有特色的内容；敢于和善于揭露生活中的矛盾；积极、正确地引导生活；从建设"两个文明"的高度，把握"丰富生活"的意义。

随着时间的推移，如何正确处理报纸共性与个性的关系，办好一张既坚持党报原则和大方向，又有自己鲜明特色的大型晚报，以适应形势发展的要求，满足读者的需要，始终成为报社同仁经常思考并在实践中努力解决的问题，而且显得日益迫切。中共广东省委对《羊城晚报》抓得紧，要求高，但并不要求它成为另一张机关报。读者对《羊城晚报》期望甚殷，要求它应当是一张导向正确，特色鲜明，能满足各阶层、多方面不同需求的，可读性强的报纸。针对这些情况，结合《羊城晚报》在"文化大革命"前后两个阶段的办报实践，我们的思路逐步归结到一点：《羊城晚报》应当"姓党、姓晚又姓羊"。这个"三姓"原则是一个互相联系的完整概念，三者不可分割，主次不能颠倒。只有坚持"三姓"原则，才能解决好共性与个性的关系，正确地体现自己的特色。

关国栋（1932— ）

275

二

在第五次全国晚报经验交流会（1987 年 8 月于兰州举行）上，我以《姓党、姓晚又姓羊，三者缺一不可》为题，作了发言。其中说到，羊城晚报"姓党、姓晚又姓羊"，体现在两个方面：其一，体现在办报指导思想上，要努力在读者中树立这样一个形象：《羊城晚报》是以晚报面目出现的党报，同时又是"只此一家"的晚报。其二，体现在报纸的内容和编排形式上，要尽可能完整地反映出"姓党、姓晚又姓羊"的指导思想，使它在版面上具体化、形象化。

在处理"姓党、姓晚又姓羊"的关系上，我是这样认识的：

首先，"姓党"是办报的"大前提"和"主旋律"。这是由《羊城晚报》的党报性质所决定的，因而是毫不含糊、不能动摇的。要坚持"大前提"和"主旋律"，就必须牢记党报的宗旨，抓住生活主流，反映时代精神，坚持正确的舆论导向。"姓晚又姓羊"要服从"大前提"，突出"主旋律"。

另一方面，只有真正做到"姓晚又姓羊"，报纸"姓党"的作用才能充分发挥。在办报实践中，如果不能在"大前提"下发挥创造性，只有"主旋律"而无多样性，报纸的个性较模糊，特色不鲜明，对读者就缺乏足够的吸引力，"姓党"的作用也就难以充分发挥。

"姓党、姓晚又姓羊"是对整张羊城晚报各个版提出的要求。就新闻报道来说，要做到"三姓"，体现特色，在实践中我的体会是，要在导向正确、真实准确的基础上，抓住四个字：新、快、近、精。

新——作为报纸，尤其是广州地区几家大报中一份下午出版的晚报，内容陈旧过时固然是不允许的，即使是"似曾相识"也不为读者所欢迎。只有坚持求新，努力创新，千方百计把报纸办得有新意，才能体现特色，赢得读者。求新，应体现在新闻报道的题材、角度和写作手法诸方面。

快——这是新闻本身的规律所决定的。能快却慢，就失去了新闻的特色和竞争力。"能当天见报的就不要等到明天"，这是《羊城晚报》对新闻报道的基本要求之一。版面上缺乏"新鲜货色"，跟着别人屁股走，特色又从何谈起？要快，记者、编辑就得有一股拼抢劲头。当然，这并不等于乱拼乱抢。

近——就是要贴近生活，贴近群众，努力缩短报纸同读者的距离。办报的人心中要有读者，实践上要靠近读者，使读者感受到报纸是在想他们所想，急他们所急。同读者密切了，同生活贴近了，才有可能抓准时代的脉搏，了解群众的需求，办报才能有针对性，把宣传党的路线、方针、政策同反映群众的呼声、要求结合起来，显示出自己的特色。

精——在读者要求日益提高，同行竞争日趋激烈，而报纸的版面又有限的情况下，只有在精编上多下功夫，才能做到丰富多彩，为读者喜闻乐见，才有利于形成自己的风格和特色，尽可能广泛地吸引读者。就新闻版而言，《羊城晚报》对自己提出的要求是：内容上力求广泛包罗，形式上努力自成一格，标题制作要刻意推敲，文字要尽量去掉水分。

对于羊城晚报来说，"姓党、姓晚又姓羊"是一个完整的概念，它贯穿在办报的全过程，是对报纸本身特色的一个较为贴切的概括。

关国栋（1932— ）

## 三

日月如梭。《羊城晚报》复刊后已经进入第 15 个年头。放眼报界，繁荣活跃，各显"神通"。所谓"晚报特点"，已经不再为晚报所独专，而被许多日报、期刊所借鉴和吸收，以至有所发展。仅从总数已经超过 120 家的晚报范围来看，"姓党、姓晚又姓 ×（指报名）"，正在成为日益广泛的共识。凡此种种，对于办出一张真正有特色的晚报来说，无疑增加了新的难度。但是，既要办报，就要办出特色来。否则，这张报纸存在的必要性就要打个问号。知难而进，坚持探索，勇于创新，才有出路。在这种情况下，从《羊城晚报》的实践看，"特色意识"只能增强，不能削弱。要在竞争中努力办出特色，特色鲜明才更有竞争力。有些基本的东西，如在内容上或形式上人无我有，人有我新，人新我特，等等，尽管行之多年，甚至有人视之为"老生常谈"，但实践证明，要在竞争中办出自己的特色，这些要求仍然是不可缺少的。

要做到人无我有，人有我新，离不开一个"快"字。在晚报自身的特点、优势日益为日报所"共有"的情况下，强调时效，分秒必争，尤其必要。许多时候，在新闻报道中，化劣势为优势，变被动为主动，"快"是关键之一。

为了做到"快"字，争取新闻时效，羊城晚报对记者提出了"能当天见报的就不要等到明天"的要求，采取各种措施，争取多登当天新闻，包括对特别重要的新闻推迟截稿虚位以待等。国际新闻方面，也通过新华社专稿等渠道，尽量抓到一些最新消息。

《羊城晚报》还开辟了两个体现"快"字的专栏。一个是文字的："读者今天来电"，一个是照片的："羊城快镜"。前者刊登来自四面八方、短小精悍的信息，每则一般只有几句话，绝大多数出自读者或通讯员之手，信息量大，时效性强，其中"今晨"或"昨晚"发生的事占了相当比重。有些其他报纸还来不及报道的新闻，已经在这里"捷足先登"了。"羊城快镜"则是以照片形式，把最新消息（大多数是当天上午的）端上版面。有时，将近中午发生的一宗重大交通事故，下午两三点钟读者就可以在"羊城快镜"中看到现场情景了。

当天新闻（或新鲜消息）多了，时效性强了，读者拿起报纸感到"新鲜热辣"，在手中停的时间长了，也就自然扩大了报纸的影响和作用。

至于"人新我特"，意味着要在新闻深度的挖掘、角度的独到以及写作手法的创新等方面下功夫，做到"出奇制胜"乃至"后发制人"，这都是形成"晚报特色"不可少的。"特"与"快"并不矛盾。既要讲求时效性，又应当有"与众不同"之处，这样才有自己的特色。《羊城晚报》许多写得较好的新闻报道，正是按照这个要求去努力的。

"特色"是办报的一个永恒的课题。永恒并不等于一成不变，更不意味停滞不前。只有紧密结合客观实际，在实践中不断充实和完善自身的特色，使之能够适应形势发展，符合新闻规律，满足读者要求，报纸才有可能较好地完成自己肩负的历史使命。要做到这一点，坚持不懈、永不自满是非常关键的。《羊城晚报》是按照这条路子走过来的。今后也只有坚持走这条路，才能不断提高报纸质量，发扬本身优势，赢得更多的读者。

（原载《岭南新闻探索》1994年第8期，选自《新中国晚报五十年鉴》，文汇出版社2000年版）

评析：

"姓党、姓晚又姓羊"是关国栋对中国新时代晚报如何定位做出的完美总结，其重点是将大局意识与可读性结合，使晚报在坚持党性的同时又不乏趣味性和地方性特色。《羊城晚报》的成果，使得全国多家晚报做出定位调整，出现多家"姓党、姓晚又姓×"的晚报定位。

关国栋（1932—　）

# 在皇家游艇上做客

昨天傍晚，广州黄埔新港码头的灯光，把停靠岸边的英国皇家游艇"不列颠号"照得通明。英国女王伊丽莎白二世和爱丁堡公爵在这艘游艇上举行告别招待会。

来宾们通过铺着红地毯的舷梯登上游艇。在舱门口，一位身穿雪白制服的海军军官举手敬礼，两名水兵肃立迎宾。

招待会在游艇中层的两间厅房里举行。伊丽莎白女王和爱丁堡公爵站在入口处，满面笑容，同来宾们一一握手。

应邀出席招待会的客人有：国务委员兼外交部长吴学谦和夫人，广东省省长叶选平和夫人，广州市市长朱森林，香港知名人士霍英东等，以及中外各界人士共二百多人。厅房里熙熙攘攘，宾主互致问候，亲切交谈，气氛热烈、愉快、轻松。侍者托着盘中的饮料和点心，在人群中灵巧地左穿右插，殷勤递送。

宾客到齐之后，女王和爱丁堡公爵走进厅里，来到人们中间。女王穿一身红色衣裙，挎黑色手提包，在以穿深色服装为主的人群中，颇为醒目。她仪态端庄，大方亲切，周旋在宾客之中，既注意倾听对方的谈话。又不时得体地发表自己的见解。

叶选平来到女王面前，对女王和爱丁堡公爵举行这样隆重的招待会表示衷心感谢。女王说，我也要感谢你和这么多的各方面人士出席招待会。叶选平风趣地说："今天的天气帮了忙！"因为根据气象预报，受台风影响，广州今天有中到大雨。但是直到此时，除了偶尔几阵小雨之外，天气还算是好的，使女王的访问活动得以顺利进行。所以叶选平说："天气帮了忙"。

几位穿西装的中年人站在女王附近，叶选平指着他们向女王介绍说："这几位是广东省几家最高学府的负责人！"女王看见其中一位——华南农业大学校长卢永根教授佩戴着一条黑红两色相间的领带，便问他："你这条领带是英国的吧？"卢永根用英语回答女王："是的，这是我不久前访问贵国时，苏格兰议会赠送的礼物。"女王听罢高兴地笑了。

叶选平把红线女介绍给女王认识，说："这是我国一位著名的粤剧表演艺术家！"女王和红线女围绕戏剧话题亲切地谈了一会儿。她对红线女说："我发现你们中国人的音乐感很强！"

当女王同笔者交谈时，我向女王说明了自己的工作单位——羊城晚报，并且告诉她：《羊城晚报》正在连载一篇介绍女王生平的长篇文章《伊丽莎白二世》，在读者中间引起了广泛的注意和浓厚的兴趣。女王流露出关注的神态，笑着说："这很好！"并且随即问道："在中国，日报多还是晚报多？"我回答说，日报比晚报多，但晚报也有不少家。女王听了微笑点头。

招待会继续进行。人们的谈兴正浓，都围绕着一个主题：友谊。一位英国军官来到我身边，用汉语打招呼："你好！"并且自我介绍。他是英国驻华大使馆的武官，已经是第二次奉派来中国工作了。他说："我有三个孩子，其中一个是中国孩子——在香港收养的孤儿，很可爱。我们全家都喜欢中国！"

"不列颠号"皇家游艇上这个愉快的夜晚，再一次生动地告诉人们：

英国女王的这次访问，在中英两国关系史上谱写了新的篇章。相聚虽然短暂，友谊地久天长！

（原载《羊城晚报》1986 年 10 月 19 日）

评析：

　　关国栋无论在哪个场合，都牢记自己是《羊城晚报》的一名记者，要为晚报写出具有特色的报道。在有条件限制的情况下，只用肉眼和耳朵进行记录，通过脑海中的记忆写出一则通讯是一件不容易的事情。在这样一个随意交谈的招待会上，他抓住了时机，也抓住了特色。关国栋没有超高的英语水平，但他善于利用招待会环境下的各种关系，寻找各种方法，弥补缺陷，从而写出一篇精彩的独家报道。正因《羊城晚报》有着一批像关国栋一样善于从各个角度报道新闻事件的记者，《羊城晚报》才能在全国独树一帜。

关国栋（1932—　　）

# 三十年前第一课

　　我珍藏着一条绿色的绸签，上写"记者"二字，盖着"沈阳市卫生系统先进工作者评选委员会"的圆形图章。望着它，在我的脑海里，时光倒流三十年——

　　那是 1956 年夏天，刚结束了北京大学中文系新闻专业二年级的课程，我和一批同学，来到沈阳日报社实习。这条绿色的绸签，就是我以沈阳日报实习记者的身份，首次参加采访活动时佩戴的标志。

　　在学校里，老师带领我们参观过一些报社；也曾出过题目，让我们练习新闻采访和写作。我还是校刊的通讯员。但这些毕竟都不过是"课堂作业"或"课外练习"。身临其境，"真刀真枪"地以报社记者身份（尽管只是实习生而已）采访、写稿，这次实习才算头一遭。因此，心里既兴奋，又有点紧张。

果然，头一宗任务——采写沈阳市卫生系统先进工作者奖励大会的消息，不过七八百字，在报社记者的帮助下，六易其稿，修改十多次，才由政教组组长陈敏同志签发见报。时间紧，任务急，要求高——我开始尝到了与"课堂作业"或"课外练习"完全不同的滋味！

然而，更"浓"的滋味还在后头。

根据报社政治生活部政教组安排的实习计划，我要从报道市卫生系统奖励大会入手，进而采访一个先进典型王淑文（沈阳市第二医院小儿科主治医师）。事先看了几遍有关材料，又反复琢磨了指导我进行这次采访的记者王千同志的意见："要多想一想，抓住主要问题。"可是，第一次采访归来的"自我感觉"却是：谈得不怎么深入，有时甚至不知道应该问什么。这样，写起来自然也就不很顺手。原因在于准备工作做得不够充分。在王千同志的帮助下，重新提炼主题，删除枝蔓，反复修改……直到写出第四稿，才交给组长陈敏同志审阅。隔了一天，原稿退回，认为"事实堆砌，不够生动"，还要再改，并且提出要求：应当写得"引人深思，发人深省"。我找到王淑文家中，再次进行采访，然后，重新改写。王千同志看了这第五稿，在肯定"比前几稿有进步"之后，指出了存在的问题：思想活动写得不够，"个人作用"的分寸要掌握得准确些，一些措辞、标点也需斟酌……此外，在送审过程中，有关同志也提出了一些中肯的修改意见。这篇在版面上字数不足一千的人物通讯，见报时距离第一次采访已经 20 天了。在这个过程中，我不仅在采访写作方面受到了一次锻炼，更向报社有关领导和编辑、记者学习了严格、细致的好作风。

在采访活动中，还有两次可以一提。

一次是突击采访——组长临时布置任务，让我独自去采写沈阳市前国民党军政人员座谈台湾问题的消息，次日见报。参加座谈会的都是当地这方面的知名人士，包括宁武、刘多荃等。过去只是在报纸上见过他们的名字，却从未同这样的采访对象打过交道。消息的政策性也比较强，当时心里不免"七上八下"。好在有一位电台的记者也来采访，我们边听边商量边写，座谈会结束时总算把稿子赶了出来。

另一次是"外行报道"——采写足球赛消息。我本来不是体育"热心分子"，在学校里连当时的"劳卫制体育锻炼标准"都未达到，对足球更是外行。但实习计划里偏偏有一项"采写体育比赛消息"的任务，只好硬着头皮"上场"。那场球是旅大队对沈阳队。双方龙争虎斗，观众喝采助威。本来"内行看门道"，我却是"外行看热闹"，但见输赢，不得要领。多亏报社安排周到，派了一位摄影记者一同前往，靠他的指点，我才抓了几个进球镜头，做了几句"文章"，写出一条不足三百字的消息交卷。

写稿要花功夫，伤脑筋，组（改）稿，调查读者来信以及退稿（都是实习计划之内的任务）也不容易。为了去皇姑屯组一篇稿，单是等公共汽车就花了一个钟头，还挤得满身大汗。到了那里，因为要找的学校没有挂牌子，东寻西找老半天才"碰"上，可是组稿的对象——一位教师偏偏又不在，到他家里登门拜访，也吃了闭门羹。如此这般，一直拖到下午才终于见面，落实了组稿的事。谈话前后不过二十分钟，"跑腿"却花了三个钟头！至于处理退稿，则往往苦于提不出"恰如其分"的意见，因之抓耳挠腮，冥思苦想……但这种种"辛苦"并没有白费，它使我亲身体会到：编辑、采访工作包含着丰富的内容，其中每个环节，都是办好报纸所不可缺少的。都必须认真对待。

实习期间，除了在学习和实践采编业务方面很有收获外，报社上上下下那种一心一意扑在报纸上，不满足于现状，力求有所创新的精神，那种雷厉风行、严谨细致的作风，对我来说，都是难得的"身教"，印象深刻，得益匪浅。

我不会忘记。从报社领导到编辑、记者和其他工作人员，都有一股争分夺秒、奋力拼搏的劲头。一次，我吃过晚饭后，想趁人们休息时间找组长陈敏同志谈一件事情，谁知他并未下班，坐在办公桌前，右手握笔，左手抓着馒头，边啃边改稿。谈话只好改期，但这个情景却深深地印在我的脑海中，在以后的一段时间里，成为推动我克服困难、刻苦工作的一股力量。

关国栋（1932—　）

我同样不会忘记政教组从领导到编辑、记者（他们当中除了上面提到的陈敏、王千，还有赵川、许从理、宋阿芳等同志），对我们这些实习生像哥哥姐姐一样，既关心爱护，又严格要求。他们鼓励我："不仅要多写，更要多跑，多看，扩大视野。"还提醒我：采访时千万不能爱面子，该问就大胆地问，一回生，二回熟，功到自然成。我至今还记得赵川同志风趣地向我们介绍她首次采访的情形：见面先鞠个躬，问声"您好！"然后"自报家门"……

转眼之间，30年过去了。我走上新闻工作岗位也快到30年。在大学新闻专业学习的课程，给我从事新闻工作打下了一定的基础。毕业后，通过新闻工作的实践，也积累了一些经验和教训。然而，这些都不能代替我在沈阳日报实习的收获。我始终认为，实习生活虽然只有短短一个多月，却是我走上新闻工作岗位之前的一次有意义的练兵。在沈阳日报社，我上了新闻工作实践方面难忘的第一课。

（原载《杂拌集》，花城出版社1993年版）

评析：

年轻时的关国栋作为调干生考入北京大学中文系新闻专业，在大学期间参与了实习，虽然时间较短，但他善于总结、善于学习，为日后在《羊城晚报》担任记者及编辑打下了基础。在《羊城晚报》创刊初期，关国栋刻苦工作，勤于采写。在调入完全未知领域的《花地》副刊时，迎难而上，接触实际，为《花地》组织了不少好的文艺作品。《羊城晚报》复刊后，更是别出心裁，一心为读者着想，在不同侧面抓住事件的特点进行多角度报道。在大学学习与实习期间，关国栋接受的教育以及汲取的经验，为这些成绩的取得打下了坚实的基础。以致令他30年后对这堂新闻工作实践方面的第一课仍念念不忘。同时从这篇文章也可以看出一个报人所应具备的品质：谦逊、严谨、真诚，对年轻记者具有启迪和教育意义。

（编撰：陈昌慧　邓绍根）

中·国·名·记·者

陆拂为（1933—2007） 当代著名记者。1958年北京大学新闻专业毕业后到新华社工作，先后任编辑、记者，《瞭望》周刊文化编辑室主编、机动记者组组长等。足迹遍布祖国各地，采写的报道《沼泽地里的战斗》《一篇没有写完的报道》《"野人"张候拉轶事》等各具特色，在社会上引起较大反响；与他人合写的《为了周总理的嘱托》被选入中学课本；著有《对弈集》，与人合著有《社会主义的实干家李锁寿》等。

# 让新闻经得起历史检验

陆拂为是中国当代著名记者，采访足迹遍布祖国各地——北到黑龙江，南到海南岛，东到大海之滨，西到西藏和内蒙古草原。他深入人民生活和社会主义建设的最基层，采写了大批优秀的通讯作品，他的通讯已成为历史的记录。

## 一个学生党员的担当

陆拂为原籍江苏武进，1933年1月出生于无锡。15岁在私立无锡中学读高中时，秘密加入中国共产党，组织同学参加学生运动。大军渡江解放苏南后，他到苏南新闻专科学校接受了短期培训，就下乡经受实际工作的锻炼，并担任党报的通讯员。他还曾先后在无锡县查桥区和东亭区担任过区农会文书兼会计、区委宣传干事等职务，1951年调到无锡县委宣传部任通讯干事。1954年考入北京大学中文系新闻专业，1958年毕业后被分配到新华社工作，担任过国内部农村组、文教组的编辑、记者。

陆拂为已经离开大学多年，可是 1978 年后又为同学的事忙碌起来。中共中央（1978）55 号文件下达后，北京市各单位根据文件精神开展错划"右派"的改正工作。可是，原北大新闻专业无人管。因为北大中文系认为，新闻专业于 1958 年秋合并到中国人民大学新闻系了，因而应由人大新闻系负责。人大新闻系则认为，按中央文件规定（哪个单位、哪个部门错划，由该单位、该部门负责改正），当然由北大负责，而且当年划"右派"的档案材料保留在北大。原北大中文系副主任、时任人大新闻系主任的罗列年逾六旬，工作忙而心中着急，找到陆拂为搞这一工作。可是，陆拂为当年不是系党总支委员，在系里没有任何职务，仅仅是新闻专业 1958 届第三班学生党支部书记，毕业后进新华社当记者，他搞师生"右派"的改正工作，有"名不正"之嫌。

陆拂为不避嫌隙，毅然进到北大。他首先找出同班同学王国乡（"极右"）的档案材料，予以改正，其他小"右派"很快得到了解决。但工作远未结束，1958 届加 1957 届、1956 届"右派"共六七十人，他要查出他们其时所在工作单位、通信地址，给他们一一寄出"改正通知书"。时经二十多年，人事情况变动很大，他们分散在全国四面八方，有的居无定所，有的下落不明，有的甚至死亡，要找到他们不容易。陆拂为花了不少时间和精力，辛辛苦苦完成了这项不属于自己的任务。①我们从中看到了陆拂为作为一个学生党员的担当，看到了他的热心、善良。他的行为受到了同学们的好评，也为党的政策落实作出了贡献。

陆拂为（1933—2007）

## "为历史学家提供可靠的史料"

陆拂为在几十年的新闻工作生涯中，有过成功的欢欣，也有过失败的懊丧，更有过痛苦的经历和思考，他的结论是：记者应"秉笔作直书春秋，向当代读者传播真实的信息，为历史学家提供可靠的史料"②。

陆拂为多年后还清楚记得他刚到新华社时一次采访后的经历："到新华社不久，有一件事给我很大震动。当时，我去采访一个在北京举行的农业成果展览会。展览会亩产十万斤粮食的'奇迹'，以及诸如此类的'伟大成就'，使我激动不已。回到编辑部，我兴奋地谈起展览会上目睹的'奇迹'。这时，编辑部一位平日沉默寡言的老同志问我：'如果亩产十万斤，每亩地上打下的粮食起码要堆起一尺多厚，这可能吗？'他的话不啻是一声惊雷。我不由得问自己：这可能吗？是的，这是不可能的！然而，在'大跃进'的当时，怀疑这一切意味着灾难。这需要多大的勇气！后来，我了解到，这位老同志正是反对搞浮夸，遭到了打击迫害。这是我终身难忘的一课。我开始思考，记者应该怎样对历史负责？"③

从那时开始，陆拂为走南闯北，一边学习思考，一边采访写作。一篇篇真实动人、清新隽永的新闻作品从他笔下流淌出来：《沼泽地里的战斗》《赫哲人的歌》《林海猎手》《海上灯标》《知识的传播者》《草原上的青春之歌》……他的笔下，有工农兵，也有知识分子；有汉族群众，也有少数民族群众；有英雄模范，也有普通劳动者；有大自然的雄奇瑰丽，也有人类改造自然的伟绩。他用自己的笔，书写着火热的社会主义建设，反映着劳动人民的新生活，讴歌着对伟大祖国的爱。

"文化大革命"中，陆拂为在劫难逃，经历了难言的坎坷和颠沛。他被迫放下心爱的笔，停止采访达10年之久。这段时间，他读了不少书，对国家的前途、民族的命运进行了深层思考，思想日益成熟。陆拂为认为，做记者一定要自觉排除客观和主观上的干扰和困惑，不以权宜的短见掩盖历史的是非，无中生有的假报道，会造成灾难性的后果。他是这样说的，也是这样做的。

粉碎"四人帮"后，陆拂为怀着饱满的政治热情和紧迫感，研究社会，把握时代脉搏，深入采访，实事求是地进行报道。他所写的新闻努力反映历史发展的趋势，反映历史运动的深刻变革，勇敢地担负起记录历史、振兴中华的崇高职责，一篇篇深刻新颖的力作脱颖而出。《为了周总理的嘱托……》（与人合作），写"文化大革命"期间全国劳模、植

《为了周总理的嘱托……》原载报样

棉能手吴吉昌，为完成周恩来总理交代的任务——解决棉花落桃的科学试验，受到"四人帮"及其代理人的残酷迫害。为了写好此文，他和廖由滨十多次奔走于北京、太原和涑阳之间，反复研究素材、核对事实，经过 7 次大修改，反复加工、锤炼，完成了这篇当代中国新闻报道的典范之作。该文在《人民日报》发表后，在国内外引起巨大反响，被认为是中国新闻媒体上公开否定"文化大革命"的第一篇杰作，后被教育部编入高中语文教材。1979 年发表的《一篇没有写完的报道》（与穆青合作），反映潘从正植树绿化的几起几落，文章从一个侧面反思了新中国成立以来的整个历史。《历史的审判》（与人合作），则是林彪、"四人帮"覆灭的历史真实记录，具有优秀历史教科书一样的永恒价值。此外，《"野人"张候拉轶事》（与人合作）、《张候拉植树记》等通讯，也是影响广泛、脍炙人口的名篇。即使在一些笔调优美的散文式新闻作品中，如欧游札记、西沙见闻、"死亡之海"纪事等，读者仍能窥见他那深沉的情感和对历史的思考。

陆拂为说："记者的每一篇文章，都要接受历史和实践的'审判'。""作为'时代侦察兵'的记者，探路中迷失方向，误走弯路等情况都会发生。但是，我们起码不应该违背记者的良心，不应该有意说假话。而应实事求是，秉笔直书，把世界和中国发生的事情如实地告诉大家，传播真实的信息。"④ 后来，陆拂为作为新华社《瞭望》杂志的高级记者，仍然像年轻人一样奔波在天南地北，如不知疲倦的"工蜂"，在火热的改革实践中"采花酿蜜"，时有佳作和读者见面，真是"不知老之将至"!

## 通讯的鲜明个人特色

陆拂为作品影响范围广泛，其原因是有其鲜明的个人特色。他心中那些深刻的印象、丰富的情感，并不只是从视觉得到的，还来自嗅觉、味觉、听觉。他有着丰富阅历、渊博知识，要反映一个场景、一件事物就要运用自己的全部感官，要调动起大脑的各种知识储备。这样一来，他的感受就丰富多了，细腻多了，能对事物进行全方位、多层次、多侧面的描绘，使读者从作者生动具体的描绘和深刻的分析中，加深感情，产生共鸣。

写吴吉昌，没有把他写成一个叱咤风云的英雄人物，而是从现实生活出发，着力刻画他的忍辱负重。他横遭凌辱和迫害，不仅没有不顾一切地硬拼，还跪着扫街呢！当他看到北街大队的棉花疯长，围着转了两天，迟疑犹豫，直到第三天才鼓起勇气凑了过去……当他无法继续科学研究时，甚至打算离家出走。正是通过这些典型事例，描写他的内心斗争，真实地揭示了他顽强不屈的革命精神。人物的内心世界，不像事迹那样外露，容易为周围的人们所知道。这就要求记者善于发现线索，有意识地进行发掘。他们访问潘从正时，听社员说，他曾经对相依为命的老伴擂了一拳。随行人认为这不能写，陆拂为听来很反常，决定深入了解。当问潘从正时，他因为自己做了错事，不肯作声。倒是他的老伴，把前因后果、详细情况全讲了。因此事深刻地反映了潘从正在理想无法实现时矛盾、痛苦的心情，所以写进了通讯里。

陆拂为的人物通讯避免了一般化、模式化，抓住题材的特征，鲜明地写出特色。同样是写依靠科学知识从事农业发展，《椰子姑娘》中的黎玉莺和《"蜗牛热"》中的黄鹤清就各具特色。更具代表性的是潘从正和张候拉，都是醉心于植树造林，但是让人读来觉得他们个性鲜明，这主要归功于作者抓住了人物各自的性格特征。

陆拂为 1991 年 5 月任香港大公报副总编辑，给报纸开辟专栏，采写了许多脍炙人口的通讯报道，在社会上和群众中引起了很大的反响。1996 年离休后，随女儿在加拿大温哥华安度晚年。2007 年 10 月 4 日在温哥华病逝。

陆拂为 （1933—2007）

**注释：**

① 刘发清：《作贼记》，华龄出版社 2010 年版，第 121 页。

② 陆拂为：《对弈集》，中国新闻出版社 1988 年版，第 236 页。

③④ 俞康乐：《做一名对历史负责的记者——访著名记者陆拂为》，《传媒观察》1989 年第 2 期。

# "野人"张候拉轶事

陆拂为　任复兴

## 引子

山西保德县，有个新畦村。1966 年，出了件稀罕事：66 岁的张候拉老汉，跟成亲 40 多年的老伴闹分居，离家出走，上山当"野人"去了。

分居的起因，似乎是为了钱。老伴张改子从闺女家住了一阵回来，发现收藏在烟布袋里的 80 块银洋不见了。于是，老两口爆发了一场激烈的争吵……

张改子 15 岁那年，就让候拉子用一头牛换来当婆姨，如今已经是絮絮叨叨的老婆子了。她埋怨当家的害了一种爱栽树的"病"，当货郎时走村串户，看到哪里宜于栽树，央告人家让栽几株。人家说树会"吸地"，不愿意，他就给人家几尺布作为赔偿；共栽了 400 多苗，把几匹布全撒霍光了。三年困难时期，他去公社林场当合同工，林场为照顾职工过春节，每人供应 4 斤肉，可他却送给别人换回一些树栽子。林场精简时，把他的差事裁了，他宁可不要工钱，愿义务在林场栽树护林……

"这回可好，把自家的 80 块白花花的银洋全换成树苗，'义务'填到公家的沟壑里去了。这样的当家人，还能跟他过下去吗？"

在庄户人看来，老两口还闹分居，丢丑哩！人们默默地倾听、摇头、叹息……随后不久，中国大乱，连穷山沟里也时兴起抄家、烧书、夺印、武斗来啦！各人自家的"门前雪"还扫不过来呢，谁还有闲工夫去问张家的"瓦上霜"？老汉出走这块石头落进水里引起的几圈波纹，很快就被席卷各地的惊涛骇浪淹没了。

但老汉并没有被"遗忘"，他的名字还经常在村里召开的批判会上被提起：说他躲进山沟去单干，是资本主义的"典型"。幸亏他是贫农，只对他进行了"缺席审判"，倒没有怎样专门为难他。

就这样，老汉十年来能基本上"不受干扰"，由着自己的性子在深山里干。他独自住在石窟或土窑里；日出日没，花开花落十年如一日，默默地插树栽、埋杏核、撒榆钱……，艰辛地从事绿化祖国的伟业。

中国终于发生了伟大的历史转折。在动乱年代只能留下暂时痕迹的人和事，在历史浪潮冲刷下，纷纷东流去。可是，张候拉的劳绩和贡献，却像浊流退去后耸峙的礁石，巍然屹立在长河之上。1982 年 8 月，中共保德县委和保德县人民政府，决定在新编保德县志中为他立传。把他绿化荒山为子孙造福的事迹载入史册，昭示后代。这是保德历史上一个庄户人所能得到的最高荣誉了！

## 穴居的"野人"

老汉离家后，上哪安身呢？他看到葫芦头的崖上有个天然石窟，刚钻头进去，一群山鸽子扑扑飞了出来。石洞不大，晒不进阳光也淋不到雨，凑合能住，老汉从家背来一些粮食，带了些锅碗瓢盆。

老汉在洞里铺些野草，垫上棉裤，夜晚纳头就睡。据说这洞里过去有条大蟒蛇，让一个老和尚给降伏了，老汉不信。可有回天刚明，倒真从岩缝里伸出条老粗个蛇来，老汉不怕，掏了几背柴，灌进去一烧，那东西再不出来了。

老汉寻思："人怕下决心，受了大制，方能办成事。"粮食得节省着吃，留了过冬呢！好在沟壑里长有甜苣、沙蓬、灰菜，搁砂锅里一煮就能入口。乌黑晶亮的煤太昂贵，枝条又要留着作树栽，就只好烧黄蒿了。

张候拉似乎已远离纷争、喧嚣的"尘世"。可每年冬天，他又出山

陆拂为（1933—2007）

293

来到处奔波，张罗采集、收购树种。有时，人们会在县城和村庄里碰到这个身材颀长、腰板挺直的老汉，紫酱色脸膛皱纹纵横，衣衫褴褛而装束古怪：外穿一件千补百衲的黑布烂皮袄，那还是解放前从估衣铺里买来的；衣服没有扣子，裤子不系腰带，上下衣一齐朝右边一掖，拦腰捆条麻绳，就都拴牢靠了；衣服前襟用白布缝了个装树种的口袋，后摆让火烧了窟窿就补块黑布，绷着歪歪扭扭的白线……

　　一到夏天，老汉躲进山沟里埋头种树，远离人们的视线，那形象就更像一个"野人"了。有一年，一辆平车路过山梁，拉车的骡子突然抿起耳朵，全身打颤，任凭赶车人怎么鞭打都不抬步。赶车的朝前一瞭，只见不远的山梁上一个赤身露体红弯弯的"怪物"挡在那里，吓得牲口不敢动弹。赶车的连忙下车，近前一认，原来是"野人"候拉子正呼呼大睡，一条腿还随着鼾声左右摆动呢！

　　一个老汉独自在黄土沟壑地带造林，什么困难和危险都是很难预料的。葫芦头有条七八丈深的大堑叫臭塔壕，老汉一连数月铲土筑坝，淤泥栽树。没想到一场大雨把坝冲开个窟窿，他用榆条、青剑草搓一条长绳，中间结一串"圪把把"拴上木棍，像脚踩"软梯"一样下去堵水口；刚下到壕里一不小心就"沉"进去了，稀泥直淹到耳朵，灌了几口泥水没法透气，喊救又没人听见。好在旁边有棵小树托着他，老汉死命抓住绳子不放，好半天才挣扎出来："唉，要没这棵小树，会做了肉种子，变成龙骨（化石）哩！"

　　老汉在葫芦头住了 5 年，栽起一片新林。可石窑里阴森寒冷，住久了膝盖背面长起一个"毒疮"（委中疽），疼得走路要拄棍子。没奈何，他回新畦躺了半年。这时，他又相中了离家 10 里远的九塔，想变那条"V"字形的红沟为绿沟。可九塔是国营林场的地，干部不许。1972 年，老汉三次进城上访，最后找到了县委书记刘忠文，刘忠文听罢拍着桌子喊到："义务绿化荒山有甚不好？栽出乱子来我负责！老汉，你栽！成了林我引你上北京开回会。"

　　老汉回来逢人就说："刘书记是个大好人，批准我在九塔义务为国家栽树。"他央人帮着在九塔的崖下掏个土窑，有四五平米呢，还安了扇门，这个"家"比石窟像样多了。

九塔是石塘河的支沟，方圆十五六里，见不到几棵树，沟里一滩烂泥。老汉刚给栽上树秧子，大雨一浇，连泥带水捎上苗，都给冲跑了。老汉为这事很着急，他知道要避免水冲，必须在沟口打个石坝，可一个孤老汉，哪来这财力呢？他想起年轻时上姥姥家林遮峪玩，看到黄河里漂着成片芦根，要能把它们请到九塔来落户，还怕治不住淤泥吗?!

清明时节，黄河开冻。老汉鸡啼起程，翻山过谷来到林遮峪公社的黄河滩头。只见上游冲下行云般的"黑冰凌"，带着从河套地带斩断的芦根，停在回流湾里打转转。老汉用挠钩挠住一大堆，可激流把芦根一推，连老汉也被拖下了河……两个捞漂鱼的小伙子听到呼救，连忙递过捞斗让老汉抓住，可这时他还不肯把挠钩扔了；两个小伙子费了好大的劲才连人带芦根一起给缒上河滩。小伙子说："老汉，黄河滩危险着哩，可别来了。"但听老汉讲了缘由，又感动地说："唉，这年头就你老人家还惦着绿化！"

陆拂为 (1933—2007)

就这样，张候拉好比精卫填海，三个春天，总行程一千几百里，从黄河滩头背回二十几背芦根，挖槽埋进九塔沟。接着，他又打进七八尺长的几排柳杆，再铺上一层茅草片。后来芦根一发，伸展三四丈远，一座树草混合坝建成了，流泥沟终于成了造林地。

老汉在九塔的土窑里，一住又是5年。有次他上县城，回来发现门板让人捐走了，锅碗给偷走了，只得搬回新畦去住。可见天一个来回，20里山路，仍然天天去九塔栽树。

去年端午节，嫁在石塘的女儿引枝提着一瓦罐吃喝找到九塔，老汉放下铁锥，接过碗，狼吞虎咽……女儿看在眼里，心疼得直落泪，一面哭一面数落："可怜的我爹，岁数这么大，还要受这罪！有个闪失掉沟里有谁知道？夏天还不是让蛆穿？冬天还不是遭狗啃？子女也跟着落个不孝的名！"哭罢，捡起爹身边栽树用的铁锥扔到梁上，一脚把那捆树栽踢进沟底，说道："爹，以后不要来九塔了，你这是害我们哩！"

老汉见女儿哭了，不好发作，随口应承道："我不害你们，我不来了。"可等女儿一走，他又绕道三里路，把沟底那捆树栽捡回来，种在山梁上。

## 九塔的主人

一个人能否成大事，除了种种客观因素，自身的禀赋起着重要作用。候拉子是个"平头百姓"，身孤力单，凭什么敢去担当绿化九塔小流域的重任呢？他把中国农民吃大苦、耐大劳、在极端艰辛的环境中都能生存的能力，和一个精明货郎善于理财、经营的智慧，巧妙地结合起来了。老汉的这种禀赋，长期不为人们所知；他心中的宏图，有时倒会用暗示，作一些微妙的透露：

有个陌生人路过九塔，老汉邀请他在土窑前喝碗水，吃点干粮。这时，主人苍老、萎缩的脸庞放出光彩，问："我撒在九塔的银洋是母钱，不是子钱；你说，一块母钱能生出好多好多子钱来哩，对不？"

这使来人迷迷惑惑，如坠云里雾中："这穷老汉有啥银洋，啥母钱、子钱哩！瞎吹。"

可是，老汉确实拥有一笔丰厚的家底，800块白洋（不包括老伴那80块体己）；这一部分是打土豪得的浮财，另一部分是当货郎时攒的。根据勤俭庄户人的深谋远虑，它们被谨慎地埋在地下，用来防灾、防病和传给子孙的；后来他改变主意，下狠心从地下刨出，带到九塔来了。此外，还有多年来从牙缝里省下的十来石"颗子"（粮食）。

可惜，这笔投资跟他的宏图大业来比，太不相称了。老汉把个人的生活需求，减到无法再少的地步：他平常连"颗子"（豆子、高粱、玉米、小米等）都舍不得吃，煮一锅山药蛋，掺和着野菜，要吃好几天；10多年来未添置衣服鞋袜，有次下了大雪，他赤脚穿着破鞋在山上走，囫囵冻掉了一个脚趾甲……他节省一切生活开支，用来造林。

听说兴县马湾、马蒲滩的树栽便宜，老汉远道赶去，一次花300元人民币，装回一拖拉机，卸到傅家圪台后，又悄悄雇人背到九塔。于是，偏僻的九塔，成了一个秘密的"自由贸易"市场。每当夜幕深垂、月色朦胧的时候，马蹄罕、王家岭、桥沟、深沟等地的庄户人，偷偷把树栽背到这里。老汉把着称，1角1斤，钱货两清。

杏岭有株全县稀有的珍贵檀木，老汉花了十几元买了几斤檀树子；至于榆钱、槐荚等到处都有的东西，就不值得花钱买了。他会哄着娃娃们上树去采，爱吃糖的给糖块，要火柴的给火柴。

老汉亲手植下的树苗开始发权、抽条、拔高，他日夜注意看管、守护。平日，孙子换身衣服他就"迷糊"了，会拉起小手问："你是谁家的孩儿？"可谁敢动他树上的枝条试试，休想瞒过去。有一回，大儿贵成上九塔弄了些树栽，老汉察觉后边赶边骂："帮我栽树你不干，成了林倒来砍树栽，哼。"儿子知道这回躲不过去，逃回家忙让婆姨准备鸡蛋白面，等老汉气喘喘地进来，恭恭敬敬端上让爹吃了消气。老汉吃罢，搁下筷子说："你懂得孝敬你大，可好！九塔的林木是你大义务为国家栽的。不是你大的，公事还得按公家章程办。"就这样，儿子去九塔罚了六个工；爹呢，"义务"替儿子赶着牲口，把那些树栽种在儿子的自留坡上。

九塔地处丘陵沟壑地带，造林工程浩大。刨土崖、填壕堑、修谷坊等重体力活，老汉已力不从心了；他就雇请羊倌打零工，按件计酬。消息悄悄传到附近的生产队，"混大群"的庄户人纷纷议论：瞧，给候拉子干活拿现钱，还管饭，比生产队强多哩！有些庄户人吃大锅饭实在混不圆肚子，三三两两找借口向队长请假。偷偷来到这令人向往的"世外桃源"，接过老汉给的一把大镰，一块窝头，干起来了。有些来九塔放羊的羊倌干脆在山上"互助"：几个人管放羊，几个人刨圪楞。那时，各生产队正大批"资本主义"，地里草苗齐长；张候拉却带领一些庄户人，埋头绿化荒山。这一鲜明的对比，构成动乱年代一幅奇异动人的社会风俗画。

就这样，几年来羊倌们把老汉的40把大镰头都抡坏了。老汉还尽把自己的口粮省出来，让他们"吃饱了多出活"。自己饿了，随手摘把苦菜抖抖土，塞进嘴里生吃了。

有一次，常来九塔务地的陈继章奇怪地问老汉："老伙计，我记得

陆拂为 (1933—2007)

297

过去塔地长满苦菜，连苗都不好捉，怎么都不见了？"老汉回答："好兄弟哩，都让我拔得吃尽了，不是这些苦菜，我也活不到今天！"

## 上访的"盲流"

每年入冬以后，老汉背起一个装有熟山药蛋的干粮袋，上县城去了。从九塔到县城有 100 里，老汉力乏，得走三天。

当这个比叫化子还叫化子的老汉路过村庄，村里的狗就狂吠乱叫，群起攻之。老汉慌忙抢起那根栽树用的长把铁锥，左右招架。娃娃们跟着起哄："野人来啰！"

好心的庄户人如留这个过路的老汉住一宿，吃块饼子，他为报答"一饭之恩"，就讲一通"栽树育林，子孙不穷"的道理，还理论联系实践，非在房前屋后栽上几株不可。围观的婆姨女子敢当面取笑这个老汉："栽树不要家，是个大傻瓜！"

他来到县城，走进县直机关大院，只要碰上一个穿四个兜上衣的"公家人"，会缠住没完没了地诉说："九塔义务栽的树成林了，老汉年岁大，管不住，公家应当管起来；要不，人家放羊的让往尽里啃，偷树的要往尽里砍，这可没活路！再说，公家该给些补助哩！老汉能乱花钱么？还不是想再添点树……"

那时，干部们正忙于"抓纲、抓线、抓大事"，有的冲着这个上访的"盲流"挥挥手："你找领导去！"有的说："给管事的去说。"更有给缠烦了的，一迭声骂老汉"财迷""死皮"（无赖的意思）！老汉心里好生纳闷："公家人"还有不领导、不管事的么？就这样，他像一个泄了气的皮球，被从东门踢到西门，南院推到北院，周旋到天黑，只好"赖"在林业局办公室里，碰上运气不错，一个"好心人"自掏饭票给老汉买来一碗汤，两个馍；一个"良家女子"给送来被褥。老汉当夜就把办公室当作宿处。

1975 年的冬天，老汉进城头天住在林业技术推广站，可第二天再去，门闩住了。任凭门外吼，里边不应声。这下糟了，住店，没钱。老汉在街头蹭来蹭去，选了饭店旁边一个倒灰土的墙角，团下身子，瑟瑟发抖。半夜，饭店里值班的一位汉子开门出来解手，看到老汉，连忙扶他进店，给煮了点剩饭菜，把案板翻过来，让他睡觉。天明老汉离去时，还送了两个冷馍。张候拉说，那汉子是他不知名的救命恩人，要没有他，当夜就冻死街头了。

老汉几次进城，是要到了一些钱。登记在县林业局账本上的，共计 90 元 9 角，那 9 角是老汉半道走不动，坐了汽车，给报销的车钱。老汉担上了"财迷"这个名声，可几年补助所得，还抵不上他一次去兴县买树栽所付款项的 1/3 哩！

在老汉的进城史中，最大的收获是县委书记刘忠文给写了张便条，要附近生产队召集羊倌们开个会，别放羊子去啃张候拉栽的林子。老汉回到九塔，先在每个羊倌手里塞上一支烟，再掏出那封信让大家传看。他在旁边，尽挑进城经历中对自己"有利"的那部分，仔细说给羊倌听：公家人都支持他造林，杨主任给吃了两个馍，李主任让吃了一个饼。脚上这双崭新的黄球鞋，是公安局长老王送的，值 6 块钱呢！老王还对他说："就和你要上了钱一样，回去吧，好好干，等穿烂了我下次再给你一双。"

陆拂为 (1933—2007)

羊倌们见老汉突然擎起一道"护林符"，都吃惊地瞪着眼，不敢轻信。大家围拢来，捧过那信，头碰着头，等一支烟烧完，方作出集体鉴定：上面盖有书记的人名戳子，肯定不是假的了。于是，开始对这个"单干户"连同他所栽的林木，有了点敬畏之心。有的羊倌还仗义地表示：看到有谁敢毁林，马上向他老汉来报告……

可惜，这封对羊倌颇有效验的信，一碰上"学大寨"，就不顶事了。1977 年春，石塘大队十来个人赶着几头牲口，来九塔毁林造地，"重新安排河山"。老汉拦住头前两匹大牯牛，嚷着："这是林场的地，国家的树，不能毁！"可对方领头的那人说："大寨的红旗在九塔飘定了！"只一推，老汉一个趔趄，跌倒在地。眼瞪瞪地望着他们"大干"了 7 天，毁了 30 亩林地。

一个孤老汉有啥办法呢？他坐在梁上大哭："刘书记呀，你上调走了，我凭不上你了，压着你人名戳子的条子顶个甚？哭天天高，哭地地低，黄泉路上没老少，这还死不了……"

他流着眼泪，把砍剩的树茬子用土埋起来；接着，又重新拿起栽树用的长把铁锥……

## 保德的愚公

幸亏九塔很偏僻，像石塘大队这样"有组织、有领导"地来毁林，是仅有的一次。经过老汉多年来的苦心经营，九塔的树林终于郁郁森森地长起来了。

但是，十年动乱结束后很久，这里的变化县里仍不知晓，照旧不加过问。每年冬季张候拉仍不断进城，唱他那永恒不变的"咏叹调"："年纪老了，管理不了，国家应当把九塔的林木管起来……。"

也许是老汉在县里一些干部头脑中留下的"死皮"和"财迷"的偏见和错觉，太深了吧！偏僻的九塔又似乎在月球的某个角落，他们既不去看看，也懒于过问，反而感到很厌烦。有一回，县林业局一个负责人竟把老汉的被卷，从办公室里掼了出去！

恰好老汉在外地工作的三儿环成回来探亲，知道后怒气冲冲领着弟弟香成来到县委，找负责同志提出责问："我爹义务造的林，县里还要不要了？如若不要，请发林权证，我把树砍了卖了，当柴烧……"这几句气话倒起了作用，引起了重视。1981 年的春天，保德县委的负责同志，终于带领干部专程去九塔察看。

干部们一路翻越黄土岭，穿过红沟谷，看到的是这带历来司空见惯的景象：丘陵像高竖的屏障，沟壑像密纹的锯盘，光秃秃，灰蒙蒙，风起黄土飞扬，雨浇土壤流失。

可是，当他们来到九塔，仿佛刚从沙漠进入绿洲，好一派喜人的景色：只见"V"形深沟里，丛生着密密麻麻的芦苇，屹立起一片片新林；山梁、谷坊、陡坡也都披上了绿色的新装。喜鹊在树上筑巢，石鸡在林中跳跃。一阵风过，林涛翻滚，悉悉低语，好像这片新诞生的密林正为它们的主人唱着赞歌……

县委副书记赵雄堂快步冲到沟沿，想一头钻进林子里去；可是，从密的枝条和树叶挡住了他的视野，匍匐的芦根和苇条绊住了他的双脚。"嘿，保德也有这样的好所在呀！"他兴奋地笑起来了。

这回，林业局的干部可有事做了。5个人忙碌了整整5天，丈量计算出如下具体数据：九塔小流域已成林面积310亩，共30.75多万株，其中植于流泥淌坡的24万多株。根径20厘米以上2000株；10厘米以上4000株；5厘米以上1万株；成材1.6万株……

县水土保持局的干部测算后报告说，一位学者到沟壑地带考察后打过这样一个比喻："黄河流的不是泥沙，而是中华民族的血液。这决不是微血管破裂，而是动脉出血。"现在，九塔沟口流出的，已基本上是清水；张候拉运用生物防治的方法，基本上制住了这里的"动脉出血"。九塔小流域每年向黄河流失的土壤，已减少了2万吨以上。

陆拂为（1933—2007）

县委书记刘振国目睹这惊人的奇迹，联想起全县的状况，感叹地说："保德每个大队只要都出一个张候拉，全县将变成森林的海洋！"

赵雄堂摘下一片嫩绿的树叶，闻着它清新的香气，说："他不是傻瓜，不是财迷，不是死皮，他是真正的英雄，保德的愚公！"

老汉年迈耳背，听不清书记的交谈，但似乎意识到是在赞扬他。这时，他那深陷在萎缩的脸庞中的双眼，涌出晶莹的泪水，濡湿了白色的胡子，全身宛如一尊神采飞扬的青铜雕像！

"愚公！大智若愚的愚公！"消息很快传遍全县，可是，一些务实的庄户人，却给算了另外一笔账：老汉一生已植树100万株，光在九塔就有30万，他自己能得多少呢？不说"百万富翁"，也该是个"十几万元户"了吧！

可是，张候拉坚持说，地是林场的地，造的是义务林。如何处理九塔的林木呢？一位负责人提出，把林木折价归林场。可老汉对这建议根本不愿考虑。县委拿不定主意，专门开了三次会，最后方作出决定：将张候拉的事迹记入新编县志，发奖金3000元；吸收张香成到国营林场工作，子继父业，管理九塔林木……接着，新华社向全国播发了张候拉将义务所植的 30 多万株树交给国家，向党的十二大献礼的新闻。

创造出巨大的物质财富而又能把它献给国家的人，他本身拥有怎样的精神财富呢？可是，探索这个问题，似乎比计算他总共植了多少树还要困难。

张候拉说，他从 18 岁开始栽树，一直栽到 83 岁。当初是为了争口气，他砍了几抱柳枝，想给妈搭个凉棚遮荫，人家追进家来骂了一通，从此发愤栽树。妈死时他抚尸大哭："妈呀，咱们也有林子了，盖一个凉棚都用不完呀！"

后来（1938 年冬），王县长对他说："栽不起林子来，打不成日本人。"有了林子兵勇藏在树林里头，花果吃了能解饥，遇上有干柴还能熬汤喝，又能藏，日本人看不见咱，咱能看见日本人，能打住他，林子是头等火线……

人们问他，为什么要为国家、为别人义务栽树？老汉回答，不管种了树归谁，总比红沟要强。他活了大半辈子，觉得到人世走一趟，总该给后人留些什么呀！这树可不是给自己儿孙栽的，让人民使唤去就对了。

"我受了天大的苦，叫人民大发财。"这就是张候拉对自己晚年经历简洁、动人的概括。

这位 20 世纪的同龄人，一生致力栽树的"绿化迷"，他从清王朝、北洋军阀、"国民政府"的反动统治下过来，进入共产党领导的新天下，把个人事业和为人民造福结合起来了。人到晚年，他好比是一盏明灯，油快尽时却越燃越亮，迸发出灿烂、耀目的光华。

## 尾声

1983 年 7 月，我们走访了保德。

张候拉的故事已哄传全县，这使许多庄户人坐立不安，跃跃欲试。保德平均每一平方公里有 38 条支毛沟，县委因势利导，决定把它们承包给千家万户去运筹，宣布了具体的办法：四至分明，允许经营，允许继承，长期不变，不许买卖（指土地）……于是，数以千计的造林专业户、重点户涌现出来了，有的一次就投资上万元，有的雇请石匠打石坝。人们纷纷采集树子，收购树栽，育苗、造林。一股方兴未艾的治理小流域的浪潮席卷各村；"变红沟为绿沟"，已成了保德人民共同的誓愿。

九塔成了促进全县绿化的母树林。这里源源不断运出的大批树栽，连同张候拉坚毅、苦干的精神，正在各地扎根生长。

人们说，张候拉有点像大器晚成的姜太公呢。他活到八十几，成为远近知名的植树造林的大功臣。遗憾的是，他和已分居18年的老伴，至今还没有实现大团圆。

老伴起初说，老汉对国有功劳，对家没贡献。不久前，她平生第一次由香成陪着去九塔，看了那个土窑说："难为你怎么住来？他要顾了家，就栽不成那么多树了。"回家后，发出了和解呼吁："当家的要想回来，我愿收留他；他忙栽树，还要做饭，太累。"可老汉对老伴暂时还没有作出积极的响应。他说："我还得尽义务，仍顾不了家。"

老汉关注的是全县正在开展的治理水土流失的活动，他听说县里正组织共青团员们，去黄河滩营造防护林，还谋算也去参加呢。他说，走到哪，栽到哪；倒在哪，埋在哪……

他不到黄河心不死，不绿化黄河流域不死心。

（原载《瞭望》杂志1983年10月号；选自《对弈集》，中国新闻出版社1988年版）

陆拂为 (1933—2007)

评析：

陆拂为曾采写了一系列脍炙人口，又影响深远的通讯，《"野人"张候拉轶事》是其中的一篇。

张候拉是一个普普通通的农民，不计报酬，一门心思在山上种树。为了种树，老汉吃了数不清的苦，受了数不清的罪，创造了巨大的财富，他把这些无偿地献给国家。作者刻画了张老汉的双重性格：既慷慨又吝啬。

303

他能把家里的 800 块银洋和 30 万株林木无偿献给国家，自己贴钱买树种，贴钱雇人干自己干不动了的体力活，省下粮食来让那些替他种树干活的人吃；但是却对自己和儿女非常苛刻：在山上，他只吃野菜，烧黄蒿；去县上时几乎冻饿而死；大儿子弄了些树栽，老汉边赶边骂，最后还要儿子做 6 天工，其吝啬苛刻可见一斑。但他大智若愚，认准了绿化是让黄土高原脱贫的必由之路，改善环境之路。

陆拂为先对人物进行广泛而深入的采访，搜集了大量资料，再做深入分析。他花了很多心血构思，和类似的题材做了反复比较，终于找出了张候拉的特点，成功地避免了人物的类型化和概念化，使人物更具立体感。全篇叙述自然朴实，连用词造句都使用了当地的习惯用语，突出了"野人"张候拉的特征，把一个醉心于种树的老人写得活灵活现，极具特色。

（编撰：王贵金　刘葵）

　　**黄景仁**（1933— 　　　）厚报时代改革家。率先把国际新闻置于头版头条，四次参与《广州日报》扩版决策、三次设计总体布局；他是全国首家报业集团的"助产士"，曾参与广州日报报业集团组建；他是夜里精耕细作的耕耘者，60年新闻路，43载夜班生涯；他是高级编辑、享受国务院特殊津贴专家、全国劳动模范；中国新闻界最高荣誉奖——首届韬奋新闻奖、广东省首届新闻终身荣誉奖获奖名单上，他的名字也赫然在列。

# 探索 "两头" 满意办报路

　　"作为一名报人，我做了三件印象最深刻的事：一是突破了国际新闻不上头版头条的禁区；二是参与了广州日报的四次扩版决策；三是探索'两头'满意的办报路子，积累了一些心得。"2012 年 4 月 23 日，在"时代之眼——广东省首届新闻终身荣誉奖"颁奖典礼上，79 岁的黄景仁如此感慨自己的新闻之路。

## 夜里精耕细作的耕耘者

　　黄景仁，原籍广东台山，1933 年 1 月生于广州。少年时期酷爱文学，阅读过《呐喊》《彷徨》等，并效仿鲁迅写短文讽刺社会的黑暗。1948 年，他以"景鲁""小夜星"为笔名创作短文，如讽刺国民党强迫人民购买"劳军"券的《抢》，讽刺国民党强拉壮丁的《猪仔有价》等，并尝试向一些报纸副刊投稿。1949 年 10 月 14 日，黄景仁在放学路上目睹国民党军队从广州撤退的狼狈情景，随后将其记录成文《广州解放日记》，文章入选当时广州市军管会文艺处举办的"广州解放的一日"征文。①

1951年，黄景仁考入华南人民艺术学院文学系。1953年6月，被分配至南方日报时事部，成为一名夜班编辑，自此摸黑上班、天亮后下班是他的生活常态。"文化大革命"初期，他曾从当晚8时半工作到第二晚12时。他在黑夜中精修稿件、安排版面，二十年如一日。

1973年，黄景仁调入《佛山报》，继续担任夜班编辑。他坚守在自己的岗位上，并力求把工作做到臻于完美。其同事回忆说，黄景仁还在《佛山报》时，阑尾炎痛了三天，天天坚持上班，第四天痛得直冒大汗，同事们把他送回广州的医院，医生责备说："你的阑尾炎已经穿孔并发展到弥漫性腹膜炎，晚一点就没救了，为何不早点来？"② 同事微音回忆说："黄景仁同志与我共事前后十载，前五年，在《南方日报》；后五年，在《佛山报》……那十年中，他给人的印象是：谦虚谨慎、待人以诚；工作上兢兢业业、认真负责。说得上是'他办事，你放心！'不过，在以'阶级斗争为纲'的岁月里，他的潜能很难发挥出来，连偶尔露峥嵘也不可得。"③

1975年，《佛山报》停刊，黄景仁随即进入广州日报社工作，并渐露"峥嵘"。

黄景仁（1933—　　）

## 冲破新闻禁区的先行者

在广州日报，黄景仁历任编辑、时事部副主任、夜班编辑室副主任。1983年12月出任编委，分管夜编室和时事部，1985年出任副总编辑，分管总编部、时事部、新闻研究所等部门。

国际新闻不上头版头条是中国报业惯例。但随着对外开放的深入和信息时代的到来，国际大事变得与中国、中国百姓息息相关。1987年12月8日晚，副总编辑黄景仁正值夜班，当时《广州日报》一版头条是"市政府发出'安民告示'：广州副食品充足不实行凭证供应"并已签付印。半夜，"苏美签署销毁中导条约"消息传来，考虑到"此消息是影响世界大局的重大新闻，我国政府也欢迎这一条约签订"，④ 他当机立断，调整版面，将其置于头版头条位置。次日，首破禁区的《广州日报》出街，成为当日国内唯一将此国际新闻置于头版头条的报纸，引起报界轰动。

1988 年 8 月 20 日晚，正在值夜班的黄景仁收到新华社电讯"两伊战争停火"。"两伊战争正式停火是一件关系全球大局的事，我国政府也为两伊战争停火做了不少工作，既有重要的新闻价值，也有重大的宣传价值。"⑤ 黄景仁随即动手设计版面方案，选三条消息用花线围在一起，冠以"八年战火熄灭海湾迎来和平（眉题），两伊战争正式实现停火（主题）"大标题，以一版头条位置突出刊登。次日刊发的《广州日报》二度破禁。当年年底，广州日报代表在中国社会科学院召开的研讨会上介绍了《广州日报》两次把国际新闻置于一版头条的做法，得到与会者肯定。1989 年 1 月 10 日，新华社摘发《新闻出版报》文章《重大国际新闻应上头版头条》，说，"头版头条不上国际新闻形成了多年的惯例，从未有人敢于打破这个禁区。"事实上，自一年多前开始，黄景仁已携《广州日报》两破禁区。

精修稿件、组织版面之余，黄景仁笔耕不辍。这一时期，他以"景讯"为笔名撰写了大量新闻评论，观点鲜明而文字精练，如《分清"阵痛"还是"阑尾炎"》；也撰写了一批所见所闻的随笔通讯，内涵丰富而文笔细腻，如《纸醉金迷不夜城》；此外，还发表了不少倡导新闻改革的论文，具有很强指导性，如《坚持指导性、增强可读性——改革一版的设想》。

## 厚报时代的设计师

20 世纪 80 年代，随着物质生活的丰富，市民对精神层面的需求也日益增多。《广州日报》作为广州市委机关报，需刊登的指令性内容较多，而受 4 版篇幅限制，难以向市民提供更多层次的新闻内容。为改变局面,1986 年 7 月,时任广州日报总编辑黄永湛与黄景仁商讨扩版问题,让黄景仁先设计出 8 版报纸总体布局方案。在广泛征求各界意见基础上,黄景仁反复对 8 版的内容设置和版面安排进行修订,并于 9 月 8 日完成总体布局方案:突出新闻,兼顾副刊,比例约为 6:4;大幅度增加本地新闻和外地新闻;重点安排各层次读者共同兴趣浓厚的专版,适当安排适合某一层次读者阅读的专版。10 月中旬,精心设计的《广州日报》扩版试版,时任广州市委书记许士杰批示,"版面安排较好,版头标明也好,以后能坚持图文并茂最好"。

1987 年 1 月 1 日,《广州日报》作为中国第一份对开 8 版的大型综合性地方报纸问世,开启了厚报时代。市民把扩版评为"广州市1987 年社会主义精神文明建设十大事件"之一,《瞭望》杂志把《广州日报》誉为"扩版大潮先行一步的探索者和探路尖兵"。作为此次扩版的设计者、组织者和实施者,黄景仁将相关经验总结为理论成果,先后于 1990 年、1991 年发表文章《从〈广州日报〉的实践看报纸的扩版改革》《在"两头"满意上下功夫——办地方党报的探索》。

商品经济高速发展,读者需求进一步增多,二次扩版成大势所趋。1991 年,黄景仁与时任广州日报代总编辑谢烽、编委兼总经理古志英三人商定扩版到 12 版,黄景仁再次负责设计报纸整体布局方案。其家人回忆说,在设计过程中,他废寝忘食,日干夜忙,各种资料堆满了卧室、书桌,那一方寸之地,成了他的独立王国,连他最疼爱的小外孙也不许近前,夫人形容他:着紧那堆东西比他自己的命还厉害!⑥1992 年1 月 1 日,《广州日报》在全国率先由 8 版改为 12 版,成为"92 报纸扩版潮"中的"潮头"。

1993 年 11 月,中国新闻界最高荣誉——首届韬奋新闻奖在京揭晓,黄景仁榜上有名。首届韬奋新闻奖评委会主任李庄称黄景仁的得奖"众望所归,当之无愧"。⑦ 香港作家协会会长朱莲芬发文写道:"全国获韬奋新闻奖者十名,中南地区唯黄景仁而已。黄老总实至名归,堪称新闻界翘楚。"⑧

载誉归来,黄景仁再次投身扩版事业。1993 年 12 月 1 日,《广州

黄景仁(1933— )

309

《广州日报》

日报》改为天天 16 版，黄景仁再次参与扩版设计、组织与实施整个过程。1995 年 1 月 1 日，《广州日报》改为除周末外天天 20 版，黄景仁是扩版决策者之一。随后，黄景仁在 1995 年第 8 期《新闻战线》上发表论文《从广州日报的实践看报纸的扩版改革》，总结《广州日报》四次扩版实践，获得该刊举办的"扩版之后"征文一等奖。

## 首家报业集团的"助产士"

20 世纪 90 年代中后期，中国报界开始探讨如何在中国组建报业集团。四次扩版后的《广州日报》，多项改革创新领先全国地方媒体，社会影响力增大。为争取全国第一称号，获得更多政策优惠，副总编辑黄景仁与广州日报社全体同仁共同申报、筹备成立报业集团。1996年1月，广州日报报业集团成立，率先在中国纸媒领域走上集团化发展道路，黄景仁激动地说：参与报社两大改革，我很幸运！⑨

集团成立后，黄景仁积极探讨建设报业集团之道。1996年5月，广州日报新闻学术研究中心召开主题为建设报业集团的研讨会，黄景仁担任学术研究中心主任并主持研讨会，当时与会者普遍认为，"广州日报报业集团的建立，是我国新闻事业的一个创举，是在社会主义市场经济条件下一项开拓性的工作。"⑩

1996年6月27日晚，黄景仁作为广州日报副总编辑轮值最后一个夜班，报社领导同事为其举办欢送仪式。黄景仁动情地说，"43年前，我有一个好的开头，43年后，我更有一个好的结尾！"⑪退居二线后，黄景仁潜心书画，多次举办画展。六十年新闻路，四十三载夜与黑，两番破禁，四次扩版，组建集团，一直探索办报之道，这是黄景仁新闻生涯的生动写照。

黄景仁（1933—　）

## 注释：

①⑦黄景仁：《报海泛舟六十年——黄景仁新闻作品选集》，中央文献出版社2013年版，第26—27、333页。

②⑥李婉芬：《灿烂星光属于无名星座——记中国首届韬奋新闻奖获得者、本报副总编辑黄景仁》，《中国记者》1994年第4期，第31、32页。

③微音：《勇于攀登的黄景仁》，《羊城晚报》1993年12月4日。

④⑤邓绍根主编：《广东传媒风云人物访谈录1》，经济日报出版社2014年版，第62、63页。

⑧朱莲芬：《新闻先锋》，《文汇报》1995年9月13日。

⑨⑩陈钢：《参与报社两大改革我很幸运——访广州日报原副总编辑、首届"韬奋新闻奖"获得者黄景仁同志》，《广州报人》2009年3月7日。

⑪李婉芬：《他签下最后一张大样》，《广州日报》1996年6月28日。

# 纸醉金迷不夜城

## ——夜访美国大西洋赌城

早就听说大西洋赌城是闻名世界的赌城，故到了费城之后，抽个晚上到那里看个究竟。

汽车晚上九时从费城出发，以每小时九十多公里的速度在高速公路上疾驰。约走了一小时零十五分钟，陪同我们前往赌城的美籍华人A先生向前一指："前边就是大西洋赌城了！"

前边是一片灯海，黑暗中照亮了半边天。A先生向我们介绍，大西洋赌城原是一个海滩小城，天热时很多人到那里去游泳、晒太阳。八九年前，美国国会正式批准这个城市经营赌业。那时全城只有一个赌场，现在已扩展到约三十家了。目前是赌场和它的"配套设施"林立，难怪老远就看到赌城的灯光照亮半边天了。

进了赌城，眼前的景象令人眼花缭乱：一座座奢华的赌场、夜总会、旅社、酒店装点得金碧辉煌，大大小小的霓虹灯和五颜六色的街灯闪闪烁烁。街上行人稀少，久不久会看到一些打扮得花枝招展的女郎，她们有的在和游客"交谈"，有的在那里东张西望。A先生示意我们注意这般情景，我们都会意地点点头。是啊！嫖赌嫖赌，嫖与赌历来就是一对孪生怪物，何况是在赌城这个花花世界！

我们进去"见识"的赌场是个开张不久的新赌场。地下是赌摊，二楼设餐厅、娱乐厅、歌舞厅、商场，三楼以上是供赌客、游人住宿的房间。我们先到娱乐厅和商场转转，然后再进赌场。守门的小姐见我们手提照相机，就有礼貌地请我们把照相机存放在贵重财物寄存处。原来赌场是不许拍照片的。

赌场很大。一排排的"吃角子老虎机"占地一大片。站在"老虎机"前"喂虎"的有男有女，有老有少。只见他们把一个个 25 美分的钱币投进"老虎机"，然后扳动把手，有时"老虎机"转出了花样，"咚咚咚"地落下一些"角子"，投币人赢了；有时"老虎机"转不出花样，"老虎机"就把投入的"角子"吃掉了。这些"喂虎人"有不少是游人，还算不上是赌客。因为赌场是用各种诱人的办法到各地去拉游客的。如赌场派去费城拉游客的汽车，来回程车票只收十元五角，游客可凭车票去赌场领取四十个面值 25 美分的"角子"、一张午餐票和一张看节目的入场券。不少游客就是用那十元"角子"去碰运气的。如果游客赌上了瘾，输光了要换"角子"再赌很方便，赌场内有许多"角子"兑换处。别看一次 25 美分、50 美分、100 美分这样投，如果不停地去"喂虎"，个把钟头输掉几百美元也是常有的事。而赌场也用高额"博彩"来引诱游客：投进一个 25 美分的钱币，最多可扳出二百个"角子"（即 50 美元），投进四个 25 美分的角子，最多可扳出 200 美元。据美国朋友介绍，大西洋赌城还有一部大型"老虎机"，那是"吃"一元一个硬币的，最高的"博彩"高达一百万美元，"中彩"的标志是要扳出特定的号码。

比起赌扑克牌（21 点）、轮盘赌、掷骰子这些项目来，赌"吃角子老虎机"就只能算是"小儿科"了。这些赌博项目的赌本不是 25 美分一个的"角子"，而是不知多少钱一个的筹码。围在扑克牌、轮盘赌、掷骰子档摊前的赌客，其神态就不是"老虎机"前某些游人那么轻松了。记者逐档地前往观看，但见不少赌客神态都十分专注，两眼紧盯着赌具，紧闭着嘴唇一声不响，而发牌人庄家个个都像石头似的死板（据了解，发牌人庄家不能有异样表情，否则会被认为是通同作弊，那就有被解雇的危险）。尽管赌客们赌得还算"斯文"，看不到那种吆喝、吵闹的情景，但场内的气氛却是很紧张的。在这里，赌博的双方是赌场和赌客。发牌人和庄家都代表赌场。据 A 先生介绍，更大的赌博往往在赌场的客房内进行。那里的赌客是赌场的豪客，有的是由赌场派飞机到各地接来的。赌场包这些赌客的食、宿，并派专人和他们对赌。

我们离开赌场时，已近凌晨一时了。那时，赌场内赌客的赌兴正

黄景仁（1933—　）

浓，捧着各种饮料的女招待员穿来插去；赌场外豪华汽车出出进进，夜总会的霓虹灯闪个不停。我问 A 先生：来赌场"碰运气"的"成数"有多少？他说："成数"较低。按照多数人估计，赌场赢的机会最少有六成，赌客赢的机会最多只有四成。这是因为，许多赌博项目总是庄家赢的机会多。而"吃角子老虎机"，则是完全可以由人来操纵调节的，拿多少钱来输给赌客有一定比例。正因为这样，所以他在美国认识的朋友，从赌城回来输的居多，有的甚至连辛辛苦苦经营起来的产业也输掉了。一些华人来美国多年，连返家乡的费用也拿不出来，就是因为将钱扔到赌场去了。这位美国朋友说得很有道理：要不是赌场能赚大钱，大西洋城的赌场怎会在八九年间由一家发展到近三十家？眼前这一座座奢华的赌场建筑，渗透了多少人的身家、血汗啊！

（原载《广州日报》1988 年 2 月 10 日）

评析：

　　这是作者夜访美国大西洋赌城的一篇通讯随笔，以第一人称讲述了自己在现场的所见所闻，真实、自然、生动之感跃然纸上，激起读者浓厚阅读兴趣。

　　初次拜访闻名世界的赌城，作者重现了当时情景：远观赌城，灯火璀璨；走近赌城，眼花缭乱，"女郎"花枝招展；"老虎机"前人头涌动；扑克牌、轮盘赌、掷骰子档摊前，赌客专注，庄家"死板"。笔下的一幕幕，繁杂丰富，细腻有趣，让远在大洋彼岸的读者也一饱眼福，增长见闻。

　　随性参观之余，不乏理性思考。作者借同伴之口，介绍了赌场的拉客之道：游客可凭车票去赌城领取"角子"、赌场设置高额"博彩"；也揭示了赌场繁荣的残酷真相：赌场赢的机会最少有六成，而赌客赢的机会最多只有四成。由此及彼，文中还谈及了一种由赌博引起的并不少见的社会现象：不少美国人因为赌博输掉产业，不少在美华人因为赌博输掉返乡费用。

　　对此，作者写道"眼前这一座座奢华的赌场建筑，渗透了多少人的身家、血汗啊！"一声发自肺腑的感叹，既显示了作者对当地"血淋淋的资本积累"的震惊，也暗藏了作者对时下人们投机取巧、不懂脚踏实地的惋惜，发人深省。

# 分清"阵痛"还是"阑尾炎"

产妇分娩时都会剧痛难忍，但剧痛过后，将是婴儿呱呱坠地，剧痛也随之会逐步缓解、消失，故人们称这种产前剧痛为"阵痛"，而产妇也宁愿强忍"剧痛"，以换取新生命的降临。

阑尾炎也令人剧痛难忍。如不及早治疗，任其发展下去，将会出现肠穿孔，腹膜炎，休克……后果不堪设想。

黄景仁（1933—  ）

像婴儿降生时母亲要经历"阵痛"一样，改革要取得成果也常需要人们付出一定的代价，这就是我们现在常说的改革阵痛。对真正的改革阵痛，花城人是有切身体会的，并已初步分享到阵痛后产生的一些成果。现在广州市场商品这么丰富，不正是近年来价格改革的成果吗？人们显然没有白白付出物价上涨的代价！问题是现在改革阵痛的范围被随意地扩大了，不仅社会上许多不合理现象不加分析地被说成是改革阵痛，甚至连各种腐败现象也被说成是改革阵痛，这就需要认真研究了。

笔者认为，作为改革阵痛，起码要具备两条：一、这种现象是改革措施直接产生的，不可避免的，而不仅仅是同新旧体制交替这个大环境密切相关；二、"阵痛"之后会有改革成果诞生。那些腐败现象既非改革措施本身的产物，又不会"孕育"出美好的"婴儿"，怎能称为改革阵痛？把腐败现象喻为改革阵痛，无异于把阑尾炎当作产前阵痛。

产前阵痛是一种正常的生理现象，而阑尾炎则是疾病，而且是一种带有相当危险性的病，需赶快治疗，必要时还要动手术。将阑尾炎当作产前阵痛来处理是会误大事的；把腐败现象作为改革阵痛来看待也同样会误大事——一来会模糊人们对改革阵痛的认识，损害改革的声誉；二来会延误对腐败现象的"治疗"。故一定要分个清清楚楚。

（原载《广州日报》1988 年 8 月 1 日）

评析：

这是作者以"景讯"为笔名所写的一篇新闻评论，曾获广东省好新闻评论类二等奖。

作者描述了产妇分娩时的阵痛和阑尾炎疼痛的症状，然后笔锋一转，指向当时广州改革过程中出现的问题——改革阵痛范围被随意放大，尤其是腐败现象也被说成是改革阵痛。对此，作者清晰指出，改革阵痛应具备两个条件：一是这种现象是改革措施直接产生的，不可避免的，而不仅仅是同新旧体制交替的大环境密切相关；二是"阵痛"之后会有改革成果产生。

对于腐败现象，作者清醒地认识到它并非改革措施本身的产物，更不会"孕育"出美好的"婴儿"。由表及里，作者剖析把腐败现象看作改革阵痛的重大危害：一会模糊人们对改革阵痛的认识，损害改革的声誉；二会延误对腐败现象的"治疗"。

此新闻评论颇有特点。其一，写作手法高明。文章短小精悍、文笔凝练，尤为值得一提的是，作者运用比喻修辞手法，把改革过程中所付出的一些代价比作"阵痛"，其能孕育出新成果；而把腐败现象比作"阑尾炎"，其害无穷，比喻得甚是巧妙。其二，社会意义重大。文章观点独到、鞭辟入里，及时理清了当时社会上的一些错误认知，让人们认识到腐败并不是改革的必然产物，这为当时广州乃至全国改革的深入发展清除了一些思想障碍。

# 从广州日报的实践看报纸的扩版改革（节选）

## 社会主义新闻事业发展的一个里程碑

8年前，《广州日报》在全国地方报纸中开8版先河至今，神州大地已出现过几次报纸扩版潮。1987年1月1日《广州日报》由对开4版改为对开8版的时候，除《人民日报》是对开8版外，全国大报都是对开4版的格局。事隔半年，《天津日报》成为地方报纸中第二个"吃螃蟹者"。再过半年，上海《解放日报》、《深圳特区报》、《海南日报》也相继改为8版或每周3天8版。但由于受到当时大环境的影响，尽管不少报纸也跃跃欲试，但都难以实施，扩版还未成"潮"。

扩版形成"潮"是在1992年。这年1月1日起，《广州日报》又率先由对开8版改为对开12版，成为神州大地第一份对开12版的大型综合性报纸。数十家报纸加入了这次扩版的行列：有的由对开4版改为对开8版，有的由四开4版改为对开4版、四开8版……《新闻战线》以《92报纸扩版潮》为题评述了这次扩版潮。

第二次扩版潮出现于1993年。这年1月起，《广州日报》改为每周两天16版、5天12版；8月起扩大为4天16版、3天12版；12月1日起改为天天16版，成为我国内地第一份对开16版的报纸。上海《解放日报》、《深圳特区报》改为对开12版。全国130多家报纸卷入了这次扩版潮中。

1994年，全国又有150多家报纸扩版增期，仅首都就有46家之多，形成了第三次扩版浪潮。

1995年伊始，《广州日报》由对开16版改为对开20版，成为全国第一份除周末、周日外天天20版的大型综合性日报。《深圳特区报》改为每周3天20版、4天16版，《深圳商报》改为每天16版，《人民日报》改为每天12版。加入对开12版行列的，还有《南方日报》《羊城

黄景仁（1933—　）

晚报》《文汇报》等。现在，许多大城市报纸已改变了几十年来形成的对开 4 版的格局，沿海地区不少中等城市的报纸，也突破了对开 4 版、四开 4 版的格局。这是社会主义新闻事业繁荣、进步的标志，是建设有中国特色社会主义新闻事业发展的一个里程碑。它有力地说明，扩版适应了社会的客观需求，反映了报纸的发展趋势。随着改革的深入，开放的扩大，市场经济的发展，社会的进步，扩版的报纸还会越来越多。但由于扩版同市场经济发展的程度密切相关，并受其他条件制约，所以报纸扩版的迟早和扩版的规模，要视当时当地的具体情况而定。不考虑当时当地的条件（特别是广告源和信息源）和报社主观条件（特别是能否有保证报纸质量的采编力量），盲目赶"潮"扩版，是不会取得成功的。

## 闯出一条良性循环发展的道路

在这几次扩版潮中，《广州日报》一直站在潮头。《瞭望》杂志把广州日报誉为大潮中先行一步的探路尖兵。

经过几年扩版实践，这个探路尖兵探出了一条良性循环发展的道路。这条路就是：以扩版为突破口，通过扩版丰富报纸的内容——通过丰富报纸的内容吸引更多的读者，扩大报纸的影响——通过吸引更多的读者引来更多的广告客户，壮大报社的经济实力——通过壮大报社的经济实力发展报纸本身，进一步丰富报纸的内容。而进一步吸引更多的读者，引来更多的广告客户：

——以扩版为突破口，通过扩版丰富报纸的内容。当《广州日报》还是 4 版的时候，它在当地党政机关中还是相当受欢迎的。但是，进入读者家庭的不多，群众认为它内容单调，不如非机关报有那样多的东西可看。通过扩版，在突出市委中心工作的同时，扩大报道面，增加信息量，拓宽知识面，从根本上改变了党委机关报内容单调的状况。首次扩版，每周同读者见面的不同内容的新闻版和专版就有 30 多个，现在扩大到 60 多个。……

——通过丰富报纸的内容吸引更多的读者，扩大报纸的影响。现在，不仅党政机关大量订阅广州日报，市民家庭也大量订阅，每天在街头零售达 10 多万份，在全国各类报刊发行量普遍下降的情况下，《广州日报》的发行量一直稳步上升，现在比扩版前增加了 80%。……

——通过吸引更多读者引来更多广告客户，壮大报社的经济实力。扩版第一年，广告收入比扩版前增加近一倍，以后又逐年增加。到 1991 年，《广州日报》的广告收入已达 3000 多万元，1992 年猛增到 8000 多万元。1993 年再增到 1.8 亿元，1994 年继续大幅度增加，跃升到逾 3 亿元，居全国报业广告收入的首位。……

——通过增强报社经济实力发展报纸本身，进一步丰富报纸的内容。正因为《广州日报》具有一定的经济实力，才能三次扩版（8 版改 12 版、12 版改 16 版、16 版改 20 版）不提价；才能不断改善采、编、排、印手段，采用电传机、激光照排、卫星传版、美国大都市 II 型高速胶印机、办公室电脑化等技术；才能投入大笔资金采访群众关注的重大报道，如派出 5 名记者远涉重洋到美国采访世界杯足球赛，派出 7 名记者沿京九铁路线采访，从北京零公里处一直采访到终点九龙。所有这一切，都有助于进一步丰富报纸的内容，进而吸引更多的读者，引来更多的广告客户……

## 关键在于丰富报纸的内容

《广州日报》走上良性循环之路的突破口是扩版。扩版取得成功的关键在于丰富了报纸的内容。

……

从《广州日报》的实践看，丰富报纸内容需要着重抓好两个环节：宏观上搞好报纸的总体布局，微观上提高各版的质量。

搞好报纸的总体布局，是从整体上提高报纸质量、丰富报纸内容的重要环节。总体布局要着力体现时代精神和适应多层次读者多方面的需要。比之闭关锁国的年代来，改革开放年代的政治、经济、社会、生活舞台都大为扩展了，人们对信息、知识的要求也更高、更迫切、更广

黄景仁（1933— ）

319

泛了。他们既想知道本地更多的东西，也想知道外地（包括国内外）更多的东西。……

搞好报纸的总体布局，只是丰富报纸内容的第一步；要使报纸的内容真正丰富起来，还需要在整体布局问题解决之后，锐意提高各个版的采、编质量。否则，版面多，内容空，这样的扩版无异于在一杯牛奶中冲进白开水，肯定不会受读者欢迎。……为使地方新闻做到既能准确、及时、鲜明地体现市委的意图，又能为读者爱读，编辑部强调要在指导性和可读性的结合上多下功夫，并总结几条作为经营地方新闻的努力方向：一是多从党政部门着力抓的、市民又密切关心的事情上做文章，并选择其中重大的事情作连续报道，报深报透。特别是要把大都市发展和管理中的热点问题作为新闻报道的主要内容。二是努力改进新闻写作，使有关市委重要部署和体现市委意图的报道、评论有更强的可读性，为市民爱读。特别是要改进会议新闻的写作，尽量做到根据宣传价值和新闻价值来决定内容与形式的取舍，挖掘会议的思想内涵和主要精神，从实践的角度、群众的角度选取不同的侧面，把群众应知未知和欲知未知的东西，选择适合的体裁进行报道，把会议消息写活。三是从有利于促进问题解决、不激化矛盾的前提下，抓好各种社会问题的报道。四是从不妨碍稳定大局的前提下，提高新闻报道的开放程度，反映群众的呼声、愿望和要求，适当地在报纸上开展批评。五是在有益无害的前提下，扩大地方新闻的报道面，多登一些社会生活方面群众欲知而未知的新闻、能引起读者普遍感兴趣的新闻，为群众服务、对群众有用的信息。……

## 新闻改革的重大实践

《广州日报》的扩版实践表明，扩版绝不仅仅是简单的版面数量的增加，而是新闻改革具有实质意义的重大实践。它有利于实现报纸从封闭型向开放型的转变，从单功能向多功能的转变，把报纸办得丰富多彩，适应多层次读者多方面的需要。办报人只要把握住版面较多的条件，在更广阔的舞台上推进新闻改革，同时注意提高质量，将版面的扩大和质量的提高紧密结合起来，扩版就能收到良好的效果。……实践证明，报纸突出开放型、多功能的特色，和机关报的党性并不矛盾。相反，还会使党报更有吸引力，发挥更大的影响力。要做到这点，关键是处理好四个关系：一是处理好指导性和可读性的关系，坚持把正确的思想政治导向摆在第一位，在抓好报纸指导性的前提下，努力增强报纸的可读性；二是处理好主功能（宣传功能）和多功能的关系，在突出主功能的前提下发挥多功能的作用，将报纸办得丰富多彩，适应各层次读者多方面的需要；三是处理好当喉舌和当耳目的关系，做好上情下达，也做好下情上达；四是处理好正面报道和揭露性报道的关系，坚持正面宣传为主的方针，适当在报纸上开展批评。这几个关系处理好了，就能既当好党的喉舌，得到"上头"肯定；又能成为群众的良师益友，受到"下头"欢迎。广州日报近年来几次扩版实践，就是一个生动的例证。

（原载《新闻战线》1995 年第 8 期）

**评析：**

1995 年，在参与《广州日报》四次扩版之后，作者及时总结了从 4 版到 20 版的扩版经验，遂成此文，以供报界同人参考。此文获《新闻战线》举办的"扩版之后"征文一等奖，被广东省评为岭南优秀新闻学术论文，获广州市社会科学优秀成果二等奖。

自 1987 年《广州日报》第一次扩版后，全国报纸扩版浪潮此起彼伏，作者认为这是社会主义新闻事业发展的里程碑。作者清晰地将《广州日报》扩版的发展道路总结为：以扩版为突破口，丰富报纸的内容；吸引更多的读者，扩大报纸影响；吸引更多广告客户，壮大报社经济实力；发展报纸本身，进一步丰富报纸内容和吸引读者；循环往复。谈及报纸扩版成功的关键，黄景仁一针见血地指出"要丰富报纸的内容"，这需要在宏观上搞好报纸的总体布局，在微观上提高各版的质量。他还阐明了扩版是新闻改革具有实质意义的重大实践。

文章意义不容小觑。一方面，作者立足事实基础，以自己多年扩版实

黄景仁（1933—　）

321

践为支撑，提出扩版的路径和方法，对于当时不断卷入扩版大潮的报界颇具现实指导意义；另一方面，作者把实践升华为理论，创造性地提出扩版是社会主义新闻事业发展的里程碑、是新闻改革具有实质意义的重大实践等论断，学术色彩浓厚。

# 韬奋故乡行

## 喜作韬奋故乡人

值韬奋先生诞辰 100 周年之际，中国记协"韬奋故乡行"采访团一行 11 人，应韬奋祖籍人民之约，前往江西鹰潭市采风。参加采访团的成员全部是中国韬奋新闻奖获得者或提名奖获得者。他们来自祖国大江南北，有国家通讯社（新华社）的老总，有报社（长江日报、文汇报、大众日报、科技日报、工人日报、宝鸡日报及本报）的老总和编辑，还有广播电视台（中央电台、国际广播电台、内蒙古电视台）的台长和编辑。记者有幸作为采访团的一名成员，同赴大家向往已久的这块红土地。

对这批把自己的事业和韬奋先生的名字连在一起的采访团成员，韬奋故里人表现出巨大的热情。他们在韬奋故乡所在地余江县举行隆重的仪式，授予韬奋新闻奖和提名奖获得者以余江"荣誉市民"称号，并颁发证书。

11 月 27 日上午 9 时，当我们来到余江县城韬奋塑像公园前时，数百名韬奋故里人早就聚集在那里。这当中，有余江县五套班子的负责同志，有县属各个部门的第一把手，有部队和武警官兵代表，还有各界群众的代表。在鼓乐声中，我们采访团 11 名成员，站在洁白庄严的韬奋塑像前，代表全国 20 名中国韬奋新闻奖获得者和 60 名提名奖获得者，接受余江县委、县政府授予的"荣誉市民"称号，从县委书记沈运煊、县长江胜来手中接过大红烫金的"荣誉市民"证书，成为中国新闻界首

作品原载报样

批获得韬奋故里特殊荣誉的新"市民"。我们为此感到荣幸，我们为此激动、振奋。我和团长、新华社副总编辑朱承修及副团长、科技日报副总编辑王直华一起，把中国记协"韬奋故乡行"采访团的花篮敬送到韬奋塑像旁，全团同志深深地向韬奋塑像三鞠躬，以表达对这位新闻出版工作者楷模的敬意；花篮上的红绸带写上全体"新市民"的心声："弘扬韬奋为人民服务精神，推进社会主义新闻出版事业。"

## 三面红旗一颗星

若问余江人有哪些辉煌业绩？当地人爱用一句话来回答："三面红旗一颗星。"在汽车从南昌进入鹰潭的路上，一名余江籍司机向我们这样介绍。

在一次欢迎会上，余江县委书记沈运煊纵情歌唱："余江是个好地方，好山好水好风光，三面红旗一颗星，动人事迹美名扬。"

这第一面红旗，就是余江人民以战天斗地、劈山改河的英雄气概，

323

一举创造了消灭血吸虫病这一世界奇迹，树立起全国血防的一面红旗。《人民日报》1958 年 6 月曾以"第一面红旗"为题报道这一辉煌业绩。毛泽东读后夜不能寐，赋诗《送瘟神》二首颂扬。

第二面红旗，就是余江人民从 20 世纪 60 年代起，结合巩固血防成果大搞水利建设，兴建了干支渠总长近 400 公里、跨越三县境地的白渠道水利枢纽工程，形成了东水西引、南水北调、纵横贯通的水利灌溉网络，树立起全国水利建设管理的一面红旗，先后四次被评为"全国水利管理标兵县"。

第三面红旗，就是为国家输送了 6925 名高素质的兵员，创造了连续 37 年无退兵的好成绩，多次受到国防部的表彰，被誉为全国征兵工作的一面红旗。

那颗"星"，是指改革开放以后余江培育出来的"木雕大王"张果喜。这个张果喜，21 岁时依靠变卖祖房的 1400 元作资本，于 1973 年创办了余江工艺雕刻厂。经过 22 年的努力，如今已发展成为一个在国内外设有 9 个分部、20 多个分公司或经销处的企业集团。企业经营范围涉及工艺美术品制造、家具制造、房地产经营与开发、服装专用设备制造、小汽车零部件制造、合成材料制造等近 10 个方面，销售网络遍及世界几十个国家和地区。而他本人也先后获得全国劳动模范、全国优秀企业家、国家级有突出贡献的中青年专家等殊荣，连续当选为第七、八届全国人大代表。1993 年 6 月，国际编号为 3028 号的小行星被正式命名为"张果喜星"，成为中国企业界获此殊荣第一人。

对这个曾经是长期深受血吸虫病荼毒，"千村薜荔人遗矢，万户萧疏鬼唱歌"的地方，在 1958 年送走了瘟神之后，血吸虫病还有没有复发？目前经济建设和社会发展的总体情况是怎样的？这是韬奋故乡"新市民"普遍关注的问题。当地领导人在回答我们的提问时说，这里近年以 50 元一颗钉螺的奖金，鼓励群众举报，但都没有发现一颗钉螺。这是连续 37 年坚持长期观察，定期复查，巩固血防成果的结果。目前，余江的经济建设和社会各项事业发展已步上快车道：去年，国民生产总值比 1978 年增长 6.6 倍，比 1992 年增长 67.2％；工农业总产值比

1978年增长8.3倍，比1992年增长45%；乡镇企业总产值比1992年增长2.78倍；财政收入比1978年增长8.9倍，比1992年将近翻了一番；农民人平纯收入比1978年增长14.1倍，比1992年增长65.4%。尽管这里的经济总体水平还比较低，但是这种增长速度却是十分喜人的。

## 雄鹰展翅搏长空

如果说韬奋先生的"小故乡"——余江县形势喜人，那么韬奋先生的"大故乡"——鹰潭市的发展和前景也令人鼓舞。鹰潭，1949年还是个仅有3000人口、0.3平方公里面积的小乡镇，如今已发展成为下辖两县一区（余江县、贵溪县和月湖区）、拥有百万城乡人口的新型交通、工业、商贸、旅游城市（其中城区人口15万，面积137.38平方公里）。这里，是江南重要的交通枢纽：它享有"闽浙赣鄂皖湘六省通衢"之誉，浙赣、鹰厦、皖赣三条铁路干线在此纵横交汇，连接全国；这里，是祖国新兴的铜业和能源、化工基地：坐落在鹰潭的贵溪冶炼厂，是目前我国规模最大、技术最先进的现代铜冶炼企业；贵溪化肥厂是我国四大磷铵复合化肥生产基地之一；贵溪电厂是装机容量为50万千瓦的火力发电厂，二期工程还将上两台30万千瓦机组；境内地下矿产丰富，其中贵溪银矿储量居国内之首。这里，又是独具特色的旅游胜地：龙虎山是我国古典名著《水浒》开篇所描绘的道教名山。其间的上清嗣汉天师府，是东汉以来历代天师行道起居之所；仙水岩古代悬棺崖墓群，是国内罕见的文物宝库；景区山川奇丽，有自然、人文景观二百多处，现已辟为国家级重点风景名胜区。这是鹰潭的优势所在，也是鹰潭的希望所在。鹰潭市委、市政府立足于这多种优势，适时提出"依托大工业促大发展，依托大交通促大流通，依托大资源促大开发，依托古文化促大开放"的改革开放总思路，推动鹰潭经济大步向前发展。去年，全市已提前六年实现了国民生产总值翻两番的目标。今天，以鹰作为城市象征的百万鹰潭人民，就像搏击长空的雄鹰，向新的高度奋力冲击。

采访团在鹰潭六天，走了两县一区，参观了韬奋书店、送瘟神纪

黄景仁（1933—　）

念馆、赣东商城、火车站、邮电转运站、中洲开发区、龙虎山以及当地一些著名企业——贵溪冶炼厂、贵溪化肥厂、贵溪电厂、果喜集团公司等，访问过一些"人杰"——"白蚁大王"杨思齐、"木雕大王"张果喜等，耳闻目睹韬奋故乡的巨大变化，感受到韬奋故乡人在改革开放大潮中的昂扬斗志，无不为自己"第二故乡"的长足进步而振奋，并坚信：韬奋这位文化旗手的故乡，明天必将放射出更加耀眼的光辉。

（原载《广州日报》1995 年 12 月 11 日）

评析：
.........................................

1993 年 11 月，作者获中国新闻界最高奖——首届"韬奋新闻奖"，1995 年 11 月 25 日至 12 月 3 日，作为韬奋新闻奖获奖代表之一，作者参加中国记协组织的"韬奋故乡行"采访团，前往江西省鹰潭市采风，这是作者记录采风过程的通讯随笔。

文章开篇，描摹了采访团踏上韬奋故乡——鹰潭市余江县，受到当地热烈欢迎，并被授予"荣誉市民"称号的情景。不难发现，字里行间洋溢着作者兴奋、激动、振奋的情愫。

然而，文章并不拘泥于个人心情的抒发，作者的笔尖触及了整个余江县。用具体的事例介绍了余江县过去所取得的辉煌业绩——三面红旗一颗星；用翔实的数据介绍了目前余江县经济建设和社会发展的总体情况，"经济总体水平还比较低，但是这种增长速度却是十分喜人"。作者甚至放眼处在改革开放浪潮中的整个鹰潭市，从交通、工业、商贸、旅游诸多方面介绍了当地所取得的"令人鼓舞"的发展成果。此外，采访团六天的行程：参观风景名胜、拜访著名企业、访问当地名人等，也被记录在文中。

在看似"个人游记"的通讯随笔中，作者笔触由己之行延伸至时代之势，展现了改革开放浪潮中斗志昂扬、高歌猛进的一幕幕，颇有鼓舞士气、催人奋进的时代意义。

（编撰：苏倩怡　邓绍根）

邵华泽（1933—　）当代著名新闻工作者。在解放军报社工作21年，后任职解放军总政治部宣传部部长，1994年晋升中将军衔。从1989年起，任人民日报社总编辑、社长，为党报掌舵把关。之后多年担任北京大学新闻与传播学院院长，为我国新闻教育和新闻人才培养作出重要贡献。鉴于他在党报理论和新闻业务研究领域的突出成就，中国报业协会授予他"中国杰出报人终身成就奖"。著有《生活与哲学》《历史转变中的思索》《同研究生谈新闻评论》《邵华泽自选集》等。

# 将军本色是报人

　　邵华泽 1933 年 6 月生于浙江省淳安县威坪镇邵宅村。因家庭困难，小学毕业时辍学两年，之后考入淳安中学。1951 年参加中国人民解放军，两年后进入解放军第二政治干部学校理论队学习，毕业后任教于第二军医大学政治教研室。1964 年 4 月起任职于解放军报社，先后担任编辑、副处长、副社长，解放军总政治部宣传部部长，人民日报社总编辑、社长兼总编辑、社长。1994 年晋升为中将军衔。曾任中华全国新闻工作者协会副主席、主席、名誉主席。邵华泽也是我国著名的书法家和摄影家。曾多年担任北京大学新闻与传播学院院长、博士生导师。著有《生活与哲学》《历史转变中的思索》《同研究生谈新闻评论》《邵华泽自选集》《伏案金台十一年：新闻宣传论说集》《伏案金台十年：批示谈话集》等。2013 年，为表彰邵华泽对中国报业发展的突出贡献，中国报业协会决定授予他"中国杰出报人终身成就奖"。

## 毛主席赞赏　军委点将

　　哲学是邵华泽的兴趣所在。在第二军医大学政治教研室，他专注于哲学学习和研究，只想着一辈子搞理论，当教师。1958年9月，他从第二军医大学政治教研室进入中国人民大学哲学系研究生班学习，更加系统地学习和研究马克思主义哲学。1960年8月毕业后回到第二军医大学政治教研室任教员。在军医大学，他专心于哲学教师的工作，从未想过要改行。不曾想，给报刊的一篇投稿文章，彻底改变了自己的人生轨迹。

　　1964年1月27日，邵华泽在《解放军报》上发表了一篇文章，题为《浅谈一分为二》，这是一篇联系实际谈思想方法和工作方法的评论文章。文章指出，世界上任何事物都是一分为二的，每一个事物的内部都包含着既统一又斗争的两个方面，因此，我们观察问题、处理工作，一定要坚持一分为二的方法，坚持"两点论"：既要看到正面，又要看到反面；既要看到主要的，也不要忽视次要的，从对立中、比较中去观察、分析问题。"这个一分为二的方法是我们观察事物的一个根本的观点和方法，是我们处理问题、解决问题的一个锐利的武器。"① 这篇文章引起了毛主席的极大关注。文章发表不久，当年2月，中央军委秘书长罗瑞卿对当时的军报总编辑华楠说："毛主席看了《浅谈一分为二》，称赞这篇文章写得有理论，又通俗，讲得活。"不久，罗瑞卿和总政治部领导决定，将邵华泽从上海第二军医大学调到解放军报社工作。当年4月，邵华泽来到解放军报社，此后长期从事新闻和理论宣传工作。②

　　在军报，邵华泽一干就是21年。从1964年4月起，他先后担任解放军报社编辑、时事政策宣传处副处长、理论宣传处副处长。1981年10月任解放军报社副社长。

邵华泽（1933—　）

## 中央指名　出任人民日报总编辑

　　1985 年 2 月，邵华泽离开解放军报社，出任解放军总政治部宣传部部长，他以为这辈子不会再干报纸了。谁知 1989 年 6 月，总政治部领导找他谈话，转达军委副主席杨尚昆的意见，说中央点名要他去人民日报社当总编辑。虽然当时毫无心理准备，但作为一名党员领导干部，一位老军人，他坚定服从组织安排。

　　人民日报是党中央机关报，人民日报总编辑这个职务的责任是十分重大的。邵华泽长期在部队工作，他担心自己对地方工作尤其是经济工作不熟悉，怕难以完成中央的重托。宋平同志找他谈话，说中央已经决定了，先干起来再说。就这样，邵华泽在人民日报社领导岗位上一干就是 11 年。1989 年 6 月担任总编辑，1992 年 11 月任人民日报社社长兼总编辑，1993 年 9 月任人民日报社社长，直到 2000 年 6 月离任。

　　对于"如何办好党报"这个大事，邵华泽一直没有停止过理论思考。作为党报的掌舵人，他高度重视舆论导向。他认为，各类媒体的共同点是要向公众传播信息，它们的本质差别在于思想性。思想性体现在传播内容上，代表了媒体的立场、观点和方法，反映了媒体的本质。我国媒体的方向，就是为人民服务，为社会主义服务，是党的喉舌，也是人民的喉舌。正面报道、典型宣传是导向，提倡正确的精神和品格；舆论监督同样是在表明我们所要否定和揭露的东西，也是导向。从某种程度上说，"舆论监督的影响力更大、导向性更强"；就是一条简单的消息，也有导向性，"这个消息登出来就是说我提倡什么，我认为这条消息对大家有作用，这就有导向"。[3] 我国社会各阶层在全局利益、根本利益上是一致的，但大家也有不同的具体要求，也正因为如此，我们要有舆论导向，他要求人民日报社领导干部一定要把好政治关，"我们的宣传报道，一定要从大局出发，服务于经济发展，服务于动员全党、全国人民为建设有中国特色社会主义而奋斗这个大局"。[4]

邵华泽对评论工作尤为重视。他认为，党报要强调指导性，首先要写好评论。报纸提倡什么，反对什么，首先体现在评论上。早在1985年，他就在南京政治学院新闻系讲过22小时新闻评论，讲课内容后来整理成《新闻评论写作漫谈》一书。在担任人民日报总编辑期间，他又亲自给中国社会科学院研究生院新闻系的研究生授课，提出了党报评论要做到导向正确、有的放矢、讲究科学、平等待人、简短生动等五个重要原则。他认为，写好评论，除了要充分掌握信息、了解民情外，很重要的是要学习理论，要用马克思主义的立场、观点和方法来进行分析，依靠理论和逻辑的力量，才能引起人们注意，而非仅仅把某种现象摆出来、简单地议论一番。⑤

邵华泽高度重视调查研究工作。他不但要求报社同志深入社会实际进行调查、采访，自己也带头开展国内外情况调研。他说，"深入实际应该是新闻工作的生命，是对新闻工作者最基本的要求"，新闻要反映现实生活，就必须深入调查，"没有调查，就没有报道权"，调查不深入，报道就会苍白无力。⑥担任人民日报社社长期间，邵华泽曾率团赴新加坡、日本等国考察报业发展情况，也曾和西方报业大亨默多克一起探讨网络技术对报业发展的影响。在当时网络应用还不普及的情况下，邵华泽预感到网络将有着广阔的发展空间，也可能是人民日报社的一个很大发展机会。为此，他和编委会的同志齐心协力推进人民网的创建和建设。1997年1月创办的人民网，作为第一个由中央媒体创办的新闻网站，载入了我国新闻事业发展的史册。

在人民日报社，邵华泽最牵挂的两件事，一是报纸的质量，特别是坚持正确舆论导向；二是职工工作和生活条件的保障，主要是住宅和办公条件的改善。他一心扑在工作上，为办报质量和改善职工待遇兢兢业业、如履薄冰，获得了中央和报社同人的高度认可。1993年任社长兼总编辑期间，他度过了自己60岁的生日，有感而发作了一首诗："伏案金台整四年，如履如临夜难眠，篇篇文稿催我手，切切众期挂心田。幸有群英谋智盛，更兼雄才战友贤，衣带变宽何足虑，旭日临窗喜开颜。"⑦

邵华泽（1933— ）

331

这首诗，也是邵华泽与报社同人团结奋进、勠力为公的心境的生动写照。

## 兴趣要广　应酬要少

邵华泽还是我国著名的书法家、摄影家。他是中国书法家协会会员、中国摄影家协会会员，中国榜书艺术研究会名誉会长、中国新闻摄影学会名誉会长。2000 年 6 月从人民日报社离任后，邵华泽先后担任中华全国新闻工作者协会主席、名誉主席。摄影和书法是他主要的业余爱好，更是他退休生活的一部分。

邵华泽自幼学习书法，习字是他数十年不变的日课。在精研我国书法传统的基础上，他推陈出新、自成一格，寓变化于法度之中，显力度于平稳之上，许多人称赞"字如其人"。启功先生曾盛赞邵华泽的书法："真草随心笔自如，天作纸，云物卷而舒""巨细咸宜艺最殊，山岳重，腕底变通途"。⑧出版有《邵华泽书法集》《邵华泽书楹联选》等书法作品。

邵华泽很重视新闻摄影。到人民日报社工作后，他发现包括《人民日报》在内，我国传统媒体刊登新闻摄影作品少，摄影记者队伍小。为此他积极倡导、推动我国新闻摄影事业的发展。1990 年，在第一届全国报纸总编辑新闻摄影作品研讨会上，他以人民日报社总编辑身份，呼吁各报社总编重视新闻摄影，提高对新闻摄影地位和作用的认识，提高新闻摄影作品的质量。他自己身体力行，对摄影的兴趣也越来越浓厚，摄影作品广受好评，出版有《邵华泽海外摄影集》《邵华泽印度摄影集》《邵华泽海外儿童摄影集》《邵华泽海外妇女摄影集》等。

我国当代新闻事业发展史上，邵华泽在重要岗位上作出了许多重要的、开创性的工作，但他从来不居功。他总是强调，自己只是做了一点应该做的事情，而办好任何一件事，都要靠大家的支持和共同努力。

他主张报人应该多一点兴趣爱好，多读书，少应酬。即使退下来以后，他的应酬也不多。

## 春风化雨　作育桃李

2002 年 5 月，邵华泽出任北京大学新闻与传播学院院长，直到 2013 年 10 月卸任。在担任院长期间，他年年坚持到学院与师生交流，从新闻业务到人格修养，他的谆谆教诲，影响了一批又一批的北大学子。今天，北京大学新闻与传播学院的办公楼里高悬着由邵华泽院长亲笔书写的"功崇惟志，业广惟勤"八个大字，这刚健有力、雄浑自然的书法作品，如春风化雨，无声地浸润着学院每一位师生的心田。

### 注释：

① 邵华泽：《浅谈一分为二》，载《同研究生谈新闻评论》，人民日报出版社 2010 年版，第 252 页。

②⑦ 胡线勤、张晓燕：《将军本色是报人——访邵华泽》，《中国报业》2013 年第 9 期。

③ 邵华泽：《新闻舆论的政治导向》，《采写编》2005 年第 2 期。

④ 邵华泽：《谈政治信念与政治纪律》，《求是》2000 年第 2 期。

⑤ 邵华泽：《党报新闻评论的风格》，《新闻战线》1991 年第 1—3 期。

⑥ 邵华泽：《论深入》，《中国记者》1994 年第 5 期。

⑧ 周圣尊：《笔意圆融得漏痕之妙　格调静逸蕴处事之道》，《中国文化报》2003 年 4 月 24 日。

邵华泽（1933—　）

# 文风和认识路线

林彪、江青反革命集团为了篡党夺权，推行反革命政治纲领，长期控制舆论工具，把我们的文风败坏了。今天，"四人帮"已被打倒，但余毒犹存，影响至深。讨伐帮八股以整顿文风，这是一项重要而艰巨的任务。

文风问题，贯穿着两条认识路线的斗争，即辩证唯物论的认识论和唯心论的先验论的斗争。"四人帮"的帮八股，本质上是资产阶级实用主义，在认识论上，把客观和主观、实践和认识的关系完全颠倒了。整顿文风，必须以马克思主义认识论为武器，把"四人帮"搞乱了的问题加以澄清。

**客观事实是第一性的，还是人的主观认识是第一性的?**

唯物论的反映论，坚持物质第一性，意识第二性，认识是客观存在的反映。新闻报道，工作报告，经验总结等等，都是观念形态的东西，是第二性的，而客观事实则是第一性的。前者是流，后者才是源，两者的关系，不容颠倒。人能够正确地认识客观事实，但是任何人也不能随意改变客观事实。尊重客观事实，就是尊重唯物论，是马克思主义文风的起码要求。拿新闻报道来说，它的内容必须真实，有一是一，有二是二。这是我们无产阶级报纸同资产阶级报纸的根本区别之一，也是我们的报纸能够发挥教育人民、打击敌人的作用的大前提。试想，如果一个读者拿到一张报纸，心里老嘀咕那上面讲的是不是真话，写的是不是真事，那如何能通过报纸加强党和群众的联系，把党的路线、方针、政策变为群众的行动呢?

"四人帮"同林彪一样，奉行"不说假话不能成大事"的哲学。他们为了反革命的需要，完全置客观事实于不顾，什么都可以伪造。反正有用就是真理，需要什么典型就捏造出什么典型，需要什么事实就杜撰出什么事实，无可以生有，有可以变无。一时间，假典型、假经验、假报道、假照片，充斥他们控制的报刊，引起了广大革命群众理所当然的愤慨和抵制。敬爱的周总理逝世时，"四人帮"的御用文人炮制出人们"关心"的是什么清华园的大辩论的反动文章，引起群众强烈抗议，就是突出的一例。

　　在"四人帮"的毒害下，革命队伍里也滋长了一种说假话的歪风，有的甚至见怪不怪，习以为常。比如，有的事只是打算去做或正在做，却说是已经做完了。上级的文件还没有接到，学习文件体会的简报、报道已经写好了。明明是七分成绩，硬要写成十分；明明是个别的例子，偏要说成是普遍的现象。写典型就要写成"完人"，讲经验就是一套完整的体系。上报数字也可以任意修改，欠收可以变成丰收；紧张产品，瞒报产量；短缺物资，少报库存；如此等等。总之，不是报告、新闻忠实于事实，而是事实服从于主观意图，这不是典型的唯心论又是什么？

　　"四人帮"有一种"理论"，叫作"事实要为政治服务"。这是适应他们反革命政治需要的典型的实用主义理论。事实是客观存在。人们只能按事实的本来面貌去认识它的政治意义，而不能按照主观的需要任意去解释、利用甚至捏造事实。否则，还有什么真理可言呢？如果为了某种政治利益，需要歪曲事实真相，那这种政治绝不可能是无产阶级政治，只能是资产阶级政治。违反了实事求是的原则，也就是违反了无产阶级的党性，哪里还谈得上为无产阶级的政治服务？

　　不错，辩证唯物论的认识论是能动的反映论，不是机械的反映论。尊重客观实际，并不是说对事实可以不作分析、不要取舍，简单地罗列一大堆现象。我们无论是写文章、做报告，都要力求抓住事物的本质和主流，把事物内部的规律性揭示出来。这就要经过一个抽象的过程。但是，一切科学的抽象都不是离开事实，也没有改变事实，而只是更深刻、更正确、更完全地反映事实。如果把人的这种主观能动性加以夸大，变成了主观随意性，以为抽象的过程是可以不受客观事实制约的，那就会把事情弄到荒唐可笑的地步。

**用一般指导具体，还是用一般代替具体？**

1942年毛主席批判党八股时，指出它的第一条罪状是空话连篇，言之无物。说空话，说大话，说套话，也是"四人帮"的帮八股的一个重要特征。

马克思主义的认识论认为，人类认识运动的总的秩序是，由个别到一般；又由一般到个别，循环往复，不断深化。个别是基础，先有对具体事物的认识，才有可能进行概括，从具体到抽象，从特殊到一般。工作报告、经验总结、新闻报道，都是反映具体事物发展的具体过程的。因此，必须对具体问题进行具体分析。这就要从调查入手，收集材料，进行去粗取精、去伪存真的加工制作，弄清这一具体事物的历史、现状，它同周围事物的联系，等等。只有这样，写出来的东西才是生动活泼、有血有肉的，才能引人入胜，起到指导工作、推动革命的作用。

当然，认识具体事物，不能离开一般原则的指导。我们分析任何一个问题，写任何一个文件，能离开马克思主义的基本原理吗？不能。我们要努力学习掌握马克思主义的立场、观点、方法，才能明确方向，才能比较深刻地认识客观事物，从理论和实践的结合上说明问题，写出好的东西。但是，一般只能指导具体，不能代替具体。如果以为有了一般的原理、原则，就可以不费力气，不调查研究，那就必然陷入唯心主义。什么叫空话？列宁说得好：任何一个一般的历史的理由，如果用在个别场合而不对该一场合的条件作特殊的分析，都会变成空话。（见《列宁全集》第27卷，第34页）

"四人帮"搞的一套宣传，根本不需要以事实作基础，也根本不对任何事物作具体分析，有的只是拼凑起来的抽象的概念，空洞的词句，吓人的帽子，打人的棍子。他们手里没有动人的货色，却要装腔作势，摆出一副绝对权威的架势，出言就是圣旨，文章就是指示、公式、规律、终极真理，应有尽有，令人望而生畏、读而生厌。他们就是靠这一套来篡改革命真理，贩卖反党货色，打击革命干部和群众的。

我们的一些革命同志也受了"四人帮"的影响，养成说空话、说大话的恶习，不深入实际，不调查研究，用一般代替具体。写东西，马克思主义的词句堆砌得很多，就是不提出问题、分析问题、解决问题；作指示，不结合本地区本单位的实际，照抄照转；搞报道，到编辑部要路子，到下面找例子，关起门来写稿子，结果是空话连篇，套话成串，没有任何自己的特色，读起来没有一点味道。这种说空话、说大话之风，脱离实际，脱离群众，助长主观主义、官僚主义、形式主义，使党的方针政策不能落到实处，对党的事业危害很大。正如列宁指出的：用抽象的概念来代替具体的东西，这是革命中一个最主要最危险的错误。（见《列宁全集》第3卷，第113页）

**检验工作好坏、水平高低的标准是看实践，还是看别的什么东西？**

真理的标准只能是社会的实践。"四人帮"没有真理，害怕真理。他们的是非好坏标准，就是看是否有利于他们的反党阴谋。在他们那里，"闹而优则仕"，说假话有功，吹牛皮光荣。他们中的一些亲信、爪牙，不就是靠这一套发迹的吗？

在"四人帮"横行时，有一些常识性的问题都被他们搞乱了，必须一一纠正过来。

判断一个干部能力强不强看什么？看实践，看他工作的实际效果，看他的行动是否给人民带来了好处以及这种好处的大小，绝不是根据他说得多么好听。

判断一个总结、一篇报道水平高不高看什么？看实践，看它是否深刻地反映了群众的实践，是否经得起客观实践的检验。决不能认为抄录马列词句多就是水平高。那种看上去句句有本本根据，可一点也不解决实际问题的文件、报告、文章，有什么水平？应该丢到字纸篓里去！

判断一个单位工作好坏看什么？也是看实践，而不是看发表了多少报道。我们遇到过三种领导同志。一种扎扎实实，抓好典型，做好工作，同时也重视在这个基础上总结经验，搞好报道，通过总结宣传，普及经验，推广先进，使工作做得有声有色。一种是工作做了，不注意总结，不重视报道，结果经验出不来，先进事迹宣传出不去，影响工作的发展和提高。还有一种，不是把领导精力放在工作上，而是把主要精力放在写文件、抓报道上，甚至给下面规定见报指标，群众称这种思想为"见报第一"。许多假报道就是在这种思想指导下压出来的。结果，就出现这样的情况，一个单位工作很差，而报道却很多。"不怕工作一团糟，就怕笔下拔不高"，就是对这种现象的讽刺。为什么这样的"典型"宣扬出去了，本单位的广大群众不信服，"墙里开花墙外红"，原因就是群众了解事实，尊重实践。

在我们党的历史上，毛泽东同志为了批判王明的教条主义，促进马克思列宁主义同中国革命的具体实践相结合，十分重视文风的整顿。今天，为了拨乱反正，彻底肃清林彪、"四人帮"的流毒，为了推进四个现代化的事业，也亟须整顿和改进我们的文风，使我们在文风上来一个大的转变、大的进步。

（原载《人民日报》1978 年 1 月 9 日；选自《邵华泽自选集》，学习出版社 2002 年版）

评析：

邵华泽的这篇《文风和认识路线》，最早刊登于 1977 年 12 月 15 日出版的中央党校内部刊物《理论动态》上，1978 年 1 月 9 日由人民日报公开发表。文章一开头就提出，要运用马克思主义认识论，把被"四人帮"的帮八股颠倒了的客观与主观、实践与认识的关系，重新颠倒过来。紧接着分别从客观事实与主观认识、一般与具体、检验工作质量的标准是看实践还是别的三个方面，层层深入地论证了"真理的标准只能是社会实践"。这是在粉碎"四人帮"以后的拨乱反正中最早明确提出和论证实践标准的一篇文章，显示了作者巨大的理论勇气和深厚的马克思主义理论修养。由于主题是关于文风问题，文章发表后没有引起强烈反响，但文中提出了认识路线、真理标准这一重大命题，成为之后"真理标准讨论"的重要前奏。这篇文章发表后，邵华泽又应约在中央党校的《理论动态》上发表多篇重要文章，讨论实践标准问题。

# 实践标准和科学预见

在实践是检验真理的唯一标准的讨论中，有的同志提出这样的责难，说坚持实践标准会忽视、否定马克思主义理论的指导作用；也有一些同志发生这样一个疑问：既然任何认识、理论，都要经过实践的检验，才能最后证明其是不是真理，那么，科学预见又有什么意义？回答和说明这些问题，对于把这场端正思想路线的讨论深入下去，把理论工作进一步活跃起来，都是很必要的。

邵华泽（1933—　）

## 必须重视科学预见的作用

正像实践是检验真理的唯一标准是马克思主义的 ABC 一样，理论、科学预见对实践具有指导作用，也是马克思主义的 ABC。马克思主义者非常重视科学预见在社会实践中的作用。而且，从严格的意义上说，在社会历史领域，只有马克思主义的科学理论诞生以后，才谈得上有真正的科学预见。通过对客观事物的研究，分析它的历史和现状，找出规律性的东西，从而对它将来的发展趋势作出科学的判断，这就是科学的预见。这种科学预见，正是人们在认识世界、改造世界过程中所发挥出来的主观能动性的重要表现。

科学预见在推动自然科学发展中的作用，是显而易见的。例如，在发明化学元素周期律之前，人们寻找新的元素的工作带有较大的盲目性。后来，门捷列夫在总结前人工作经验的基础上，探索了元素之

作品原载报样

间的相互依赖关系，发现元素的性质与原子量之间的周期性变化，于
1869 年提出了化学元素周期律。以周期律为根据，他科学地预见到一
些尚未发现的元素的存在和它们的性质，譬如他的元素周期表上在钙与
钛之间留下了一个空格，预言占据这个空格的元素的性质应与硼相似，
他把这元素称为"类硼"。果然，到了 1880 年尼尔逊发现了钪——类硼，
门捷列夫的预言得到了证实。海王星的发现也是一个典型的例子。开
始，人们发现天王星（行星）的观测位置同理论计算位置之间相差几十
角秒，而根据当时的实践证明，理论计算本身并没有错，那么很大的可
能是在天王星轨道之外还有一个未知的行星，正是由于这个未知行星同
天王星之间的万有引力，故天王星老是被它拉向理论计算的位置之外。
经过反复的理论计算，基本上确定了未知行星的各种数据，预测到未知
行星的位置。到一八四六年九月二十三日，德国柏林天文台终于用望远
镜观测发现了这个未知行星——海王星，预言也被证实了。

在社会历史领域，情况要复杂得多，但也不是没有规律可找、没有端倪可察。对革命的指导者来说，正因为情况错综复杂，变化无穷，更需要及时地提出自己的科学预见，来指导斗争的发展。无数的事实证明，没有科学预见，革命的人们就只能在黑暗中摸索、徘徊，行动就带上盲目性，像在茫茫大海中行船，没有明确的航向，不清楚达到自己目标的航道，难免有一天会触上暗礁。

战争，可以说是最复杂、变化最快、最难以捉摸的了。但是，高明的指挥员仍然能够基于客观情况，审时度势，作出科学的判断，拟定战略的、战役的、战斗的计划和方针，用以指导部队的行动。在抗日战争初期，国内外议论纷纭，战争的进展会怎么样？中国会不会亡？许多问题提到我们党的面前。毛泽东同志运用唯物辩证法这个锐利的武器，全面地透彻地分析了国际国内的情况，分析了敌我友在军事、经济、政治、文化等各方面的状况及其发展的趋势，对整个抗日战争作出了科学的预见：第一，抗日战争的最后胜利是属于中国的；第二，抗日战争是持久战；第三，抗日战争要经过战略防御、战略相持、战略反攻三个阶段。毛泽东同志的这些论断，坚决地驳斥了"亡国论""速胜论"这样一些错误的论调，有力地动员和鼓舞了全中国人民把抗战进行到底的信心和决心，指引着抗日战争一步一步地发展直至取得最后的胜利。抗日战争这台有声有色威武雄壮的话剧，使每一个身临其境和后来对它进行研究的人，都大开眼界，由此看到了马克思主义理论能够而且必须走在实际斗争的前头，看到了伟大的科学预见对于历史的进程能够发挥出多么惊人的推动作用！

概括起来，科学预见在革命斗争中的作用，主要表现在两个方面：它明确地指出了运动发展的前途、道路，可以减少曲折，避免走大的弯路，这是一种指引方向、指明航程的作用；它使人们知道自己的奋斗目标，高瞻远瞩，树立起坚强的信念和胜利的信心，这是一种动员群众、组织群众的作用。马克思主义理论的有力指导，无产阶级政党的坚强领导，常常要通过科学预见展示在人们的面前。这也就是我们高度重视科学预见的道理。

邵华泽（1933—　）

341

# 坚持实践标准同重视理论、科学预见的作用并不矛盾

那些指责坚持实践标准就是削弱理论作用的同志，对马克思主义的基本原理不是联系起来而是割裂开来看的。他们的逻辑是：要么你坚持实践是检验真理的唯一标准，大讲实践对认识的作用，那你就是在贬低、否定理论的作用，否定科学预见；要么你承认理论的指导作用，承认科学的预见的必要性，那你就不能强调实践是检验真理的唯一标准。按照这种逻辑，近一年来这一场两条思想路线的讨论，不就成了一个"重视理论"、一个"重视实践"的讨论了吗？有些同志也就是在这一点上受到了迷惑，感到似乎强调实践，那科学预见就不怎么重要了。事情恰恰相反。正是坚持实践标准，才把理论和理论的指导作用奠定在科学的基础上；而否定实践标准，把理论视为空中楼阁，理论的指导作用也只能是一句空话。坚持实践标准同发挥理论、科学预见的指导作用，二者是相互联系的，绝不是互不相干、互相割裂的两码事。

首先，科学预见不是一种主观臆测，也不是任何人的良好愿望。"预见"之所以冠以"科学"二字，就因为它是从实践中来的，是建立在实际经验的基础上的。科学预见，从形式上看，它走到了实践的前头；从实质上看，它正是前一段实践的总结和认识。一个科学预见的提出，既不能靠书本上的现成结论进行抽象的推断，也不能仅靠客观现象材料的收集和罗列，而是靠用科学的方法对客观事物进行具体深入的分析，既分析矛盾的普遍性，又分析矛盾的特殊性，既分析事物内部的矛盾，又分析一事物同周围事物的联系，这样，才能认清事物的现状、特点和发展趋势。所有这些，怎么能离开实践呢？一个阶级，一个人，都要估计自己行动的后果，也可以说都有自己的预见，都想达到自己预期的目的。但是，最后能不能达到，那就要看这种预见是否符合客观实际。世界上没有一个科学预见是哪一个天才人物头脑里所固有的。恩格斯在谈到马克思发现人类历史的发展规律时称马克思是一位科学巨匠，同时，他又强调指出："马克思首先是一个革命家。以某种方式参加推

翻资本主义社会及其所建立的国家制度的事业,参加赖有他才第一次意识到本身地位和要求,意识到本身解放条件的现代无产阶级的解放事业,——这实际上就是他毕生的使命。斗争是他得心应手的事情。而他进行斗争的热烈、顽强和卓有成效,是很少见的"。(《马克思恩格斯选集》第3卷,第575页)这也就是说,没有工人运动的实际经验,没有马克思直接的斗争实践,就没有马克思主义,当然也就没有对共产主义的科学预见可言。毛泽东同志对中国革命的伟大预言,也是在他对中国社会作了大量的调查研究之后,在他参加并领导了工人运动、农民运动之后。他在一九六二年说:"如果有人说,有哪一位同志,比如说中央的任何同志,比如说我自己,对于中国革命的规律,在一开始的时候就完全认识了,那是吹牛,你们切记不要信,没有那回事。过去,特别是开始时期,我们只是一股劲儿要革命,至于怎么革法,革些什么,哪些先革,哪些后革,哪些要到下一阶段才革,在一个相当长的时间内,都没有弄清楚,或者说没有完全弄清楚。"(《在扩大的中央工作会议上的讲话》)所以,是实践出科学,出理论。实践经验越是丰富,对事物的本质认识得越深刻,对事物未来发展的判断就越有把握,据以作出预见就愈具有科学性。

邵华泽 (1933— )

其次,理论也好,科学预见也好,都不能不受实践条件的制约。一个人只能在一定的时代条件下进行认识世界、改造世界的活动,他的认识总要受历史条件的局限。事物的本质有个暴露过程,人的认识能力也有个发展过程。因此,科学预见总是反映着一定的实践水平,绝不可能脱离这个水平。譬如,根据不同的情况,有的只能对未来的发展指出一个大体的方向,而达到这个方向的具体道路、步骤则还看不清楚;有的只能对事物的发展提出两种可能性、两种前途,哪一种可能性更大一些,还觉得没有把握;有的则能够比较明确地确定前进的目标和制定具体的方针、措施。斯大林在谈到为什么是列宁而不是马克思、恩格斯发现了社会主义可能在一个国家内胜利的真理时说:"无论恩格斯或马克思是多么有天才的思想家,绝不能要求他们在垄断前的资本主义时期预见到五十多年以后,即在发达的垄断资本主义时期的无产阶级阶级斗争和无产阶级革命中的一切可能性。"（《斯大林全集》第 8 卷，第 272 页）认识到这一点非常重要，它可以使我们不致对前人提出不切实际的苛求，也可以使我们对任何正确的理论和科学预见采取实事求是的态度，不要把它看作是一成不变的东西，束缚自己的手脚。马克思主义者不是算命先生，事情的具体演变总是比原来的设想复杂得多，新奇得多，"一般地说来，不论在变革自然或变革社会的实践中，人们原定的思想、理论、计划、方案，毫无改变地实现出来的事，是很少的"。（《毛泽东选集》第 1 卷，第 270 页）随着实践的发展，人们的认识深化了，具体化了。因此，要对原来的理论和预见进行修改和补充，是理所当然的。

最后，预见是不是真正科学的，要由实践来检验，看实践的结果是否能够达到预期的目的。只有这样一个标准，没有第二个标准。能不能因为仅仅是伟大人物提出的设想，就是科学的预见呢？不能。因为伟大人物也可能有失误的时候。能不能因为提出的设想是根据于某一个原理、原则的，就是科学预见呢？不能。因为即使正确的原理、原则，也可能由于没有结合具体的情况灵活运用而得出违反实际的结论，何况任何一个一般的原则在应用到实际的时候，都会有其个别例外的情形。

毛泽东同志在《论持久战》一文中，在分析了抗日战争将要经历三个阶段之后，说过这样一段话："三个阶段的具体情况不能预断，但依目前条件来看，战争趋势中的某些大端是可以指出的。客观现实的行程将是异常丰富和曲折变化的，谁也不能造出一本中日战争的'流年'来；然而给战争趋势描画一个轮廓，却为战略指导所必需。所以，尽管描画的东西不能尽合将来的事实，而将为事实所校正，但是为着坚定地有目的地进行持久战的战略指导起见，描画轮廓的事仍然是需要的。"（《毛泽东选集》第 2 卷，第 430 页）这一段精辟的论述，用实践的观点讲了科学预见的必要性，讲了科学预见的可能性，也讲了科学预见的局限性，这是对科学预见同实践之间的辩证关系的最好说明。

# 为着指导四个现代化的发展，理论工作要努力走在实际工作的前头

在真理标准问题的讨论一开头，许多文章就非常明确地指出，坚持实践是检验真理的唯一标准，正是为了真正发挥革命理论的指导作用，请看事实吧：

《光明日报》一九七八年五月十一日的特约评论员文章《实践是检验真理的唯一标准》指出："马列主义、毛泽东思想之所以有力量，正是由于它是经过实践检验了的客观真理，正是由于它高度概括了实践经验，使之上升为理论，并用来指导实践。正因为这样，我们要非常重视革命理论。"

《解放军报》一九七八年六月二十四日的特约评论员文章《马克思主义的一个最基本的原则》也指出："愈是强调理论对于实践的依赖关系，并使理论不断地接受实践的检验，理论就会愈正确、愈彻底，就愈能掌握群众，愈易变成物质力量，也就愈能对实践起伟大的指导作用。"

邵华泽（1933—　）

将近一年来的实践效果也说明这一点。从这场讨论中，一方面，广大干部和群众认识到从实际出发的重要性，坚持实践标准，敢于解放思想，拨乱反正；另一方面，看到马克思主义的理论不再是空洞的抽象的条文，而是同实际斗争结合起来，真正能为解决实际问题开路了，因而大家对理论也越来越感兴趣，学习和探讨理论的空气也越来越浓了。

当然这还只是一个好的开端。在全党工作着重点转移之后，我们宣传工作的根本任务，就是要把马列主义、毛泽东思想的普遍真理同实现四个现代化的伟大实践密切地结合起来，研究新问题，解决新问题，尽可能使思想理论工作走在实际工作的前头，使马列主义、毛泽东思想在实践中不断丰富发展，指导我们夺取新的胜利。要完成这一任务，理论工作就要有创造性。

（原载《人民日报》1979 年 3 月 20 日）

评析：

　　《实践标准和科学预见》这篇评论发表时，真理标准的讨论已经达成了广泛共识，但是，仍有一些人对实践标准与科学预见之间的关系存在错误认识，继续提出种种责难。邵华泽写这篇文章的目的，就是为了澄清这些错误认识，进一步深化这场端正思想路线的讨论。文章论证了马克思主义理论诞生以后，科学预见在自然科学和社会历史领域所发挥的"指引方向、指明航程""动员群众、组织群众"的作用；进而指出坚持实践标准同重视理论、科学预见的作用并不矛盾，"正是坚持实践标准，才把理论和理论的指导作用奠定在科学的基础上"，二者绝非互相割裂的两码事。而且，预见是否科学，只能由实践来检验。最后，作者用开展真理标准讨论以来的实践效果，论证了马克思主义理论与实际斗争相结合所产生的巨大理论指导作用。全文针对错误观点抽丝剥茧、层层深入展开论证和批驳，及时有力地回应了新出现的质疑和困惑，明确了宣传工作的根本任务，就是要把马列主义、毛泽东思想的普遍真理同实现四个现代化的伟大实践密切结合起来，研究新情况，解决新问题，使马列主义、毛泽东思想在实践中不断丰富发展。这对端正和统一当时社会的思想观念，无疑产生了重要而积极的影响。

（编撰：陈开和）

中·国·名·记·者

　　**冯东书**（1933— ）新华社著名记者。历任新华社总编室干事，山西分社记者、采编主任，国内新闻部记者等职，1986年被聘为高级记者，而后被聘为中国新闻学院教授。冯东书以深入农村调研著称，围绕"三农"问题采写了大量新闻作品，较著名的有《赵县长蹲点》《要使农业真正成为农民的事业》《重访昔阳》等。他还著有《"文盲宰相"陈永贵》《告别饥饿1978》（合著）等，均产生较大影响。

## "采访很有一套"的农村记者

冯东书是新华社著名记者，长期从事"三农"报道，以深入农村调研著称，足迹遍布全国多数贫困地区，采写了很多有影响的新闻作品，其中包括被新华社原社长穆青认为是"信史"的《告别饥饿1978》。他还以善于采访闻名，将采访经验写成《新闻采访学》一书。

### 自学成才的专家型记者

冯东书，1933年12月出生，江苏金坛市人。1950年2月参加新华社工作，1956年6月至1995年7月先后任新华社山西分社和总社农村记者。1986年被聘为高级记者，而后被聘为中国新闻学院教授。

作为长期扎根一线的农村记者，冯东书采写了大量反映"三农"问题的新闻作品，如《机器开动了——黄土高原采访见闻》《中国农民与中国未来》《让农业成为农民的事业》《要使农业真正成为农民的事业》等。这些作品展现了作者对中国农业发展与农村问题的深入了解与思考。

特别是，冯东书与傅上伦、胡国华、戴国强一起进行黄土高原农村情况调研，相关参考报道直接影响了改革开放初期的中央决策。这次调研结集出版的专著《告别饥饿1978》也产生了较大影响。新华社原社长穆青评价称，"要说真话。写实情。斯诺的《西行漫记》，范长江的《中国的西北角》，为什么至今读来仍然震撼人心？就是因为他们真实地记录了大量的事实。他们当时发的新闻，今天成了信史。你们这次调查，今天看是新闻，明天也就成了历史。"著名作家贾平凹直言"为作者的胆识、良知和职业责任心所凝聚的灵魂所感动"。

冯东书也是最早对山西大寨典型事迹和陈永贵进行报道的记者之一，报道渐次发酵所掀起的全国性的"农业学大寨"运动，对中国农业发展产生过深远影响。冯东书写的专著《"文盲宰相"陈永贵》，不仅记录保留了大量珍贵的第一手史料，也对农业合作社、人民公社及中国农村集体经济进行了深入的思考。

冯东书基于实践经验，对新闻业务和新闻理论也有很深研究，不仅著有专著《新闻采访学》，还在《记者观察》《新闻记者》等刊物上发表了很多论文，如《讲真理是我们的职业道德》《要研究读者的心理变迁》《新闻永远是一面镜子》等。

冯东书（1933—　）

冯东书没上过大学，取得这些成就全靠自学成才。曾长期与冯东书在山西分社共事的新华社同事金嘉声说："冯东书的学历不高，文化底子不厚，但他很勤奋刻苦，是个善于学习的人。"

冯东书在一篇题为《创造者永远是自学者》的文章中写道："任何自学成才者，都要善于向社会实践学习，不能光读书。社会实践需要我们成才，社会实践又是我们成才的摇篮。社会实践中的矛盾、问题，是我们要通过学习去解决的课题。社会实践又是一本十分丰富的'无字天书'，不懂这本'无字天书'最大的毛病是会成为教条主义者。"

冯东书善于学习还表现在他善于独立思考。他既不迷信书本教条、专家的现成说法，也不盲从社会潮流、风向，而是坚持自己去观察、去思考，对习以为常的观点认识进行大胆质疑，进而提出自己的见解。他的很多文章、著作都表现出这种独立思考精神，如《一个宣传了几十年的错误口号》《把"福"倒掉还有福吗？说说思维方式的重要性》等。

## 最大的本事就是采访

熟悉冯东书的人都提到，他很善于跟采访对象打交道。金嘉声回忆道："他这人没什么架子，很随和，采访很有一套，见多识广，三教九流都能谈得来。到农村调研，他不像别的记者那样拿个本子一问一答，而是由远到近地让农民说出心里话，很巧妙地了解到他们的愿望、诉求和呼声。"

中国农村地域面积广，交通、通信不畅通，下乡采访耗时长，也没有像城市采访一样细分不同的口。为了采访的需要，农村记者什么都得懂，什么样的路都得走，什么样的苦都得吃。在从事新闻工作的四十余年间，冯东书的足迹踏遍祖国东西南北的山山水水：东到黑龙江省抚远县，南到海南省三亚市，西到新疆帕米尔高原脚下的乌恰县，北到黑龙江省漠河县，并对全国多数贫困地区进行过调查。

冯东书在一篇文章中写道："作为老农村记者，我到过全国大多数贫困地区的农村，只有去了，住下来，才知道那些地方有多苦，多么不适应那么多人口在那里生存。那些地方缺可耕地，缺水（洗脸水都缺，更不用说洗澡，喝的水也不干净），缺燃料，缺钱，缺衣，缺被褥，甚至有的农户家缺吃饭的碗，当然缺医，缺药，缺新知识，缺新思维，缺新技能。当地经济不发达，就业机会很少，地方财政很可怜。"①

冯东书有个观点：新华社记者要当富记者，不要当穷记者。所谓富记者，就是脑袋里要有货，要充实，掌握的情况多，问题多，报道思想多，积累的报道线索多。不是领导出报道题目，而是要自己给自己出题目。如果对农村知之甚少，没有感情，就难以提出问题，列不出报道题目。

在被誉为"新西行漫记"的《告别饥饿 1978》一书中，我们可以领略到冯东书"上穷碧落下黄泉"的调研所结出的硕果。他在该书的后记里写道，"1980 年初，我向新华社总社国内部的领导讨了一个差事：我要从山西太原出发，向西，经陕北，经宁夏西海固地区，经甘肃定西地区作一次贫困地区的农村调查，了解那里农村的情况，农民的心态。领导答应了。这次我跑了四五个月，最后在甘肃通渭县的县委住下来，整理一路所见所闻，写了近一个月时间的稿子。"② 从中，可以瞥见冯东书当年调研的视野和时间、空间跨度。

多年以后，冯东书深入农村采访调研的精神仍有一定影响。例如，新华社社长蔡名照 2015 年 6 月还在一次讲话中回顾说："过去，我们有位老记者冯东书，最大的本事就是采访，他给编辑提供的采访素材事实充分，十分扎实，编辑在他的材料基础上调整、修改，拿出来的都是好稿子。冯东书就是这么出名的，靠的是扎实采访的基本功。"

## "讲真理"是我们的职业道德

冯东书（1933— ）

冯东书曾经说，新闻永远是一面镜子。这面镜子照出记者的品德、水平、作风。而实事求是，坚持真理，正是新闻这面镜子所折射出来的新华社记者的品德、水平和作风。冯东书曾经在《讲真理是我们的职业道德》中对此进行过阐述，而这也是他记者生涯的生动写照。

冯东书在山西分社工作期间，长期驻守山西大寨村，报道一代风云人物陈永贵。在所有去大寨的记者中，冯东书三次被驱逐，是被驱逐次数最多的人。而其中两次，都跟他坚持真理有关。

一次是因为土地丈量事件。1971 年，大寨大队和中国农科院等单位的农学家在虎头山试种了一亩水稻，这一亩地的产量是 1270 斤。农科院比较细致，对那块地测量后认为比一亩要多一点。冯东书在报道时有点为难，因为大寨要高产，农学家要准确，最后只好模糊处理，"虎头山上的一亩水稻，亩产达到了一千斤以上。"这个措辞被陈永贵得知后很气愤，扔下句话，"那块地还不够一亩哩，一千二百七十斤，愿写就写。"大寨后来丈量的结果也是一亩多，陈永贵才不得不同意记者的发稿口径。但随后，大寨就把冯东书拒之门外了。

还有一次是因为"不能永远学大寨"这句话。1974年是"农业学大寨"运动10周年，有记者在研究10周年报道时提出"永远学大寨"的口号。冯东书当即说："不要这样提，天下哪有永远的事?"在那个以阶级斗争为纲的年代，这件事被告发到大寨党支部和山西省委领导那里，在清查"四人帮"时成为冯东书的罪状。清查小组要求冯东书作检讨，冯东书说："我这事，不能检讨，因为我的话是符合辩证唯物主义的，正确的，我今天乱检讨了，将来还要做检讨的检讨。"最后，这事不了了之。等大寨没落之后，冯东书又被认为有远见。

冯东书将坚持真理贯彻始终，不随波逐流跟着风向转，这使得他的新闻作品和思想见解有一种历史的穿透力，经得起历史检验。1979年陈永贵失势以后，舆论在对陈永贵和大寨的评价上一改过去的赞扬，而是一片讥笑、挖苦。有些人用虚假的事实来否定大寨。在这种情境下，冯东书写了《"对任何人都要实事求是"——对大寨几件事的说明》一文，逐一驳斥那些不符合事实的说法。

在《"文盲宰相"陈永贵》一书的序言《别小瞧这个老农民》中，冯东书说："我不是给陈永贵立传，也不是表彰和批评陈永贵，我讲陈永贵的事，是向后代说明我们国家历史上曾经有过那么一个后人难以理解的时代。"

冯东书不仅在新闻实务领域有丰富实践，在新闻理论领域也有大量丰富而敏锐的思想见解。比如对新闻的本质和功能的认识。在《新闻永远是一面镜子》中，冯东书认为，不仅真实的新闻是一面反映客观实际的镜子，假新闻也是一面反映客观实际的镜子，"新闻说到底是人的主观意志的产物，总是特定社会制度、特定决策和特定时代的产物。因而它就必然地反映出那个特定的人、决策、制度和时代的特色"。

又如对宣传规律的认识。冯东书在《宣传是一把双刃剑》一文中写道："宣传是一门艺术，更是一门科学，谁违反了其中的规律，就反而会砍伤自己本来要肯定的人和事，或会帮助自己本来要否定的人和事，同时自己也会被自己挥舞的宣传之剑砍伤。"

冯东书还就记者的思维方式、记者的调研方法、受众心理等多个研究主题进行过研究，发表了自己的独特见解。这些都值得进一步总结、研究和学习。

**注释：**

① 冯东书：《新华社足涉祖国东南西北边陲第一人》，《记者观察》2006 年第 12 期。

② 傅上伦、胡国华、冯东书、戴国强：《告别饥饿 1978》，人民出版社 1999 年版，第 196 页。

作品选编

冯东书（1933— ）

## 赵县长蹲点

记者最近路过山西襄垣县马家东岭公社白堰底大队时，这里的社员要求记者写篇稿报道今年几次到这里蹲点的县长赵芝悦。

赵芝悦从去年调到这个县以后，先选择了一个先进大队——九庄公社冀家岭大队，作为他调查研究的基点。今年，他又加选了一个后进队——马家东岭公社白堰底大队，作为调查研究的第二个基点，计划通过办好这个大队，取得办好集体经济的经验。今年他到这个大队六次，共约两个多月时间。他的作风，深深地感动了这里的干部和社员。

这个大队过去种地不很讲究，小麦返青了就不再追肥，可是今年赵芝悦却把这个习惯给改变过来了。开始，赵芝悦讲了追肥的许多好处，劝干部、社员给小麦追肥。可是，这里的人因为没有这个习惯，不太想干。第二天一大早，赵芝悦便自己首先担粪下地。这下人们议论开了："赵县长给咱担粪追肥图啥，不是为我们好吗？""走，咱们也去干！"

于是，都跟上来了。这一天早上，社员们有担六担的，有担七担的，但担得最多的还是赵芝悦，他担了八担。

赵芝悦带头担粪给小麦追肥，已使人们感动了，可在担粪中间又发生了一件更感动人的事。赵芝悦担着空粪罐往回走，走着走着，他放下粪罐蹲下了。原来他看见一堆牛粪，正往茅粪罐里拾呢。白堰底过去积肥不好，赵芝悦这一举动，是一个无声的动员，深深地印在干部、社员的心里。

白堰底今年在荒地种了四十亩豆子，要不是赵芝悦来，这些豆子不一定种得这么及时。种豆之前，这里连着下了两天雨，第三天虽然晴了，地里烂得进不去人。赵芝悦在村里串的时候，发现有些荒坡可以上去人，便向大队干部要豆种。大队干部很奇怪，问他："这个天气，你要豆种干啥？"他说："荒坡地能进人，我给你们散些豆，不能多收，也可少收，总可给牲口增加点饲料嘛！"干部们当然不好意思让他一个人去，都跟上了。社员们也跟上了。就这样，利用雨后不能下地的时间，一气种了四十亩。

六月份下了一阵大冰雹，冰雹大的像核桃，地上积了两寸厚，冰雹刚一停，人们急得就往地里跑，这时候赵芝悦已经拖着两条泥腿，从山梁上回来了。他发现白堰底这次受灾很重，小麦打坏了，豆子叶打光，玉米叶打成了头发丝，地成了蜂窝。这时，赵芝悦对大家说："不怕，咱们共同想办法补救。"说着，他就带头担粪追肥救苗。县里运来了支援灾区的化肥，他又带头去扛。第三天他又和大家去割运被打坏了的麦子。这种麦很青很重，社员不让他担，他坚持要担。后来又和大家一起在地里间了两天谷苗。当时，社员心疼地对他说："看！把你累成个什么样子了！"他笑笑说："你们经得住，我也经得住。"

这个大队的会计崔培文说："我过去很懒，又是会计，不下地人家也不说，去年只干五个多劳动日。可是从赵县长来了以后，可坐不住了，不下地不好意思了。"今年，他在赵芝悦影响下，已经作了一百多个劳动日。

赵芝悦非常关心群众生活。他每次来，都先到一些贫农社员家去串门，看看他们有什么困难。老贫农马富喜是个饲养员，一贯热爱集体，先公后己，今年因为尽顾了忙集体的事，别人家自留地种下了，他的自留地还没刨。赵芝悦知道了，就悄悄给他刨了，感动得老汉一个劲地说："我以后一定把集体的牲口喂得更好。"

有一天，大家到庙后去锄地，赵芝悦扛着锄还担着付水桶，大家很奇怪，锄地要水桶干什么？原来，他是准备趁下工时，给他住的烈属家捎着担水。这家烈属有母子二人，儿子有点懒散，经常不担水，惹得母亲很生气。现在儿子看到县长给他妈担水，脸羞得没处放了。就这样，他渐渐地转变了，母子关系也改善了。

白堰底的贫农、下中农社员和赵芝悦相当亲。赵芝悦在这里是吃派饭，他到哪家吃饭，哪家就成了小会场，老汉们都愿趁吃饭的空儿和他谈谈心。这样，赵芝悦的耳目就多了，连白堰底周围的情况也都了解到。同时，赵芝悦也增加了许多出谋献策的人，使他顺利地帮助这里的干部改进了大队和生产队的工作。

事情真巧，记者在下面转了一圈来到长治市的时候，晋东南地区各县的一些负责人正在中共晋东南地委开会，会上正在交流赵芝悦深入蹲点和通过点指导面的经验。有些人知道赵芝悦在白堰底的情况以后，也很受感动。有人感慨地说："看来一个好的作风是一个先决条件，不然根扎不到群众心里去，蹲点是白蹲，点面结合更是一句空话。"

（新华社太原1964年8月30日电；选自新华社多媒体数据库）

冯东书（1933—　）

评析：

此文刊发于1964年，是冯东书的早期作品。这篇不到两千字的人物通讯报道，共有9个消息来源，有十几处场景和细节描写，足见冯东书观察之敏锐，采访之深入。这些消息来源还具有典型代表性，既有公社干部、普通社员、老贫农，也有落后分子，还有邻县负责人，他们从不同侧面勾勒了一个赵县长的形象。

同时，作者不动声色地运用大量丰富的事实细节，不加一字褒贬，尽显人物的品格、个性与作风。稿件末尾引用邻县干部的一句话点睛，"好的作风是一个先决条件，不然根扎不到群众心里去，蹲点是白蹲"，使全篇的主题得以升华，寄寓了普遍意义。

本篇的结构也有可圈可点之处。开头设疑，社员"要求"记者报道蹲点县长，然后解疑释惑，"他的作风深深地感动了这里的干部和社员"；主体部分也是一波三折，讲述赵县长蹲点中遇到的问题、故事，层层递进地告诉读者他带给人们的感动，以及亲密融洽的干群关系。

典型人物报道最不好写，容易流于模式化和假大空。这篇作品却没有一句空话，信息量很密集，体现了作者深入采访、敏于观察和严谨的工作作风。

# 开动思想机器　搞活农村经济

## ——黄土高原采访见闻

有机会从山西的西山又到陕、甘、宁，跑了十几个穷县。

"有什么感想？"有人这样问我。

"机器开动起来了。"这是我的回答。

### 马老汉敢发表意见了

机器开动，是指人的思想机器开动起来了。现在，这一带经济上虽还很贫困，但人们都在思考、议论怎样办好这里的农业，思想相当活跃。对此，有人称之曰："现在思想相当混乱。"而多数人则说，这是极好的现象，它把过去那种说一样的话，讲一样的问题的沉闷空气扫除了，独立思考的人越来越多了。

宁夏西吉县大坪公社叶塞科生产队有个七十多岁的老大爷，叫马宝山，没文化，历来是不多说话的，现在他也发表开意见了。他说，这

**作品原载报样**

几年农业为什么上不去？是社员没有劲，地不好好犁，不好好锄，犁过、锄过的地草还长着。给上头报锄了三遍，你莫信，好些地一遍也没锄；给上头说，一亩上了几千斤肥料，你也莫信，好多地没上粪。这是为什么？因为大家觉得队里的事，不是自己家的事，是"官家"的事。搞农业要紧的是大家都自动地干……他认为，只要把这个问题解决了，这里人吃的烧的，都没有问题。

宁夏固原县委书记王一宁对记者说，农民是直接从事农业劳动的人，应该是生产的主人。但是这些年他们只有服从命令的义务，没有发表意见和决定自己生产的权利。今天不让种莜麦，明天不让种荞麦。好像只有领导最高明，农民似乎连节令都不知道了。下种、收割时还要开电话会大喊大叫。结果，造成了少数人着急多数人不管的局面。弄得上面叫咋干就咋干，明知不对也照样干，一点主动精神都没有了。

甘肃会宁县青江公社冯湾生产队有两大堆农家肥，硬是在地边放了三年，没往地里撒。这不能怪群众，是怨这些年我们没有把农业真正办成为农民的事业。

记者接触到各级党委书记和一些老农，都说现在搞农业的条件比过去好得多，但是社员的积极主动精神，却达不到土改以后的水平。如果现在的条件，加上社员的积极性，黄土高原的农业生产一定能较快发展起来。

思想闸门打开以后，人们实事求是地提出了很有见地的看法：我们过去办农业，名义上是集体所有制，实际上是用"官办"和"半官办"

的办法办的，农民没有种地权，没有分配权，结果国家包袱背得很重，农民心里很不满意。这是一个很大的教训。

办好农业是全党的事业，但首先必须使农民从心里觉得这是他们自己的事业。农民不办，一切都只能是空话。农民没有内在的活力，只靠外力来推是不行的。有了内部活力，机器开动起来了，农民才能有主动性、创造性，农业才会发展得快。

## 各种形式的竞争开始了

机器开动起来的另一个表现，是过去那种用一刀切的办法办农业的局面打破了，各种竞争开始了。

山西省吕梁地区，去年搞了一千多个联系产量的作业组，大部显著增产，今年这种作业组大发展。正在这个时候，省里刮来了一股风，有些同志不主张搞联产到组。吕梁地委经过反复研究，决定还是尊重下面群众的意见，支持广大群众搞这种责任制。但是就是在这个地区，也有少数队，集体家底厚一点，收入高一点，他们仍愿保持原来的做法，这些地方，当地领导也就让他们继续干下去，让群众在实践中去选择。

陕西省米脂县在一个县的范围里实行的责任制就有好多种。孟家坪生产队去年放开胆子，在统一分配的基础上，搞了一套专业分工、包产到劳的岗位责任制。当时许多人指责他们是搞分田单干。经过一年实践，农林牧生产发展都很快，今年不仅这个大队的六个生产队全部采用了这个办法，别的地方也采用开了这个办法。现在，这一带地方实行着各种各样的生产责任制。有的同一个生产队里各个作业组之间的做法也不一样。社员们可以自己做主，自己经营。

在经营方针上，现在也活了。宁夏固原县寨科公社不少生产队现在还按照老路子，广种薄收，集中力量抓粮食，但有些开始改变了。如中川生产队就走少种高产的路，在抓粮食同时，利用当地土地较宽广的优势，种草发展牛羊。山西兴县有个 27 户的马福郎大队，队小眼光不小，他们打破了过去单一的经营方式，利用本地的优势，搞经济作物，去年在粮田里间作红小豆（药用，供出口），收了7400斤，还种了葵花和大葱。这几项就收入了1万多元。今年他们更来劲，扩种了葵花、大葱和蓖麻，又间作了大面积的红小豆。

这种局面好不好呢？有人说是"乱了"。有人说，这是"活了"。实际上，现在是各种办法处在竞争之中。这种竞争打破了一潭死水，造成了一种压力，推动人们在实践中选择迅速发展当地生产力的最佳办法。这种竞争也在培养、选择着那些善于经营的人才，淘汰着那些不善于经营的人。

## 勤劳的手脚放开了

冯东书（1933— ）

机器开动了的第三个表现，是对社员家庭经济的政策放宽以后，广大农民勤劳的手放开了，更多的财富创造出来了。山西保德县扒楼沟公社杏岭大队有个三十多岁的妇女，叫张二花，丈夫是县劳动局的干部，家里有五个孩子。她身体健壮，去年除了管家务，做了290多个劳动日，还种了三亩苜蓿，用草喂兔，收入了180元。还交售了一头肥猪，收入95元。还养鸡卖鸡蛋。整个家庭副业一年就收入了320多元。

宁夏西吉县大坪公社阳坡台生产队有个马维山，家里12口人，去年买了两头老母驴，今年下了一头小驴，又买了一头小驴，现在共有四头驴，其中一头母驴已经怀了骡驹。现在他家还养了羊、鸡和蜜蜂。房前荒坡上栽了三百多株树，还育了些树苗。院子里到处晒的是打来的野草，自留地种了胡麻，全家个个勤劳，日子过得充满希望。这样的户现在在这个贫困地区不断在出现。

（原载《人民日报》1980年11月29日；选自人民数据库）

**评析：**

此文发表于 1980 年，是冯东书成熟时期的作品，更见统摄全局的思想深度。作者开篇即形象地道出主旨——"机器开动起来了"。

全文反复申述这一主题，在结构上则从三个方面进行阐释：第一是人的思想机器开动起来了，人们开始思考、议论怎么办好农业了，连没文化的马老汉都敢发表意见了；第二是过去"一刀切"办农业的局面打破了，各种形式的竞争开始了，作者选取山西、陕西、宁夏等不同地区在生产体制、经营方针上的新变化来具体描述；第三是农民的手脚放开了，创造出更多的财富了。

这篇作品叙述上喜欢用口语化的短句子，有白描的风格。同时，也大量引用生活化语言，生动形象、容易理解，"这几年农业为什么上不去？是社员没有劲，地不好好犁，不好好锄，犁过、锄过的地草还长着"。

虽然题目是"见闻"，但作品却蕴含了深刻的思考，并且敢于呈现现实生活中的不同观点，在此基础上给出自己的独特观察和判断。比如提到人的思想机器开动起来了，既呈现了少数人认为是思想混乱的表现，也呈现了多数人对此肯定的意见。又如一刀切办农业的局面被打破，有人说"乱了"，有人说"活了"，作者在文中认为这种竞争造成一种压力，是推动人们选择发展生产力的最佳办法。

# 劳模新传

## ——记申纪兰

最近路过山西省长治市，旧地重游，见到许多老朋友，聊谈起来几乎人人都向我夸申纪兰，要我写一写。人们在向我夸申纪兰时，都痛骂那些搞不正之风搞得不像话的人。

在 50 年代初，全国有一个村同时出了两个全国农业劳动模范，那就是太行山里的平顺县西沟村。两个劳动模范，一个是李顺达，一个是申纪兰。李顺达前几年已经去世。申纪兰 1951 年成为县劳动模范，1952 年成为全国劳动模范。从那时到现在的数十年里，她一直保持着劳动模范的本色。1987 年春天，农牧渔业部召开的农业劳动模范座谈会上就有她。她从第一届全国人民代表大会起到现在，一直是全国人民代表大会代表。

申纪兰这个人为什么今天这么受人称道？重要一条是在有些人找一切机会离开艰苦环境的时候，她却死活不离开西沟那个穷山沟，不离开那里的群众，坚持要为大家踏出一条共同富裕的道路。

西沟这个地方的条件实在太差了，到 1980 年，这里人均收入才 113 元。申纪兰觉得只要这些人还穷，就是她还没有尽到责任。从 1986 年起到眼下，她跑了成百个单位，弄资金，请人才，弄原材料，弄电，在西沟办起了一个铁合金厂。这个厂首先吸收那些没有门路的农户子弟参加，1987 年 11 月投产，成为一个盈利较大的企业。

申纪兰已经 57 岁了，可精神显得同年轻人一样，充满活力。她上上下下跑了那么多单位，坐长途汽车花了许多钱，却从没有报销过一次车费，也没有领过一次出差补贴。她花的钱：就是她当省妇联主任和市人大副主任时国家给她的补贴。村里有人劝她该报销的还是要报销，该领的还是要领。她心里想的是西沟太穷了，工厂是贷款盖的，能省一分就要省一分。

冯东书（1933— ）

外地推销员的信息很灵。有一个省的一位推销员打听到这里办铁合金厂，马上来推销铜线。他找到申纪兰家，看见面前是一个老农妇，布鞋布衣，头上还包着一块白毛巾，家里没有现代化的东西，连沙发都没有。他根本不相信眼前就是大名鼎鼎的申纪兰，还一个劲地打听申纪兰在哪里。当他明白了眼前就是申纪兰时，马上给她递过一个厚厚的信封。申纪兰抽出来一看，一大撂票子，有几百元。申纪兰把他好批了一顿，告诉他说，世界上不光活着只看重钱的人。这个外省客在申纪兰的行动面前心动了，把钱和表收起来，把货压到比卖给别地方低 1/4 的价格卖给了西沟。

我和申纪兰谈起来，她觉得那些事都很平常，她说她只是忠于她

1953 年入党时的誓言，努力去给老百姓做一点点事情。

（原载《人民日报》1988 年 2 月 22 日；选自人民数据库）

评析：

　　早在 20 世纪 60 年代，冯东书就多次报道著名劳模李顺达和申纪兰领导的西沟生产大队的情况。面对改革开放带来的翻天覆地变化，这篇刊发于 1988 年的新闻作品再次将镜头对准申纪兰，从她身上发掘出一个重要的时代主题和新闻线索——改革开放新时期党员如何保持优良作风。

　　这篇作品，冯东书仍沿用他擅长讲故事的叙述方式，用几个小故事对申纪兰"为什么今天这么受人称道"娓娓道来，分别从群众旁观者视角和主人公主观视角两方面进行解释。前者是"她死活不离开西沟那个穷山沟，不离开那里的群众，坚持要为大家踏出一条共同富裕的道路"，后者则引用申纪兰看似稀松平常的一句话，"她说她只是忠于她 1953 年入党时的誓言，努力去给老百姓做一点点事情"。更绝的是，全篇到此戛然而止，余音绕梁，引人深思。

　　这篇作品还体现出冯东书做新闻报道的一个特点：长期关注报道对象，在历史长时段中捕捉新变化、新趋势，并展开深入反思。这一特点在冯东书很多新闻作品中都有体现，如《重访昔阳》《太行山上的劲松——记全国农业劳动模范李顺达》以及专著《"文盲宰相"陈永贵》等。这种执着的职业精神难能可贵，令人钦佩。

（编撰：万小广）

中·国·名·记·者

为您服务 情系万家 **沈 力**（1933—　　）

**沈力**（1933—　　）中国第一位电视播音员，第一位固定栏目的专职主持人。从1958年北京电视台（中央电视台前身）创建时开始担任电视播音员，后从事过记者、编辑等多种工作，1983年开始任中央电视台"为您服务"栏目负责人兼主持人，1988年退休，1993年再次被请回中央电视台主持《夕阳红》栏目。她的敬业精神、探索态度和服务意识，为中国早期电视节目的播出树立了榜样，为中国电视事业的发展开拓了道路，其知性、端庄、优雅的形象亦深深铭刻在观众心中。

人物评介

# 为您服务　情系万家

　　1949 年新中国成立后，沈力毅然弃笔从戎，后来转业进入广播电视领域。从最初中央人民广播电台和北京电视台的播音员，到采访过多位政界文艺界名人、策划过许多特色专题的记者编导，再到后来《为您服务》及《夕阳红》栏目中端庄优雅的电视主持人，沈力以对电视工作的热情和对观众的亲切诚挚取得了斐然的成就。她被观众称为"大姐"，被评为"优秀主持人""全国优秀新闻工作者"，获得"金话筒"开拓奖特别金奖等多项荣誉，对中国电视节目发展和主持人风格形成具有深远的影响。在电视新闻工作者这个岗位上的每一步，沈力都以饱蘸着激情的态度和与观众心贴心的真诚去付出，她是中国荧屏上熠熠生辉的明星，是电视播音主持的"第一滴水"①。

## 履历：从群众中来　到观众中去

　　沈力，1933 年生于江苏，原名沈立环。1949 年新中国成立后，尚是高中生的沈力带着满腔热情加入中国人民解放军南下工作团，成为文

中·国·名·记·者

工团的一名演员，先后在桂林、武汉、朝鲜等地为军民进行演出。贫乏的物质条件和千疮百孔的社会环境让沈力经历了前所未有的艰苦考验，但同时也培养了她坚毅的品质和朴素的群众观念。

1954年，沈力随总政歌舞团赴苏联和东欧进行文化交流演出，由于没有飞机，漫长的旅途只能在火车上度过。团部的重要事情都通过火车上的扩音器喇叭进行传达，而沈力便担任此次火车上的播音员工作，正是这件事情为沈力后来的职业转变埋下了伏笔。

1957年，经一位与沈力同去苏联并对她声音颇有好评的同事介绍，沈力转业并考入中央人民广播电台任播音员，师从播音界著名导师齐越学习播音艺术，齐越为她改名为沈力。在导师的教导下，沈力开始系统地接触和学习广播播音。

沈　力 (1933— )

1958年沈力进入北京电视台（中央电视台前身）工作，成为中国电视业第一位播音员。1958年到1960年年初，沈力作为电视台唯一的播音员承担着所有节目的播音任务，包括节目串联、口播5分钟的简明新闻、专题采访、代表电视台向东欧等国致新年贺词，以及在天安门广场举行五一庆典的实况转播等。

1966年"文化大革命"爆发后，由于自己的声线不符合当时"高音高调"的要求，沈力在1974年主动要求转行去专题部学习做电视编导。这段经历除了使沈力的文字功底得到提升，也使她对画面构图、镜头语言、剪辑技巧的把握更为娴熟。之后沈力在《文化生活》栏目担任编导，五年多时间里，录制了85期节目，被称为"高产作者"[2]。

1982年，沈力被任命负责《为您服务》栏目并担任固定主持人，栏目要求真心实意为观众服务，想观众之所想，急观众之所急，为观众当好参谋。为了解观众的需求，沈力把每月平均4000多封观众来信全部看完，并通过多种渠道深入观众进行调研，使栏目成为观众心中的"百科全书""良师益友""信得过的节目"[3]。

1988年沈力退休。1993年应中央电视台之邀，重新出山并担任《夕阳红》栏目的主持人。在主持这档老年节目的时间里，沈力担负着参与节目策划、外出采访、撰写文稿等多项任务。沈力主持期间，《夕阳红》

一度成为中央电视台的优秀节目，在老年群体中非常受欢迎。

## 探索：用热情奋斗无惧于挑战

在沈力的时代，中国电视事业尚属起步阶段，每一点进步都需要电视工作者进行不断摸索和创新。从无到有的变化中，沈力用她的探索精神来开拓自己电视生涯的每一个新领域。

机缘巧合下，沈力走上了播音之路，成为北京电视台唯一的播音员，面对繁重的工作量，沈力虽觉压力，却也乐在其中。那时，每天下午领导审完片，沈力拿到稿件已经五点左右，距离新闻播出只有不到两个小时。她无暇吃饭，甚至去厕所也要一路小跑。而且由于稿子经过多方修改，字迹龙飞凤舞，标注满篇皆是，近五十分钟的新闻直播，使沈力面临非常大的压力。于是沈力自己摸索出一套实用的应对技巧，她戏称之为"笨人自有笨办法"④——用三色笔对稿件的内容做不同处理，黑色删去，蓝色加重，红色特别注意，使得稿件成为一张张缤纷的"京剧脸谱"。

沈力在进行播音时，并没有人要求她"背稿子"，但是她深感播音员的使命不只是机械地"念稿子"，也需要与观众交流，用大脑和心灵去处理信息。在试探和摸索中，沈力选择性地在一些节目中放下稿子，或者按照自己的理解去"改稿子"，仔细推敲出最合适的表述，使用更贴近节目特色的播音风格，让电视节目更生动特别。

"文化大革命"爆发后，沈力在 1974 年主动要求改行做编导。在与老同志工作的同时，沈力不断学习和丰富自己，从播音员转型成为优秀的电视编导。她制作的《迎春灯谜》等节目名噪一时，另外还有介绍民族传统音乐的《千年唐乐·重振丝弦》，民族器乐曲《春江花月夜》等，在弘扬民族文化、普及文化知识、鼓舞群众健康向上方面发挥了重要作用。

1983 年，沈力进入《为您服务》栏目，成为中国第一个电视栏目的固定主持人。崭新的身份和概念完全没有先例可循，沈力只得从头开始，琢磨主持人这个角色该如何扮演。她提出主持人要有个性，要有自己的想法、追求、习惯和性格，无论是咖啡还是烈酒，都要不断去探索并开拓自己的风格。面对这个接地气的服务性质的节目，沈力一反常规，将科学、历史、知识、趣味融入其中，提升节目的品位和格调。

20 世纪 90 年代，已经退休的沈力重新回到中央电视台，她面对的是专门为老年观众所开办的《夕阳红》栏目。这对沈力来说是很大的挑战，但是她迎头直上，始终保有满满的热情。她将老年人看作读不完的书，主动去了解、走近、感悟他们，并随时调整自己的位置和心态，促进节目实现更好的传播效果和社会价值。

## 服务：尽社会责任以观众为上

沈 力 (1933— )

很多观众对沈力的印象源于《为您服务》栏目，它深入人心并赢得了观众的认可。以前的节目都是我播你看，而《为您服务》改变了这个传统的生产供应链条，以观众的需求为导向。沈力作为栏目的负责人和固定主持人，一直坚守着观众至上的理念——这深深体现在她工作的每个环节。

重视观众来信，关注观众需求，是沈力的行动准则。栏目的定位决定了观众想法在节目制作中的重要性，因此尽管工作非常繁忙，沈力仍坚持阅读每封观众来信，"只有认真倾听他们的呼声，才能有的放矢地为他们服务"。⑤ 当"集邮热"刚刚兴起时，很多人抱怨自己信封上的邮票会被别人偷偷撕掉，《为您服务》便制作了集邮相关节目为观众普及相关知识，并对集邮当中道德层面的问题进行了探讨。

强调节目互动性，增强与观众交流，是沈力与《为您服务》开创的先河。以观众为中心的服务意识不仅仅体现在选题策划中对观众需求的满足，提升观众参与感也是非常重要的一个环节。沈力在《为您服务》中会经常直接念出观众姓名，有针对性地回答观众的问题。例如，"前些天，我收到来自北京黄村五小王子苏小朋友的一封来信……请王子苏小朋友的爸爸、妈妈和其他观众朋友收看我们的节目……"⑥短短数语，拉近了电视节目和观众的时空距离，提升了观众对节目的亲切感和忠诚度。

坚守社会责任，为观众解决实际问题，是沈力服务意识的价值导向。电视作为重要的媒介，具有舆论监督的职能，通过"曝光"来解决问题能够凸显其对群众的价值。例如一位部队退休老干部给节目组寄来一包参差不齐的卷烟，节目进行曝光后，厂家立即制定措施寻找问题并给老干部赔礼道歉。半年之后，该卷烟厂还获得省优产品称号。

注重"视象意识"，与观众真切平等交流，是沈力主持风格中鲜明的特色。沈力提到电视播音需要有较强的视象意识，其含义就是与观众产生真切的交流。她将生活中遇到过的场景都储存在脑海中，站在摄像机前就迅速唤起交谈时的场景。同时，沈力非常重视语言的使用，为了让观众有更加亲切的感受，她常常会用很久时间来琢磨一句台词。比如将稿中"您懂得了膳食平衡的道理后，就应该举一反三"的"应该"改为"还可以"⑦，更彰显了主持人与观众之间的平等，体现了沈力心中对观众的服务意识。

在沈力的播音、主持经历中，热情、奋斗精神和高度的群众观念、服务意识贯穿始终。她以观众为工作的落脚点，真正做到想观众之所想，急观众之所急，全心全意为观众服务。她的主持风格自成一体，亲切诚挚。她是观众心中的一位挚友，是电视荧幕上的一颗明星，亦是中国电视事业发展的一个标杆。

**注释：**

① 田珍颖：《第一滴水——记我国第一个电视播音员沈力》，《报告文学》1984 年第 7 期。

②③④⑤ 赵化勇主编：《与你同行：央视 50 位主持人献给建台 50 周年的心语》，中国广播电视出版社 2008 年版。

⑥⑦ 中央电视台研究室、主持人节目研究委员会编：《中国荧屏第一人：沈力》自述篇，中国广播电视出版社 1999 年版，第 62、53 页。

# 我怎样当节目主持人

沈　力（1933—　）

　　我从事过八年电视播音工作，又当了八年编导，也许正是这个缘故，领导让我出任节目主持人工作并兼管一个栏目《为您服务》。1982年下半年，电视专栏节目设固定主持人，中央电视台还无此先例，况且我改行多年，从未想过要重操旧业。对于主持人这一新课题更缺乏了解，再加上我已年近半百，能行吗？我对自己持怀疑态度，抱着试试看的心情开始了新的探索。感谢领导让我从事节目主持人工作时给了我发言权和定稿权，这使我在探索节目主持人的工作中，得到展示个性的自由。另外还要感谢与我一起合作的伙伴们，没有他们的合作和帮助，我这个"独角戏"也唱不成。《为您服务》已不存在了，但是，它使我在探索节目主持人的道路上做了有益的尝试。近几年来，越来越多的节目主持人出现在电视屏幕上，有固定的和非固定的，有专业的和业余的，有演员也有各行各业的专家，尽管类型繁多，但大致离不开两种类型：一种是采编播合一类型，有人称这种类型的主持人为"露面的主笔"，他既是前台的代表，又是后台的核心，是节目的设计者和组织者。另一种类型是编播合作类型，这种类型的主持人的主要任务是主持播出，对整个节目不起决策作用。目前，我国主持人节目正处于发展阶段，两种类型的主持人都应该允许存在（事实上也都存在着）。实践证明，不同类型的节目主持人，适用于不同类型的节目，如固定栏目，非固定栏目，等等，一花独放难免单调。

　　节目主持人，关键在"主持"二字上。主持，是"掌握或处理的意思"。掌握则是"了解事物，因而能充分地支配或运用"；处理，是"安

作品原载版面

排（事物）解决（问题）"。从词意的解释来看，无论是掌握或处理都含有一定的主动性。就是说，主持人主持节目应该是主动的，不能只是照本宣科，而要充分发挥主观能动性，掌握节目，驾驭节目，有所发挥。主动权是指通过主持人对节目的了解，从而产生的独到见解、观点、态度和语言。可以说主持人参与节目的过程，就是主持人自我渗透的过程，渗透得越多，主持作用就发挥得越多，个性表现得就越充分。主持人是沟通节目与观众联系的一个桥梁，他既是栏目的代表人物，又是观众的朋友，有时他代表栏目讲话，有时又代表观众讲话。他像一条纽带，把屏幕内外紧紧地连结在一起，把时空拉到最短的距离，在节目中穿针引线，为主持节目增光添色。由于各类节目的性质、内容、形式不同，主持人在每个具体节目中的作用也有所不同。但总的说应该起到沟通思想、交流感情、承上启下、活跃气氛的作用。

　　主持人的最大特点，就是宣传者以个人的身份出现。他不像播音员那样代表官方身份发布命令，报告新闻，宣讲政策。他是一个栏目（或一组节目）的代表，是以个人身份与观众进行直接地、面对面地交流。这种交流更多地表现了主持人个人的意向、认识、感受和语言。既然是以个人身份出现，就要求主持人有鲜明的个性。生活中每个人都有各自的性格特征，屏幕上也应如此。因为主持者是一个真实的人，而不是模具，他应该有自己的喜怒哀乐。有个性才有活力，才能产生魅力。有个性也才符合生活的真实，增强节目的说服力。主持人的个性要和他主持的栏目风格一致，这样，才能得到相辅相成、相得益彰的效果。体现个性的前提，是要独立思考，有自己的见解。背编辑写好的稿子，很难形成自己的特色，有时还可能改变一个人的形象。

身份变了，主持人和观众的关系也产生了变化，这种变化的明显特征是朋友式的。主持人与观众之间不能只是我播你看的关系，而是要共同面对生活。主持人应该将自己置身于观众之中，把观众看作是自己的至亲好友，尊重他们，热爱他们，拜他们为师，有事和他们商量，与他们平等相待，避免用居高临下或指令性的语言对观众讲话。比如，"您懂得了膳食平衡的道理，就应该举一反三"，这里"应该"是命令式的，如果改成"还可以举一反三"口气就不同了。再如"请您记住，以后再吃豆腐的时候，最好用肉炒。"这里"请您记住"，虽然加了"请"字，但仍带有指令性语气，如改成"您以后再吃豆腐时，可别忘了放点肉"，是朋友式的，友好的提醒。

服务行业中曾提过一个口号："顾客永远是对的。"我觉得对于主持人来说，观众也永远是对的。主持人应当把观众看作是心目中的"上帝"，不要对观众失礼，不要怠慢或无意中伤害了观众。任何时候，任何情况下都要把尊重和爱护观众放在首位，以礼相待，只有这样，才能赢得观众的信任和爱戴。我认为主持人的威信主要靠两个方面，一是本人的才能和水平，二是能与观众建立起彼此信任的友好关系。从某种意义上讲，后者更为重要。

与电视播音员工作相比，电视节目主持人的工作范围扩大了，主持人不仅要会播，而且还应该会采、会编、会写。有人说这种要求似乎

沈　力（1933—　）

371

太苛刻了，不是所有的主持人都能做到的。可我认为要想成为一名具有一定水平的主持人，就应该为自己树立一个追求目标。尽管节目主持人不一定非参加节目的创作和制作的全过程，但是，学会采、编、写对于驾驭节目，掌握节目主动权，展示主持人的个性，无疑是有益的，对树立固定专栏节目主持人的权威就更为重要。实际上会采、会编也是一种手段，目的是为了能更好地参与和把握节目，从而体现出主持人的观点、见解、风格和特点。

做好电视节目主持人工作，必须掌握电视播音一些基本特点。电视是视觉艺术，电视播音不仅要有较强的对象感意识，还要有较强的视象感，就是播讲时不仅要设想和感觉到观众的存在，还要透过镜头看到存在着的观众，看得越具体、越真切，就能产生越多的真切交流感。

我常把生活中所遇到过的与观众朋友交往的场面，储备在自己的脑海里，他们能使我在镜头前，迅速地唤起真实、具体的感受。每当我"看"到他们，就会激发起我讲话的愿望。比如，有一次我们曾向观众介绍四种凉食的做法，按说师傅教完了，主持人说声谢谢，就可以结束了。可是，当我"看"到观众朋友正在津津有味地看着、学着时，一种任务完成而情谊未尽的感觉油然而生，于是我加了这么几句话："观众朋友，四种凉食做好了，按说应该先请您尝尝，可惜隔着荧光屏您没法儿尝，只好请您自己动手，自己品尝了。祝您做得成功，吃得高兴！"由于这些话是在我"看"到了观众的存在时引发出来的，所以在镜头前能够做到目中有人，心中有情，产生与观众真切的交流效果。人际间的交流是以存在着的双方为前提条件的，我们在镜头前就要靠想象来完成。当然，交流包括很多方面，如内容上的交流——要把节目办到观众的心上，语言上的交流——话要说到观众的心里，感情上的交流——情要传到观众的心中，等等。除此之外，很重要的一点要靠神态，神态主要从目光中表现出来。我们不妨设想一下，两位多年不见的好朋友，一旦相遇，他们的眼睛里会闪现出一种光彩，这种光彩就是我们平时所说的眼神。看到对方与他讲话和没有看到对方与他讲话的效果是不同的，前者目光集中，眼睛发亮，焕发着神采，后者则毫无目的，目光散射以致呆滞。如果以为只要面对镜头就能产生交流的话，那就错了。就拿边念稿边抬头来说吧，我认为抬头本身不是目的，只有将抬头与稿件中应强调的重点词句结合起来，才能突出稿件的中心思想，增强稿件的说服力，进而达到与观众交流的目的。那种毫无目的、随意性的、缺乏内涵的、亮相式的抬头，不仅无助于稿件内容的表达，甚至会破坏稿件的完整性，把文章播得支离破碎。要想做到真正与观众交流，必须强调一个"真"字，要笑就要发自内心，不能皮笑肉不笑；要看，就要看到，不能视而不见；要动，就要有目的性，不要敷衍了事；要说，就要由衷，不要随随便便。缺乏真实感和目的性，貌似面对观众，实则视而不见，是无法取得与观众交流的最佳效果的。

另外，播音者在镜头前的自我感觉也是非常重要的。感觉，是个比较抽象的概念，有时只能意会，不能言传。播讲者在镜头前的自我感觉常常表现得很微妙，大致有几种类型：一种是无感觉类型，这种类型表现出来的心理状态是不积极的，感情冷漠，语言苍白，缺乏对象感和视象感。在这种状态下开口向观众问好，缺乏目的性，是程式化的，他自己没有什么感觉，观众自然也不会有什么感觉，平平淡淡，如此而已。第二种是感觉空泛类型，这种类型的人，能够意识到在向观众讲话，但是对象空泛，不具体，不真切，不是近距离，面对面的，因而缺乏真正的交流。第三种是感觉错误类型，这种人自我意识较强，但不是感到自己在群众之中，而是一种自我表现，故做姿态，自我欣赏，因此，无法与观众产生共鸣。第四种是感觉正确类型，正确的自我感觉是建立在端正与观众关系的基础上的，应感到自己是群众中的一员，是他们的朋友，尊重、热爱他们，与他们平等相处，这种谦虚、热情、真诚、彬彬有礼、置身于群众之中的自我感觉，才是镜头前的正确自我感觉。在这种状态下开口讲话，愿望是积极的，内心是充实的，感情是由衷的，神态是自然的。而要想做到这一点就需通过各种渠道建立与观众的联系，培养对观众的感情。我在做播音工作的时候，就曾对自己提出过要求，镜头前不看到观众不开口，努力锻炼镜头前迅速调动感情，获得正确感觉的适应能力。负责《为您服务》组工作以后，经常阅读大量

沈 力（1933— ）

373

观众来信，起初我看信只是为了了解观众需求，后来从信中得到的，不仅仅是选题的依据，还有一种更可贵的东西，就是与观众在思想感情上的交流。这些信来自各个阶层，很多信是很感人的，他们跟我说心里话，甚至连对父母都不愿讲的话也写信告诉我们，失去母亲的孩子，向我发出妈妈的呼唤，我非常珍视观众朋友们的这种情谊。尽管这种交流是无形的，但却使我在镜头前获得了更加充实的感情，获得了积极讲话的愿望和真切的交流依据。我感到我和观众之间似乎有一种无形的情感纽带联结着。"观众"二字在我心里已不再是空泛的词汇了，每当我站在镜头前时，就会透过镜头看到他们，当你向他们奉献出一颗真诚的心时，才能赢得他们的信任和友谊。

（原载《当代电视》1987 年第 3 期）

## 评析：

沈力在文章中结合自己从业多年的经验来谈对主持人角色的理解，包括主持人角色的概念、功能、身份和工作要求等多个方面。由引可见沈力成为中国电视第一人的根本原因在于，她具有独特的个人气质和高超的职业素养，以及强烈的为观众服务的意识。

沈力提出，主持人要有鲜明的个性，"有个性才有活力，才能产生魅力"；"主持人主持节目应该是主动的，不能只是照本宣科，而要充分发挥主观能动性"；"主持人不仅要会播，而且还应该会采、会编、会写"，"学会采、编、写对于驾驭节目，掌握节目主动权，展示主持人的个性，无疑是有益的，对树立固定专栏节目主持人的权威就更为重要"。

沈力认为，更重要的是，主持人要有明确的观众中心观，"主持人应当把观众看作是心目中的'上帝'"。主持人的身份是观众的至亲好友，应当与观众平等相待，只有这样才能"目中有人，心中有情，产生与观众真切的交流效果"，"当你向他们奉献出一颗真诚的心时，才能赢得他们的信任和友谊"。正因如此，沈力赢得了观众的认可，推动《为您服务》在诸多电视栏目中一枝独秀，也让自己成为荧屏上一颗璀璨的明星。

# 个性色彩与语言（节选）

关于电视节目主持人个性问题的提出，大约是在 1984 年，那时，我曾和陆锡初老师探讨过。因为那个时代强调的是党性，还不敢强调个人作用，但通过实践又感到个性是由节目主持人工作特性所决定的。因为主持人是以真实的个人身份出现在观众面前，并与之进行直接的、面对面的交流的，而这种交流更多的是通过主持人的意向、认识、感受和语言来完成的。所以，个性色彩是无法回避的。后来，在给广播学院的同学讲课时，结合自己的体会和观摩，谈了自己的看法。虽说现在对之已取得了共识，我还是想说说当时的认识和体会。我认为：鲜明的个性色彩是主持人魅力的先决条件，有个性才有活力，才能产生魅力。实践证明：凡是受到观众欢迎的主持人（赵忠祥、宋世雄、陈铎、敬一丹、水均益、白岩松、倪萍、鞠萍、杨澜等，还有很多）都具有鲜明的个性色彩。另外，主持人的个性色彩应该和他所主持的栏目风格相一致，这样才能起到相辅相成的作用，才能融为一体。最近在整理材料时，翻到了几页过去写的串词，虽说不够典型，但也多少能说明些问题（因不可能把多年的节目重新过一遍，只好用它了）。

例 1：最近我们陆续收到一些同志的来信，希望我们能够为他们呼吁一下，让他们从难以忍受的噪声中解放出来。

（摘要选读几位观众来信，略……）

也还有同志问：什么叫噪声？什么叫分贝？噪声对人的健康有什么危害？

有一部科教影片，叫《噪声》，不知您看过没有？现在我们选其中的两段，放给您看。一段讲什么叫分贝，另一段讲到噪声对人体的危害。（放一段影片）

从刚才的影片中可以看到，噪声会给人体带来什么危害。希望它能引起注意，不要再人为地制造噪声了。让我们都来为创造

沈 力（1933— ）

一个安静的工作、学习、生活环境，为保障大家的健康，作出一些贡献。

例2：前几天，我们收到了四川电视台寄来的一个节目，我告诉您它的题目，我想您会感兴趣的。它的名字叫《教做川味鱼》，就是给大家介绍两种四川风味鱼的做法。有的同志跟我说过，她和她周围的同志希望在看这类节目时，能有条件让他们记一记。这个节目讲得稍微快了一些，恐怕您记不下来。您看这样好不好，我先把做川味鱼需要的主要调料用打字幕的方法告诉您，您先记下来，然后再看节目，这样可能方便一些。

例3：您好！今天是《夏日话凉》节目的第三集，教您做冰糕和冰淇淋。这个节目是应很多新添置电冰箱的朋友们的要求安排的。那么，还没有购买冰箱的同志呢？您也别着急，下个星期，我们还要教您做几种凉食。好，下面节目就开始了。

例4：前些天，我收到北京黄村五小王子苏小朋友的一封来信。信是这么写的：（信略）

是这样的，这位小朋友的确代表了很多观众朋友们的要求。今天我们就满足大家的这个要求，请王子苏小朋友的爸爸、妈妈和其他观众朋友收看我们特意为您录制的节目。

另外，前面曾提到一个有关眼镜防雾剂的节目，这个节目播出的时候，我说了这样一段话：

去年冬天我曾收到过一位同学的来信。信里提到她是一位近视患者，每到冬天，由于室内外温差大，眼镜上经常出现一层雾气，给她的学习和生活带来许多不便，希望我们能帮她排除这一烦恼。我们的编辑收到信以后，一直在寻求解决的办法，可是等我们找到办法的时候，天已经暖和了，所以事隔一年，我们才来回答这位同学提出的问题。此刻，这位同学如果还能坐在电视机前，那我就太高兴了。

以上几例虽然是些聊家常的话，但它贯穿了我对栏目宗旨的把握——真诚为观众服务。有的是用点名道姓的方法，把栏目和观众之间的时空距离拉近，同时也体现出主持人应有的细致与周到——一切从观众出发，一切为观众着想。像《教做川味鱼》节目，采用先记录后教做的办法，以满足观众的需求。"冷饮"节目，既为买了电冰箱的同志服务，还要想到很多还没有买冰箱的同志。对王子苏小朋友的来信，我并不把它看成是一个小朋友的事，而是想通过他可以吸引更多的人收看节目，所以不仅加了"请王子苏小朋友的爸爸、妈妈和其他观众朋友收看我们的节目"，还特别加了"特意为您录制的节目"，"特意"二字以表示我们的真诚。这里面也涉及一个研究、了解和掌握观众心理的技巧问题，加"特意"二字就是要让观众听你的讲话不仅入耳，还要入心。另外，那个"眼镜"的节目，已事隔一年了，说明我们并没有因为时间长而忘记观众的要求，观众始终在我们心中。表面上看，这些都是琐琐碎碎的，甚至是些只言片语，但久而久之，积少成多，我相信观众朋友会从中触到我们这颗体贴他们、关心他们、为他们着想、为他们服务的赤诚的心的，会感到主持人和《为您服务》栏目离他们很近，从而产生一种亲切感、信任感。我想，《为您服务》的整体形象，大概就是由于主持人的个性与栏目风格相辅相成、融为一体而形成的。

沈 力 (1933— )

过去，我曾有过误解，认为主持人要体现水平，就应有一定篇幅，只有那种有理论、有分析、有根有据的谈论式的，才算是主持人。像我这样只言片语、零零散散的大白话、聊家常，根本谈不上水平。后来，慢慢地也想开了，栏目不同，任务不同，主持人只能在他所担负栏目的任务的前提下去发挥作用，而不能脱离栏目去强调个人的作用。我觉得，主持人的个性色彩总体上有两大方面：一是观其人，二是听其言。观其人，指的是主持人的仪态，包括形象、着装、风度、气质等这些外在形态。听其言，主要指语言。这两方面都是主持人的思想观点、知识水平、文化修养、审美情趣等各方面综合素质的反映，也是主持人个性色彩的直接体现。

我对自己的个性，不是先有认识，再刻意去追求的，而是通过实践去不断发现与总结的，有个自我认识的过程。我曾经剖析过自己，看上去似乎挺随和，可实际上在某些方面也挺固执。比如在着装方面，我一直坚持自己的喜好和观点。很长时间我都以为自己在穿着上不讲究，喜欢朴素一些，随意一些，淡雅一些。后来我发现，其实我并不是真的很随意，可以说很挑剔，希望在朴素的基础上穿出品位，穿出个性，要求得体。所谓得体，就是要做到3个符合，即符合栏目风格，符合场合，符合自己的身份与年龄。在语言方面，我一直坚持"言为心声"的观点，从不勉强自己说些自己不愿意或不习惯说的话，尽量有感而发，用自己的所思所想和习惯去说。

有一件事给我留下的印象很深。1982年刚开始筹办《为您服务》时，因过去大家都从没见过设主持人的栏目是什么样的，副主任吴影带着我们3个兵（余培侠、王青与我）到厦门台去参照一下台湾节目（当时不能公开看，通过前线台录的带子看了一些）作为借鉴，看到台湾的主持人讲话随意性很强，侃得也比较多。我们的一位编辑提出，咱们也应一改过去那种比较刻板、严肃的播讲方式，应更像唠家常、聊天一样，创造一种清新的风格，当时大家也都认可了。后来，她在做节目写稿时，就按这种风格尝试了。比如，在一次教做凉菜节目的开始时，为主持人写了这么一段："这几天，天气真热，天一热，很多人就吃不下饭。那天，我到食堂买饭，听见几个同志正在议论，他们说一看见炒菜就发腻。看来盛夏酷暑大家都喜欢吃点凉菜，我们从今天开始，分4个星期，向大家介绍4种凉菜的做法。"我觉得编导的用心是好的，稿子也没什么问题，可我就是不愿这么说。我知道，自己比较古板，平时不喜欢多言多语，更不喜欢没话找话说。我习惯于有话则长，无话则短。所以就给改写了："伏天到了，很多同志热得吃不下饭，常喜欢吃点凉菜，我们准备从这周开始，分4次向您介绍4种凉菜的做法。"

这里，我并不是说我这么改能高明多少，只是用以说明希望按照自己的习惯去讲话。当然，个性化的语言包括诸多因素，像先天的嗓音条件、音色、音质、发声的部位、气息的控制、语调的掌握、技巧的运用，以及语速、语言表述能力等，都是形成个性化语言的因素。除此之外，还有一个重要因素，就是由于对客观事物的认识、感受不同，每个人的阅历、修养不同，所以有时对一些问题的见解与考虑问题的角度也不尽相同。我的做法是，如果编辑同志提供的稿件适合于我，那就把它变成自己的思想，用自己的语言转述出来；如果我觉得不合适，就改写或重写，因为主持人要与观众进行面对面的交流，而怎样去拨动观众的心弦，与之进行思想感情上的沟通、交流，这是编辑们所无法代替的。比如，有一个《洗衣机纵横》节目，开头画面是表现人们争相挑选和购买洗衣机的镜头。主持人画外音解说："随着人民生活水平的不断提高，洗衣机进入了越来越多的家庭，目前市场上供应的洗衣机，主要以波轮式为主，而洗衣机的生产则正在向半自动和全自动方向发展。那么，选择和购买哪种洗衣机好呢？我们先不忙定论，还是到洗衣机市场上浏览一下为好。"然后，介绍各种洗衣机的特点和性能。应该说，这样的处理和解说词是无可非议的，但是要我来主持和串联，我就感到和观众距离不够近。于是，把画外音改成了面对面跟观众聊家常："很多观众朋友来信说，现在洗衣机种类比较多，不知道买哪一种好，让我们给参谋参谋。由于我们不了解您家的具体情况，这个参谋怕当不好，所以就录了个节目叫《洗衣机纵横》，介绍各类洗衣机的特点，您可以根据自己家的情况和条件，看看买哪种好。"我感到这样讲，一方面更强调了节目的服务性，另一方面缩短了和观众的距离，多了一些交流成分。再比如《月季欣赏》节目，开头语是这么写的："在这百花争艳的季节里，我们来到天坛公园的月季园。今天，我们还特意邀请几位朋友来陪同您一起赏花。"作为主持人，我感到这几句话还不足以表达我们为观众服务的心情，缺乏与观众在思想感情上的沟通与交流。于是做了这样的补充："在这百花竞相开放的时节，如果您能走出家门去欣赏一下盛开的鲜花，一定会感到心旷神怡。可是据我们了解，很多同志由于忙于工作，忙于学习，忙于家务，难得出来走走。今天，我们特意来到天坛公园的月季园，还邀请了几位朋友陪您一起赏花。"改动以后试图表明：我们之所以要录这个节目，就是为了给忙于工作、学习的同志提供更好的服务，以此来突出栏目的服务性和关心、体谅观众的一番心意。再如我曾经写过的两个串联稿：

　　例1：世界上有些事常常是看起来挺简单，可是仔细研究起

沈　力（1933—　）

379

来还挺有学问。就拿喝茶来说吧，放上点茶叶，沏上开水就可以喝了。其实，这里面还有不少学问哪！在我们收到的观众来信中，就喝茶这件事，提出了不少问题，比如沈阳的黄启林等同志提出：喝茶对身体有好处呢，还是有害？

黑龙江的陆德科、四机部的夏牛同志来信问：能不能喝隔夜茶？隔夜茶里有没有致癌物质？

河南省王新民同志、湖北的朱宗文同志问：小孩喝茶好不好？

还有的同志问，怎么样泡茶，怎么样保管茶叶，怎么样自制茶叶里的茉莉花，等等。

不知道其他观众同志您是不是也想了解这些问题？我们准备分两次向您介绍有关喝茶方面的常识。今天，先来谈谈喝茶有没有好处。

例2：有这么一句俗话："世事洞明皆学问。"就是说世界上的事物仔细观察研究都有学问。是啊，我们说饮食中也有学问，比如说，在众多的食品中吃什么？吃多少？怎么吃？怎么搭配？怎么烹调？这里面都有一定的科学道理。您可别小看这个啊，因为饮食是为了从食物中摄取营养，它和您的健康、长寿很有关系。过去，我们是以吃饱为原则，现在，随着生活水平的不断提高，不仅要吃饱，还要吃好，讲究食品营养也已经被人们重视了。我们准备以后陆续向您介绍一些有关食品营养方面的问题。今天，先来说说吃鸡蛋方面的问题。

从讲茶叶和鸡蛋这两个节目的串词中，也可以体现出我前面提到过的注重和强调节目知识含量的这一思想。另外，有时编辑的稿子和主持人性格、身份相反，遇到这种情况，我就和编导商量改写。比如，在《历史知识竞赛》第二集中，有这样一段对话：

主持人：现在进行第二轮历史知识竞赛。

历史老师：哎，沈力同志，您怎么忘了？上一次的奖品还没发呢！

主持人：噢，幸亏您提醒我，要不真忘了。好，现在请上一次

中·国·名·记·者

获一等奖的同志上来领奖。

该节目的编辑是一位性格开朗、活泼的年轻人，她的设计符合她的性格，但对我就不合适了。因为我是个比较细心、在平时生活中都不会丢三落四的人，更何况对待节目呢？我从不忽略这些看来似乎不大的小事，客观上对一个人的印象，就是由无数个"一次"叠加而成的。再如，撰稿人为《家家乐》专题节目写了这样一段对话：

沈：这次的《家家乐》节目喜逢佳节。今天，我们和广大电视观众朋友们共同欢度一个新春之夜。

师圣杰（相声演员，边说边上）：爆竹声中一岁除，春风送暖入屠苏。电视机前家家乐，送走健牛迎飞虎。

沈：你这诗不错啊，是谁写的？前两句怎么这么熟？

师：前两句是宋朝著名改革变法家、诗人王安石的一首七绝的前两句。

沈：这后两句呢？

师：是我为《家家乐》节目胡诌出来的两句打油诗。

沈：你这两句不错，既有"家家乐"，又有送旧迎新之意。

师：过奖，过奖。

这段对话颇似相声对话体，主持人好像是个捧哏的，我感到自己难以适应，就做了以下改动：

沈：这次的《家家乐》节目喜逢佳节。今天，我们将和您（我习惯称"您"，不愿用"广大电视观众朋友"的称呼）一起，共同欢度这个美好的夜晚。

师：（上场）沈力同志。

沈：你怎么才来？节目都开始了（虽是句玩笑话，但却不失主持人和老大姐的身份）。

师：我正在写一首诗，你听听。爆竹声中一岁除，春风送暖入屠苏。

沈：对不起，打断一下，这不是宋代诗人王安石的七绝《元日》中的前两句吗？（主持人应知识渊博，不能总以大傻瓜的形象去为

沈　力 (1933— )

381

别人捧哏，所以我把话接了过来）

师：你别忙啊，这后两句是：电视机前家家乐，送走健牛迎飞虎。

沈：（仍是老大姐的语气，故意问）这是谁的大作？

师：这是我为《家家乐》专题节目现编出来的两句打油诗。

沈：那好，但愿电视机前的家家户户新春快乐，以龙腾虎跃的姿态迎接新的一年（有时为了节目的需要，要请一些专家或演员共同主持，但主持人不可忘记自己的身份，不该"让权"的地方，决不能让。所以我借助于演员的诗句，道出主持人和《为您服务》组对观众的衷心祝愿）。

改动以后，既为对方"出戏"搭了桥，又不失自己的身份和性格，说起来也感到自然。如果不考虑自己主持栏目的任务、自己的性格和身份，一味地去背编辑的稿子，那我今天成了"马大哈"，明天又是个捧哏者，就不会有一个稳定的形象了。

为了把握住自己的身份，有时即使为一句话，我也要认真揣摩。如有一次要采访一位饭店经理，请他谈谈分餐制的好处，主持人的提问无非是"请您介绍一下分餐制的好处，可以吗？"或"您能谈谈分餐制有哪些好处吗？"再或"为什么要提倡分餐制？"我觉得这样的发问有些"白"，似乎都不太适合于我。反复琢磨后，我找到一种比较符合自己年龄和身份的提问方式："您认为分餐制有哪些好处呢？"我把重音放在了"您认为"3个字上，言外之意是：我有我的看法。

（选自《中国荧屏第一人：沈力》自述篇，中国广播电视出版社 1999 年版）

评析：

通过沈力对主持人个性色彩和语言风格的讲述，可以看到主持人这个角色在电视栏目中的重要作用。

首先，主持人的个性色彩应当与电视栏目保持一致。《为您服务》的风格是亲民化、生活化的，所以沈力主动"研究、了解和掌握观众心理的技巧"，要让观众"从中触到我们这颗体贴他们、关心他们、为他们着想、为他们服务的赤诚的心，从而产生一种亲切感、信任感"。在风格、特征的一贯性中，沈力与《为您服务》交织在一起相辅相成，观众也形成了对应的默契，《为您服务》就是沈力，沈力就是《为您服务》，这就是良好传播效果的体现。

　　其次，主持人的语言应该"言为心声"，与自己的个性相符。沈力在很多中国观众心中都是可亲可敬的"老大姐"，这是因为她对自己的语言表达非常重视。她并不对编辑的稿件照本宣科，而是经常按照自己的理解进行修改，做到"尽量有感而发，用自己的所思所想和习惯去说"，"因为主持人要与观众进行面对面的交流，而怎样去拨动观众的心弦，与之进行思想感情上的沟通、交流，这是编辑们所无法代替的"。在这样的探索和努力之中，沈力的主持自成一格，她以诚挚、端庄、亲切的荧屏形象赢得了观众的认可，也使《为您服务》栏目成为中央电视台的王牌节目。

（编撰：高璐　王润泽）

沈　力 (1933—　)